版 权 声 明

本教材自 2011 年出版第 1 版起,历经作者团队从创编到修订,至今已出版第 3 版。从相关调研到资料收集与整理加工,提炼核心内容,及至成书,倾注了作者大量心血。所形成的内容序化与文字表述均为创作成果。本教材受《中华人民共和国著作权法》保护。

人民交通出版社股份有限公司依法对本教材享有专有出版权。任何未经许可的复制、传播和不当引用行为均违反《中华人民共和国著作权法》,其行为人将承担相应的法律责任。

特此声明。

中等职业教育改革创新示范教材

城市轨道交通票务管理

（第3版）

于　涛　主　编

韦英娜　田阿丽　**副主编**

施建年　主　审

人民交通出版社股份有限公司

北　京

内 容 提 要

本书为中等职业教育改革创新示范教材。全书按照项目引领、任务驱动的模式修编,共 8 个项目、32 个工作任务、12 个实训任务工单,主要内容包括:城市轨道交通票务系统,自动售检票系统,票卡媒介及应用,自动售检票系统终端设备,票务管理工作职责与管理程序,正常运营情况下的车站票务作业,非正常运营情况下的车站票务作业,票款清分结算与清分方案。

为更适宜中职学生使用,教材采用大 16 开本,图文并茂,教学设计新颖,更有效激发学生学习兴趣和创新潜能。

本书为城市轨道交通运营服务专业核心课程教材,可供职业院校城市轨道交通类专业及相关专业教学使用,亦可供城市轨道交通行业培训使用。

* 为方便教学,本书配套课程教学标准、实训任务工单、视频及动画等丰富教学资源,读者可通过加入职教轨道教学研讨群(教师专用 **QQ** 群号:**129327355**)获取。

图书在版编目(CIP)数据

城市轨道交通票务管理/于涛主编. —3 版. —北京:人民交通出版社股份有限公司,2023.1(2024.8重印)

ISBN 978-7-114-18204-4

I.①城… Ⅱ.①于… Ⅲ.①城市铁路—旅客运输—售票—管理—教材 Ⅳ.①U293.22

中国版本图书馆 CIP 数据核字(2022)第 165190 号

中等职业教育改革创新示范教材
Chengshi Guidao Jiaotong Piaowu Guanli

书 名:	**城市轨道交通票务管理**(第 3 版)
著 作 者:	于 涛
责任编辑:	杨 思
责任校对:	刘 芹
责任印制:	刘高彤
出版发行:	人民交通出版社股份有限公司
地 址:	(100011)北京市朝阳区安定门外外馆斜街 3 号
网 址:	http://www.ccpcl.com.cn
销售电话:	(010)59757973
总 经 销:	人民交通出版社股份有限公司发行部
经 销:	各地新华书店
印 刷:	北京市密东印刷有限公司
开 本:	880×1230 1/16
印 张:	14.75
字 数:	326 千
版 次:	2011 年 6 月 第 1 版
	2018 年 3 月 第 2 版
	2023 年 1 月 第 3 版
印 次:	2024 年 8 月 第 3 版 第 3 次印刷 总第 21 次印刷
书 号:	ISBN 978-7-114-18204-4
定 价:	45.00 元

第3版前言

▶课程特点

"城市轨道交通票务管理"为城市轨道交通运营服务专业的核心课程。该课程涉及票务管理方面的内容,学习该课程须在计算机应用基础、城市轨道交通概论、城市轨道交通车站设备等课程的基础上进行。同时,该课程是一门实践性很强的课程,需要结合票务相关的实训资源来组织教学。

▶教材编写背景

教材编写组在北京地铁、京港地铁、广州地铁、成都地铁和杭州地铁等行业企业的支持下,根据十余年在本专业职业教育教学改革、校企合作、企业培训实践的基础和经验,整理和深化了城市轨道交通票务管理方面的成果与经验,再结合第2版的使用反馈意见,形成了这本工作与学习相结合、理实一体化并适合于培养城市轨道交通票务管理类岗位技能的教材。

▶第3版的内容结构

本教材包括8个项目、32个工作任务、12个实训任务工单,主要介绍了以下4个方面知识和技能:

(1)城市轨道交通票务系统的一般知识,掌握票务管理系统中运用的新技术和发展方向;

(2)自动售检票系统(AFC系统)组成结构及其设备运作与管理;

(3)车站票务管理岗位工作职责、典型工作任务、正常运营情况和非正常运营情况票务作业流程及操作技能;

(4)票务清分结算管理。

教材经历十余年的使用和两次改版,吸取广大使用教材的教师与专家提出的意见和建议、职业教育教学校企联合和"三教"改革与体现"工学结合、理实一体化"等教改思路,大部分项目增加了"实训任务与考核"和"教学附件包";理论教学内容中穿插了"二维码教学视频与动画""知识链接""想一想"等模块,以此激发学习兴趣;教材辅以教学课件、课程参考标准和参考教学教案等教学辅助材料,帮助教师学习、备课和提高教育教学质量。

▶教材编写分工

本教材由北京智远佳德科技有限公司于涛(原北京交通运输职业学院教师)编写项目1、项目3、项目4任务4.1及任务4.2并担任主编;四川交通职业技术学院韦英娜(原成都地铁高级工程师)编写项目5和项目7并担任副主编;北京交通运输职业学院丁楠编写项目2;

1

成都工业职业技术学院张燕编写项目 8;北京交通运输职业学院田阿丽编写项目 6 并担任副主编;青岛工程职业学院孙希忠编写项目 4 任务 4.3、任务 4.4。全书由北京交通运输职业学院施建年担任主审。

可与本教材配合使用的教学资源:

▶**教学课件**

本教材配套多媒体课件,以供相关任课教师参考,需要者可通过加入职教轨道教学研讨群(教师专用 QQ 群:129327355),亦可扫描右侧二维码加入,向人民交通出版社股份有限公司管理员编辑获取。

▶**城市轨道交通专业数字化资源库**

该资源库由全国交通运输职业教育教学指导委员会、城市轨道运输专业指导委员会与人民交通出版社股份有限公司共同立项,主要面向城市轨道交通专业方向的院校和教师。该资源库包括"城市轨道交通票务管理"关键知识点的数字化教学资源以及动画、视频、教案、课件、课程标准、习题库、案例库等,可扫描右侧二维码了解。有需要者可垂询人民交通出版社股份有限公司钱堃/司昌静编辑(电话:010-85285867)。

致谢

本教材经历了两次修编,我们的编写团队也进行了调整和优化。在修编过程中,认真吸取广大使用教材的教师与行业专家提出的意见和建议,在此谨向他们表示感谢。同时,也向人民交通出版社股份有限公司为教材出版和配套工作所付出的努力表示感谢。

由于编者水平有限,书中纰漏难免,恳请广大读者指正。希望有关院校师生及读者对本教材多提宝贵意见,以便及时修订完善。联系邮箱:420014942@qq.com。

编　者
2022 年 8 月

目录

项目 1

城市轨道交通票务系统

教学目标

1. 了解城市轨道交通票务系统发展现状；
2. 了解城市轨道交通票务系统的业务管理与实施。

建议学时

4 学时

教学导入

随着我国改革开放的不断深入，城市化建设高速推进，城市人口暴增，特别是北京、上海、广州、深圳等大城市，人口都已经超过千万，甚至达到 2000 万及以上。城市人口的急剧增长给社会可持续发展带来了极大挑战，特别是城市交通问题。

目前，全国机动车保有量不断攀升，特别是大城市私家车辆迅速增长。以北京为例，2022 年底，其机动车保有量已经超过 712 万辆，城市地面道路交通拥堵不堪，可以说，交通问题已成为城市社会经济、文化发展的"拦路虎"。因此，在北京，确立城市轨道交通在城市公共客运系统中的骨干地位，发挥其引导与支撑城市空间结构优化调整的作用非常必要。近年来，北京市按照"安全、质量、功能、成本和效率"相统一的原则，加快轨道交通新线建设，扩大规模，增加中心城线网密度。2022 年底，北京市轨道交通运营里程达 800km，形成"三环、四横、五纵、八放射"的网络体系，五环路内线网密度达 $0.51km/km^2$，平均步行 1000m 即可到达轨道交通站点。

除了北京，目前上海、广州、深圳、天津和南京等城市都已经建成地铁或轻轨网络，更多的大中城市轨道交通也在规划中。未来，城市轨道交通将成为所有大中城市不可缺少的配套基础设施。根据中国城市轨道交通协会发布的《城市轨道交通 2020 年度统计和分析报告》，截至 2020 年底，我国共有 65 个城市的城市轨道交通线网规划获批，其中，城市轨道交通线网建设规划在实施的城市共计 61 个。截至 2020 年底，我国共有 45 个城市开通城市轨道交通运营线路 244 条，运营线路总长度 7969.7km（不含港澳台数据）。2020 年全年累计完成客运量 175.9 亿人次，日均客运总量达到 5131.7 万人次，总进站量为 109.5 亿人次，总客运周转量为 1486.4 亿人公里。

自动售检票系统(Automatic Fare Collection System,简称 AFC 系统) 作为重要的客运服务设备,发挥着越来越重要的作用。它既要维护正常的乘客出入站工作,也要保障运营企业的票款收入,科学地统计客流,为轨道交通的健康发展和科学运转提供基础支撑作用。如此庞大的客运量,传统的纸质车票和检票方式已经远远不能满足要求。因此,自20 世纪60 年代末,在法国巴黎最早出现了自动检票设备,如图1-1 所示。

图1-1 城市轨道交通早期使用的自动检票设备

时至今日,城市轨道交通票务系统已发展为自动化程度高、功能完备的自动售检票系统。从城市轨道交通建设费用组成来看,自动售检票系统只是整个工程中很小的一个部分,但从功能角色来看,自动售检票系统却是保证业务正常运营的支撑系统之一。

任务1.1　调查研究城市轨道交通票务系统发展现状 —□

目前,世界上城市轨道交通票务系统主要有印制纸票人工售检票系统、印制纸票半自动售检票系统、一次性磁票自动售检票系统、重复使用磁票售检票系统、接触式智能卡自动售检票系统、非接触式智能卡自动售检票系统和"互联网+"模式下的移动端支付系统等,如图1-2 所示。

a)纸质车票

b)磁质车票　　　　　　　　c)IC卡车票

图　1-2

d)互联网+智能手机NFC支付车票

e)互联网+智能手机二维码支付车票

图 1-2 城市轨道交通票务系统的发展

注:NFC(Near Field Communication)为近场通信。

一 国外城市轨道交通票务系统发展现状

下面以莫斯科和东京的自动售检票系统为例,介绍国外城市轨道交通票务系统的发展。

1. 莫斯科

1996 年,莫斯科地铁全面安装自动售检票系统,1997 年自动售检票系统使用第一代磁卡车票,2000 年引入自动售检票系统,莫斯科地铁采用单一票价。车票类型包括单次车票、月票、季票、年票及学生票。

莫斯科地铁网络采用了环状与放射状相结合的方式,线路密集、分布均匀,最大限度地覆盖了整个城市区域。截至 2018 年 12 月,莫斯科地铁规模已达 14 条运营线路,运营里程共计 381km,共设 223 座车站,换乘十分方便。

莫斯科地铁计划采用计程票价代替单一票价运价表,并采用储值票。整个地铁自动售检票系统模块包括验票软件、车站管理和通信服务器、非接触式智能卡(Contactless Smart Card,CSC)票卡信息终端软件、中央交易处理和报表软件、自动售票机软件(仅为离线)。其中,自动售检票系统的中央控制系统和报表系统每天可以处理 700 万人次客流量的售检票和乘客旅程统计分析。图 1-3 所示为莫斯科地铁车站检票闸机。

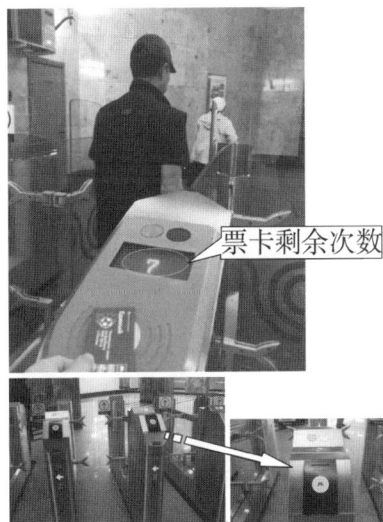

票卡剩余次数

图 1-3 莫斯科地铁车站检票闸机

2. 东京

东京地铁(日文:东京の地下铁,とうきょうちかてつ;英文:Tokyo Metro)是服务日

本东京都及其周边地区的城市轨道交通系统,包括东京地下铁和都营地下铁 2 个地铁系统的全部 13 条地铁线路,290 座车站,地铁长度为 312.8km,每天的运送能力为 968.77 万人次。

东京地铁的自动售检票系统采用的票种较多,东京城市轨道交通的票制为按照里程计价。票种有普通单程票、团体票、回数券(折扣票)、一日票、月票、东京环游通票和 PASMO 卡等。单程票的有效期为 1 天。回数券和月票享有优惠,所有票种都可灵活使用和换乘。

各站的自动售票机出售普通单程车票如图 1-4 所示。乘客可按照乘车距离购买车票,车票面值分为 170 日元、200 日元、240 日元、280 日元和 310 日元。同时,普通单程儿童票可享受优惠价格。PASMO 卡是一种 IC 储值卡,使用时将 PASMO 卡平置于读写器之上进行读卡(见表 1-1)。PASMO 卡适用于日本全国范围内的轨道交通和巴士。PASMO 卡的充值金额除了用于乘坐轨道交通和巴士以外,还可以作为电子货币在商店或自动售货机购买商品。

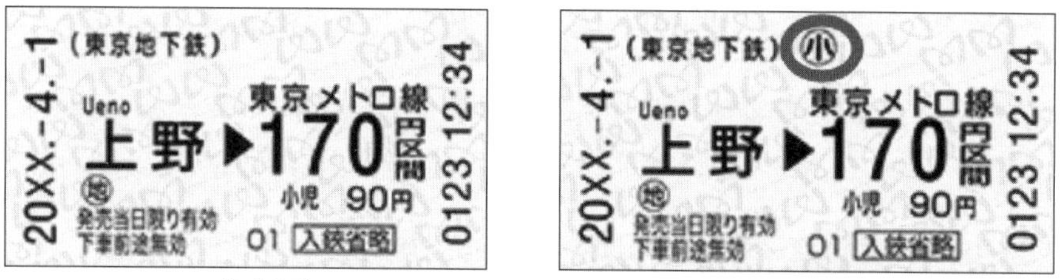

a)成人票　　　　　　　　　　　b)儿童票

图 1-4　东京地铁普通单程成人票和儿童票

东京地铁普通单程成人票和儿童票　　　　　　　　　　表 1-1

距离(km)	购买普通车票乘车(以 10 日元为单位)	PASMO 卡乘车(以 1 日元为单位)
1 ~ 6	170 日元(儿童 90 日元)	165 日元(儿童 82 日元)
7 ~ 11	200 日元(儿童 100 日元)	195 日元(儿童 97 日元)
12 ~ 19	240 日元(儿童 120 日元)	237 日元(儿童 118 日元)
20 ~ 27	280 日元(儿童 140 日元)	278 日元(儿童 139 日元)
28 ~ 40	310 日元(儿童 160 日元)	308 日元(儿童 154 日元)

乘客进出站所使用的闸机以双向闸机为主,如图 1-5 所示。换乘方式为多种并存,有不出站换乘,也有出站换乘,还可以通过专门通道换乘。进出站采用双向闸机,多名乘客可以一次将多张车票投入闸机进行检票,闸机最多可同时识别 9 张车票,且车票正向着智能化方向发展。自动售票机可识别纸币和硬币,并可自助进行退票操作,不收手续费;车站设有较宽敞的残疾人和大件行李通道,自动售检票机上还设有盲文引导。

图 1-5 东京地铁车站常开式双向闸机

二 国内城市轨道交通票务系统发展现状

1. 北京

北京地铁早在 1985 年就开始进行自动售检票系统的可行性研究,但应用较晚。在 2003 年 12 月 31 日,北京第 1 套单线自动售检票系统在地铁 13 号线投入使用。这是一套基于磁票的自动售检票系统,集成商为日本信号股份有限公司,系统单程票为一次性纸质票制磁票。为了响应北京市政府关于推行"市政交通一卡通"的理念,该系统也增加了对"一卡通"储值卡的支持功能。

2008 年 6 月 9 日,北京地铁路网自动售检票系统投入使用,真正意义上实现了"一卡通""一票通行"和无障碍换乘。系统单程票为可以回收使用的 Ultralight 薄型 IC 卡,支持"一卡通"储值票的使用。

北京地铁票制改革于 2014 年 12 月 28 日正式实施,结束了多年来的单一票制,实行计程限时票制票价(除机场线外):6km(含)内 3 元;6 ~ 12km(含)4 元;12 ~ 22km(含)5 元;22 ~ 32km(含)6 元;32km 以上部分,每增加 1 元可乘坐 20km,票价不封顶。

2. 上海

1988 年,上海地铁凭着在国外收集到的资料,艰难地开始了自动售检票系统和设备的试制。经过 1989 年至 1992 年 3 年的努力,研制出了 6 台样机(2 台检票机、2 台售票机、1 台补票机和 1 台分拣机),并于 1993 年获得上海市科技进步三等奖。1993 年到 1996 年又研制了 39 台功能样机,并在上海地铁 1 号线南段 5 座车站试用,实现了该项目的扩大试验。但从功能样机到产品还必须经过至少 4 年的时间,而当时上海地铁 1 号线已全线开通运营,2 号线也开始开工建设,已没有时间对自动售检票系统样机设备做进一步研究。

1996 年,上海市引进了美国寇比克(CUBIC)公司的自动售检票系统设备,并于 1999 年建成,在上海地铁 1 号线自动售检票系统的技术上叠加了国产的以上海公交卡作为储值票的系统。同时使用磁卡和非接触城市公共交通卡,并实现了城市轨道交通运营商与公共交通卡公司的交易数据和账务结算。2001 年,上海地铁 2 号线投入运营,同步将 1 号线自动售检票系统扩展到 2 号线。上海地铁 3 号线于 2001 年 10 月启用西班牙英德拉(INDRA)公司的自动售检票系统,使用一次性卡型纸质磁票。2002 年,地铁 1 号线北延伸段 11 个站开通,采用国产的自动售检票系统,车票采用与原地铁 1 号线兼容的塑质磁卡票,采用中央系统间互联交换数据(见图1-6)。2005年12月建立了上海新标准的自动售检票网络化系统,完成了对原来的地铁1号线、2号线、3号线系统的改造,建立了4号线、5号线自动售检票系统,设立路网清分结算中心,负责进行票卡发行、数据汇集处理等工作。

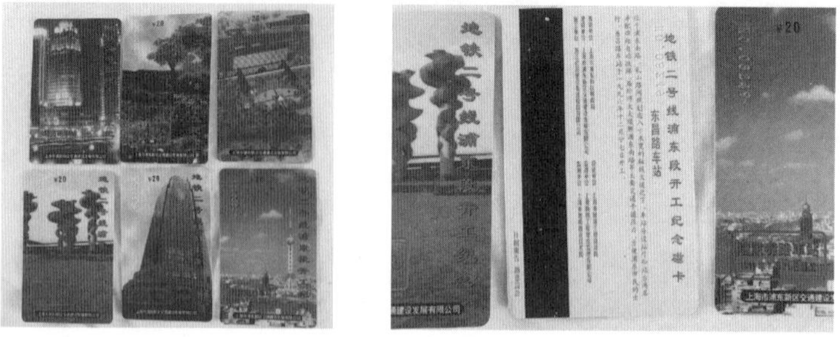

图1-6 上海地铁2号线浦东段开工纪念磁卡车票

━━━━━━━━━━━━━━━━━━• 知 识 链 接 •━━━━━━━━━━━━━━━━

上海地铁售检票系统的票价体系大致经历了4个阶段。

第一阶段:人工售检票阶段,单一票价,纸质车票,如地铁1号线开通初期。

第二阶段:人工售检票方式,如地铁3号线试运营期间,票价采用多级计程票制,纸质车票。

第三阶段:使用自动售检票系统,采用计程票价制,如地铁1号线、2号线、3号线,车票介质包括磁卡和IC卡。

第四阶段:使用路网自动售检票系统,计程票价,实现付费区内直接换乘和多元收益方的精细清分,使用IC卡车票。

3. 广州

广州地铁1号线采用美国寇比克(CUBIC)公司的磁卡自动售检票系统,并于1999年初全线投入使用。为适应换乘和清分的要求,广州地铁对系统进行了改造。现系统使用非接触式IC卡车票实现换乘。单程票在售出当站、当日有效,出站时,车票由出站闸机回收。广州地铁车票分为地铁单程票、储值票(含普通储值票、中小学生储值票和老年人储值票)、老年人免费票、纪念票、羊城通交通卡("羊城通")。其地铁的自动售检票系统主要由非接触式IC卡车票、售票机、闸机、车站系统和中央系统等组成。系统能兼容"羊城通"票卡,并能与广州市其他公交系统实现"一卡通"结算,如图1-7所示。为了方便乘客出行,广州地铁车站采用剪式闸机,提高了乘客通行能力。安装在非付费区的验票机,方便乘客查询车票和"羊城通"储值票的余值、有效使用时间等车票信息。

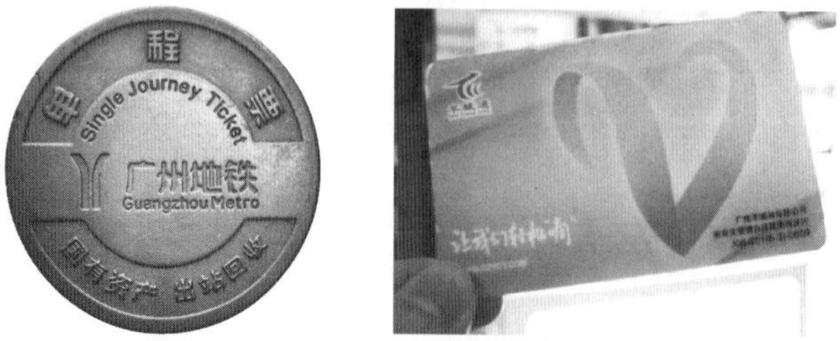

图1-7 广州地铁便携式单程票和"羊城通"储值票

4. 香港

香港地铁(MTR)始建于1975年,1979年首条线路开通运营,并采用了自动售检票系统。香港地铁现在已成为香港公共交通的重要方式,是世界上较繁忙的城市轨道交通之一。

香港地铁与售检票系统相关的工作包括自动售检票系统、收益管理、电子工厂和自动售检票系统训练中心四大部分。其中,收益是核心,自动售检票系统是基石,各部分相互依赖、相互协作、相互配合,以自动售检票系统为主线,将四大部分有机地结合在一起,使轨道交通高效、稳定、可靠地运作。香港地铁自动售检票系统使用的单程票是磁卡,储值票采用Felica非接触式IC卡,即"八达通"卡(见图1-8)。乘坐地铁时,"八达通"卡的使用比例超过85%。

图1-8　香港地铁使用的"八达通"卡

香港地铁自动售票机,如图1-9所示;香港地铁三杆式出站闸机,如图1-10所示。

图1-9　香港地铁自动售票机

图1-10　香港地铁三杆式出站闸机

5. 我国城市轨道交通自动售检票系统应用现状

在2018年6月,中国信息产业商会自动收费系统专业委员会对国内已开通运营城市的自动售检票系统进行了一次初步调查,统计了自动售检票系统设备的种类、数量和手机过闸、互联网取票等的数据。截至2018年6月底,安装在各城市地铁公司车站的自动售检票系统运转设备超过了10万台。其中闸机检票通道超过6万个,自动售票机接近3万台,半自动售票机接近1万台,近年新兴起的互联网取票机也有2000多台。

根据《地铁设计规范》(GB 50157—2013)的要求,每组闸机宜不少于3台(通道),每组TVM(自动售票机)宜不少于2台。以标准车站设计,一般等级城市轨道交通车站的自动售检票系统设备数量要求最少18台[每个站厅布设进出闸机各3台、TVM 2台、BOM(半自动售票机)1台,标准站一般在两端头厅布置自动售检票系统设备]。从本次调查的数据看,各城市轨道交通运营企业配置的设备数量26～43台/站不等,都大大高于设计规范中的最低要求。自动售检票系统设备是乘客服务的重要设备,车站配置的自动售检票系统设备越多,越能方便乘客出行。但各城市客流存在很大的差异,每台设备服务的乘客数量也存在极大差异。虽然从均值上看,设备的配备数量相对是比较充裕的,但是如果考虑早晚高峰的客流比例(一般占全日客流的40%～45%)以及车站客流的不均匀等特点,局部客流大站的设备使用率还是非常高的。据不完全统计,北京地铁就有常态限流车站96座,广州有51座,深圳有21座。

6. 我国"互联网+"模式下的自动售检票系统发展现状

随着我国互联网事业的发展,城市轨道交通运营企业、设备集成商和设备生产商都在积极探索"互联网+"模式下的移动端支付,以使自动售检票系统更好用、更便捷,最大限度地为乘客提供良好的出行服务。随着移动支付、大数据、云计算技术的快速发展,各种设想都正在变成现实。

在"互联网+"的大环境下,银联云闪付、NFC手机支付、支付宝、微信甚至刷脸支付等各种支付方法轮番登场。新的支付技术有效地解决了购票效率低、客流高峰期排队购票时间长、车票单次使用成本高等问题,同时为不常用地铁出行的乘客(包括外地乘客)提供了更多便捷的出行体验。

广州地铁算是国内比较早进行这方面创新尝试的运营企业,其自动售检票系统兼容现有的所有支付方式,已成功构筑基于互联网的乘车多元支付格局。2015年12月21日,全线网开启"云支付"购票功能,广州成为全国首个支持地铁全线网"云支付"购票的城市,线网已覆盖云购票机500多台;2016年开始,广州地铁同步对传统TVM设备进行改造,使近七成的TVM设备具备扫码功能,结合线上预购、线下扫码等多种方式,手机支付购单程票量已超越现金购票单程量。2016年2月,广州地铁在APM线试点,实现二维码联机扫码过闸;2016年8月,广州地铁APM线率先支持银联云闪付及金融IC芯片卡付费过闸试点,APM线成为全国首条拥有二维码、银联芯片卡、NFC手机支付等多种移动支付手段的地铁线路;2016年12月28日,广州地铁全线网率先实现金融IC卡、NFC手机云闪付过闸;2017年9月26日,广州地铁全线网支持Apple Pay过闸;2017年11月16日,广州地铁成为首个实现全线网二维码过闸功能的城市。

互联网与自动售检票系统有机结合,不仅方便了乘客,也大大简化了运营管理的各种烦琐环节。自2015年互联网取票机上线后,"互联网+"在自动售检票上的应用发展迅猛。在已开通地铁的30多座城市中,有20座实现了互联网取票或者TVM移动支付,有19座开通手机过闸,包括扫码过闸和手机NFC过闸,另有7座城市在2019年内开通手机过闸。同时,一些2019年新开通地铁的城市也表示,在新开通地铁时要同步开通手机过闸、移动支付购票等"互联网+"功能。据不完全统计,北京、上海和深圳等地的地铁手机扫码过闸人数日均已超过100万。

随着互联网取票、移动支付购票和手机扫码(蓝牙)过闸的应用,自动售检票系统设备也发生了相应的变化,出现了云闸机(iAGM)、云售票机或者互联网取票机(iTVM)、智能客服机(iBOM)和云票务平台等新设备和新系统。其具体特点表现在以下两个方面:

(1)现场设备功能更强大,但结构简化。iAGM、iTVM和iBOM不仅能处理传统的车票业务,还能兼容新兴的各种支付方式,如二维码技术、中国金融集成电路(IC)卡规范3.0、NFC手机支付、银联闪付和HCE(基于主机的卡模拟)等技术。同时,为了实现与互联网的实时通信,部分设备还具备移动网络通信功能,但设备的结构却越来越简单。

(2)系统结构发生了变化,同时系统对互联网的依赖越来越强。由于移动支付和"互联网+"的紧密关联,自动售检票系统越来越需要通过互联网与第三方支付平台和App平台等进行数据交互,对自动售检票系统的可靠性、安全性、实时性和开放性的要求越来越高,自动售检票系统对网络的依赖度也越来越强。为应对这些变化,各地自动售检票系统在升级改造时对地铁内部通信传输网络进行加强或调整,实现双联路通信,保证数据传输的可靠性。同时,在原来自动售检票系统5层传统架构下,增加互联网票务管理平台,实现与外部的支付平台、第三方业务平台对接,以将客流和交易数据传回现有自动售检票系统,实现数据的汇总和清分,如图1-11所示。

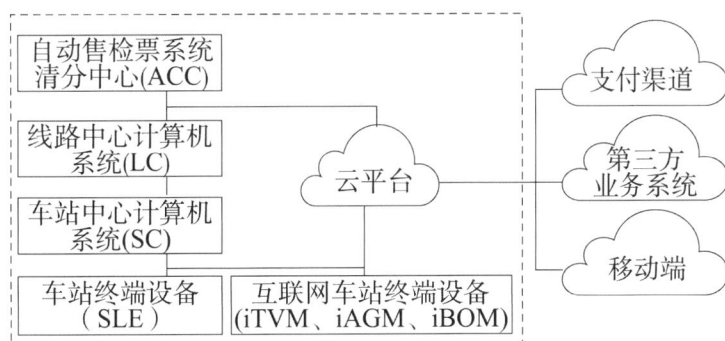

图1-11　当前常用的"互联网+"的自动售检票系统架构

7. 我国未来城市轨道交通自动售检票系统的发展趋势

（1）自动售检票系统架构演进与发展

根据自动售检票系统国家规范要求,自动售检票系统清分中心(ACC)和线路中心计算机系统(LC)/区域中心(ZLC)/多线路中心要纳入线网中心云平台;车站中心计算机系统(SC)可纳入线网中心云平台,也可纳入车站系统云平台。按照这个说法,未来自动售检票系统的架构将演变成二层或者三层架构,即基于云技术的数据管理中心(DMC)—车站中心计算机系统(SC)—终端设备;原来的第五层——车票,将逐步被手机NFC、二维码等虚拟电子票证代替。

根据规范要求,不仅自动售检票系统要向云架构迁移,自动售检票系统的数据也将纳入大数据平台进行管理,而且是覆盖整个轨道交通系统内所有的应用系统。原则上,一个城市的轨道交通只建设一个轨道交通数据中心,根据统一的信息安全策略划分为安全生产网、内部管理网和外部服务网三个应用网。"中心-边缘"的融合型架构中,中心是承载着各专业的各个系统的中心云,边缘是承载终端设备以及边缘所需的实时计算系统的边缘云,端与中心间需要完善的网络基础设施。例如,自动售检票系统的清分系统属于中心云范畴,车站中心计算机系统属于边缘云范畴,真正实现生产领域的IT(互联网技术)资源整合,提高中心和边缘强大的运算能力、弹性及高可用、可靠、安全等技术特性。互联网+自动售检票系统架构演进过程,如图1-12所示。

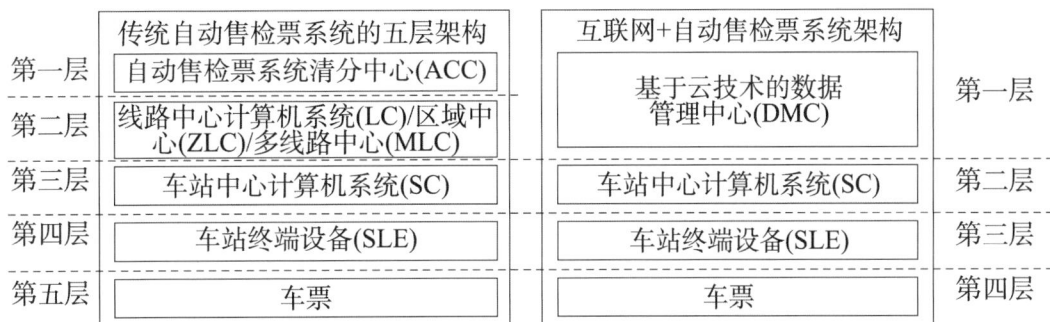

传统自动售检票系统的五层架构		互联网+自动售检票系统架构	
第一层	自动售检票系统清分中心(ACC)	基于云技术的数据管理中心(DMC)	第一层
第二层	线路中心计算机系统(LC)/区域中心(ZLC)/多线路中心(MLC)		
第三层	车站中心计算机系统(SC)	车站中心计算机系统(SC)	第二层
第四层	车站终端设备(SLE)	车站终端设备(SLE)	第三层
第五层	车票	车票	第四层

图1-12　互联网+自动售检票系统架构演进过程

（2）iAFC 系统越来越智能

采用"互联网＋"的模式将移动通信、物联网技术、互联网计算技术、人工智能技术与传统的系统相结合，打造适合未来发展趋势的 iAFC 系统。

2018 年，上海、南宁和深圳等地铁公司分别开始测试人脸识别过闸、生物识别技术无感过闸，这可能是下一个自动售检票系统发展的趋势。采用生物识别＋信用支付，乘客不仅无须刷卡，手机都不用刷了，只要在闸机前"刷脸"即可；同时，运营管理者也可以将生物识别与乘客实名制结合在一起，与地铁智慧安检结合起来使用。另外，IMSI(国际移动用户识别码)认证技术在实施手机实名制登记和使用支付绑定以后，也能实现乘客的无感过闸。

2017 年 10 月，人工智能服务机器人 YoYo(见图 1-13)在广州地铁琶洲站上岗，提供智能咨询及引导服务，包括：

①查询换乘线路。

②查询地铁票价及票务政策。

③查询线网首末班车。

④查询地铁站出入口资讯。

⑤查询地铁站常规热点问题。

⑥简单中英翻译(大学英语四级水平)。

图 1-13　广州地铁车站人工智能
服务机器人 YoYo

2018 年 4 月，上海南站部分售票机可通过人机语音对话完成购票——乘客不用知道具体站点，只要说出目的地，售票机就会自动推荐站点，语音确认后即可完成购票。人工智能语音机器人与 TVM 和 BOM 的结合会使乘客有更亲切的使用感受，也能将地铁的客服人员从繁杂票务工作中解放出来，更好地做好乘客服务和运营安全管理工作。

智能技术的飞跃发展，将使 iAFC 的未来纷繁多姿，让人持有更多期待，自动售检票系统行业也将迎来更加繁荣、宽广的发展天地。

任务1.2　了解城市轨道交通票务管理

为适应城市轨道交通大客运量和运营快捷等特点，在售检票方面必须采用先进、方便、快捷的自动售检票系统。随着自动售检票系统技术的不断进步，先后投入使用的终端设备存在较大差异性。

国外在自动售检票系统的研制、投入运营方面起步较早。早期的磁卡技术无论在技术还是应用方面，发展都比较成熟，因此车票媒介基本上以磁卡为主(如法国巴黎轨道交通收费系统)。随着技术的进步，很多国家的票卡正逐步向非接触智能卡(Contactless Smart Card，简称 CSC)的新技术方向发展。在我国，由于城市轨道交通建设起步较晚，虽然北京、上海、广州、天津、深圳、大连、南京、重庆、武汉等城市已有多年轨道交通运营经历,但使用自动售检票系统的经验还不足,如在北京地铁还专门设置了车站自动售检票系统综控员(AFC作业岗)以确保自动售检票系统的正常运转。目前,杭州、成都、西安、苏州、宁波等城市存在正在建设中的轨道交通线路,可以在自动售检票技术应用方面直接采用高起点,选用非接触式智能卡技术的车票媒介。

一 城市轨道交通票务系统的业务管理

城市轨道交通票务系统的业务管理是借助自动售检票系统来实现的,主要内容有票卡管理、规则管理、信息管理、账务管理、模式管理和运营监督等。

1. 票卡管理

票卡就是乘客使用的车票,用于记载乘客的出行和费用信息,是乘车的有效凭证。票卡管理就是对票卡的发行、使用、更新等全过程进行的有效管理。票卡发行及其使用主要包括车票编码定义、车票初始化、车票的赋值发售、车票的使用等。相关资源见二维码1。

二维码1

票卡管理

2. 规则管理

为保证票务系统能够在多部门和多环节高效运行,必须制定一套科学、严密的规则、流程,包括票价策略、结算规则、权限管理和操作流程等。票价基本政策主要指城市轨道交通运营企业对计价方式、乘车时限、乘车限制等方面的规定。

3. 信息管理

信息化是自动售检票系统的一个基本特征。为进行有效的管理和为决策提供可靠的信息,需对系统收集的基础数据进行深度挖掘、加工,开展统计分析并发布信息。

4. 账务管理

账务管理是对系统内的票务收入进行汇缴、清算、入账等过程的管理,包括账户设置、票款汇缴、登账稽核、收益清算、资金划拨和对凭证进行有效管理等。

5. 模式管理

模式管理就是针对不同的运营状况、条件所做出的相应操作行为的选择和实施,包括正常运营模式、降级运营模式以及相配套的运营管理。

6. 运营监督

运营监督就是通过系统设备以及所具有的完整、严密、及时的信息流,对运营状况进行实时跟踪监督,以提高运营质量和服务水平。它包括信息传输状况监督、客流状况监督、调配监督、收款监督及收益监督等。

二 城市轨道交通票务系统与自动售检票系统的关系

城市轨道交通票务系统是自动售检票系统的必要环境和基础;自动售检票系统则是城市轨道交通票务系统的实现手段之一,能有效提高城市轨道交通票务系统的管理水平和效益。

自动售检票系统的使用可大量减少票务管理人员,提高城市轨道交通系统的运行效率和效益。同时,通过该系统对客流量、票务收入等综合业务信息的汇总分析,可以强化客流分析预测能力,合理地调配车辆,提高票务系统工作效率,进而提高网络化运营管理水平。

自动售检票系统与票务策略的对应关系主要表现在客流、票制、票务统计与结算、车票处理等方面。

1. 客流

自动售检票系统可根据交易信息为决策或规则提供客流信息。自动售检票系统可通过其良好的票务管理水平和高效的客流信息处理能力,成功实现低成本、高效率的系统运作。

提高信息利用率、增强自动售检票系统的决策分析能力是自动售检票系统的发展方向之一。应强化系统整理分析原始数据和信息的能力,将票务系统与其他信息管理系统相结合,通过票务系统的信息挖掘可以进一步了解区域客流特征,为管理提供量化的决策依据,也可以为相关的经济行为提供客流行为支持,提高服务和管理决策的针对性与准确性。

2. 票制

自动售检票系统根据票务政策的计费原则和计费方式进行售票、检票、统计。对于单一票制、计程票制和混合票制,应结合不同的票制原则以及相应的优惠措施制定执行方案。

(1)单一票制是根据乘车次数进行计费,与实际乘坐的距离长短无关。

(2)计程票制是经进出站检票,严格按照实际乘坐距离长短(里程或乘坐车站数)并根据票价计费标准计算乘车费。

(3)混合票制也称分区域计程制,即将运营线路总长度分为若干个区域,根据票价计费标准,在各区域内采用统一票价。实际运营距离跨越一个或多个区域时,根据占用的区域数计费。

3. 票务统计与结算

票务统计与结算的基础是交易数据。线路每天的客流量是该线路各站的单程票、储值票及特种票的进站数及换乘至该站人数之和。各线日车票收入,以单线各站的单程票发售收入与储值票的出站扣值及当天票补收入之和,减去退票款后,按乘客在各换乘线路乘坐的情况核算。

自动售检票系统可对客流量、票务收入以及单程票的使用进行统计和分析,并编制相应的报表。

自动售检票系统对不同线路或不同收益载体进行票务收入清分,对路网系统与其他兼容系统进行清分,并可通过银行结算系统及时结算。

4. 车票处理

车票处理包括对单程票、储值票和许可票的处理。一般情况下,单程票是当日当站使用的车票,通常要制定退票规则,包括是否允许退票、退票时间要求、手续费的收取等。储值票有记名和不记名之分,不记名票通常不办理挂失、退票。当储值票不能正常使用时,由车站受理,交专门部门进行查询、分析并做相应处理。当特种票不能正常使用时,由专门部门进行查询、分析并做相应处理。

🚉 实训任务工单1-1　调查研究城市轨道交通票务系统

调查研究城市轨道交通票务系统见本教材配套实训任务工单1-1。

◎ 复习与思考

1. 城市轨道交通运营模式有哪些？试举例说明。
2. 简述互联网模式下的城市轨道交通自动售检票系统有哪些新型支付方式？
3. 城市轨道交通票务系统的业务管理内容主要有哪些方面？
4. 城市轨道交通票务系统与自动售检票系统有什么关系？

项目2

自动售检票系统

⬡ **教学目标**

1. 掌握自动售检票系统的架构层次；
2. 理解自动售检票系统各层次的主要功能；
3. 掌握自动售检票系统设备配置与布局的考虑因素；
4. 掌握自动售检票系统设备配置的原则。

⬡ **建议学时**

6 学时

⬡ **教学导入**

自动售检票系统作为城市轨道交通向公众提供服务的窗口，是城市轨道交通系统运营服务的核心子系统。面对日益增强的社会需求，自动售检票系统在城市轨道交通建设和运营中受到高度重视。

自动售检票系统大量采用具有国际先进水平的现代化机电设备，以确保城市轨道交通系统安全、快捷、准点、有效地运营。自动售检票系统体系复杂、技术含量高、专业面广、运营维护困难，并且需要根据业务需求不断地进行更新改造。自动售检票系统集计算机技术、机电一体化技术、模块识别技术、商业智能技术等多种高新技术于一体。随着电子、生物及人工智能技术的高速发展，自动售检票系统的理念和技术也发生了巨大变化。

城市轨道交通自动售检票系统的架构是多种多样的，系统架构的选择与轨道交通网络结构、售检票方式、清分需求和车票媒介等相关联。在多条线路组成的城市轨道交通路网中，根据投资主体、运营管理、换乘方式、轨道交通线路的构成以及票务处理、票务分析和票务结算系统的需求，实现自动售检票系统的基本架构。一般有线路式架构、分散式架构、区域式架构、完全集中式架构、分级集中式架构 5 种。

表 2-1 为自动售检票系统各层级设备。

自动售检票系统各层级设备　　　　　　　　　　　表2-1

系　　　统	组　　　成
清分系统	收益清分
线路中心计算机系统	中央服务器： ——数据库服务器 ——磁盘阵列 ——磁带库 ——光纤交换机 通信服务器 报表服务器 监控工作站 操作员管理工作站
车站中心计算机系统	车站服务器 车站工作站 综合后备盘（IBP）按钮
车站设备	自动售票机（TVM） 自动检票机（AGM） 半自动售票机（BOM） 自动查询机（TCM）

任务2.1　自动售检票系统基本架构认知

城市轨道交通网络化运营对自动售检票系统提出的技术要求包括：在城市轨道交通运营网络内，所有运营线路间实现"一卡换乘"，实现在各线路之间的票务清分、结算，实现线路与城市公共交通卡发行、管理部门的清算。不同城市为实现以上要求，按照各自需要构建了不同的自动售检票系统架构。相关资源见二维码2。

二维码2

自动售检票系统架构

自动售检票系统的基本架构形式有线路式架构、分散式架构、区域式架构、完全集中式架构和分级集中式架构5种。如图2-1所示。

一　线路式架构

1.基本架构形式

线路式架构的自动售检票系统是根据符合运营线路独立管理自动售检票系统和票务的设想，在路网中表现系统架构形式，如图2-2所示。

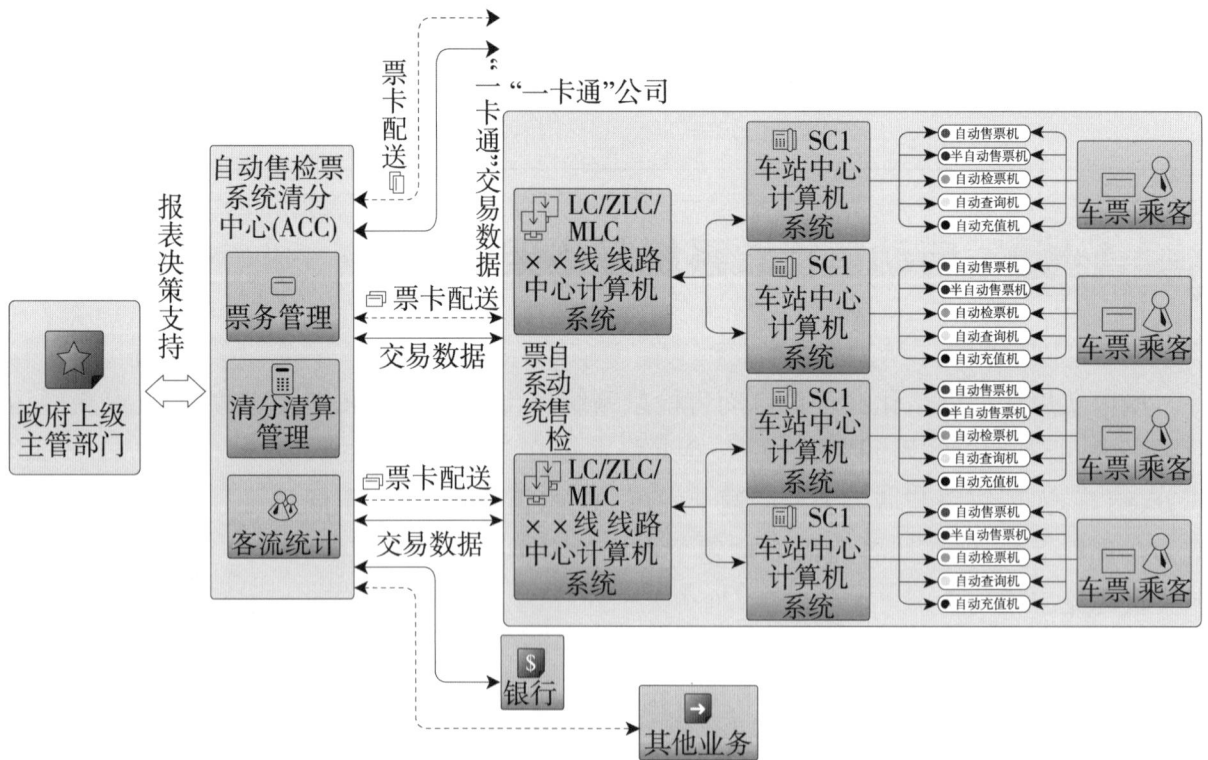

a)

b)

图 2-1　自动售检票系统架构示意图

LC-线路中心计算机系统;ZLC-区域中心;MLC-多线路中心;SC-车站中心计算机系统;ACC-自动售检票系统清分中心

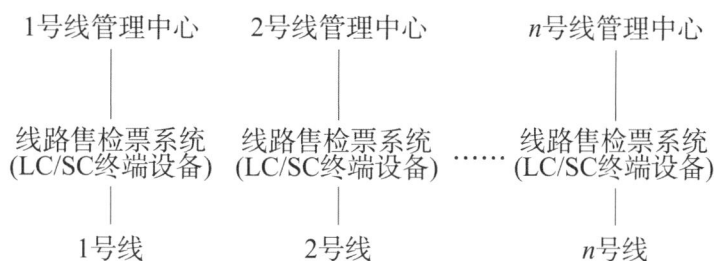

图 2-2 线路式架构结构示意图

在线路式架构中,每条运营线路都建有一套独立的自动售检票系统,包括中央计算机系统、车站中心计算机系统、终端设备和车票媒介。中央计算机系统完成线路轨道交通自动售检票的管理、票务统计和票务结算,并单独与外部卡清算系统连接,实现与外部卡清算系统的交易数据转发、对账和结算等。不同线路之间的自动售检票系统是彼此独立的,票务信息不能共享,无法满足站内跨线换乘票务清分的应用需求。

2. 特点分析

从技术的角度看,自动售检票系统管理线路式架构易实现,能满足各条线路自动系统的运营管理要求。如果需实现站内跨线换乘票务清分,则需在各线路上增加一个跨线换乘票务清分中心,同时要求至少把各线路有进站、无出站或有出站、无进站的所有进站或出站的检票交易上传给清分中心,由清分中心进行进、出站配对并按某种预定的规则清分后给出清算报表,据此可实现线路间关于营收款应收、应付账的结算。实际上,线路独立式自动售检票系统之上不可能有票务清分系统(这种管理方式对应票务管理分级集中式架构),所以无法实现跨线站内换乘。

3. 适用性

线路式架构的自动售检票系统能够适用的环境为:单线式轨道交通线路和分离式轨道交通线路。

———◦ 知 识 链 接 ◦———

新建城市的地铁线路票务系统通常都采用线路式架构自动售检票系统,如兰州、常州、呼和浩特、徐州等城市的轨道交通。又如,佛山市轨道交通的广佛地铁,是国内第一条通入地级市的地铁线路,又称佛山地铁1号线,目前由广州地铁运营一分公司运营,正在建设的佛山地铁2号线由佛山地铁独立运营,一定时期内,两条线路在票务管理系统上形成线路式架构。

二 分散式架构

1. 基本架构形式

轨道交通网络由若干个区域构成,每个区域由若干条线路组成,但各个区域相互独立地完成本区域线路的票务处理和运营管理,构成分散式架构。其基本形式如图2-3所示。

区域中心负责获取所管辖范围内线路交易数据,确定其管辖范围内各线路的换乘结算模式,并对所管辖范围内各线路的跨线交易数据进行实时清分。每一个区域清分中心负责相应区域线路的清分,区域中心与外部卡清算中心连接,交换外部卡交易数据和清分结果。由于区域清分中心是相互独立的,区域清分中心之间不能实现互联,乘客不能跨区域直接换乘,但能够在区域内直接换乘。

图2-3 分散式架构示意图

2.特点分析

从技术的角度看,构造分散式架构的路网不能实现跨区域换乘。

从运营管理的角度看,分散式架构的售检票系统可以设置若干区域,每个区域之间相互独立,每个区域仅能对本区域的线路实现票款、客流统计和收支分离等方面的管理。如果要实现路网全面管理,必须将若干区域清分中心的数据进行汇总、分析和统计。对分散式系统架构而言,区域清分中心管辖的线路少,发生换乘的路径将大大减少,清分工作量相对较小。但是,不同区域清分系统之间的线路不能够直接换乘,增加了路网的运营管理工作量。

3.适用性

分散式架构的自动售检票系统能够适用的环境为:条状形区域管理的轨道交通线路和由一个投资与运营方管理的多条线路。

———————————————— ◆ 知 识 链 接 ◆ ————————————————

分散式架构举例:如2011年以前的天津城市轨道交通的津滨轻轨(现在的天津地铁9号线)与其他线路独立运行,售检票系统形成分散式架构模式。2015年以前的土耳其伊斯坦布尔地铁,其新城与旧城之间分别建设有城市轨道交通线路,售检票系统也形成分散式架构模式。

三 区域式架构

1.基本架构形式

区域式架构是在分散式架构和线路式架构的基础上设置一个路网中心(中央数据处理系统)。其架构如图2-4所示。

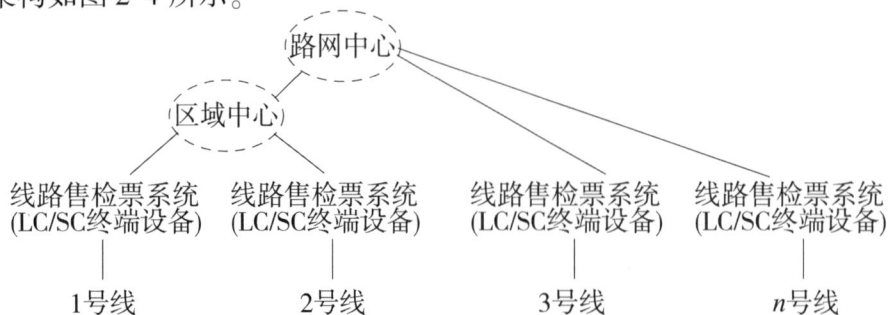

图2-4 区域式架构示意图

路网中心直接与独立线路的售检票系统连接,同时与区域中心连接,区域中心直接与所管辖线路的自动售检票系统连接。区域中心负责获取所管辖线路的交易数据,确定其管辖范围内各线路的换乘清分方式和结算,并对所管辖范围内各线路的跨线交易数据进行实时清分。路网中心负责获取全路网交易数据,确定区域中心和其余各线路的换乘结算方式与数据公共接口,并对区域中心和其余各线路的跨线交易数据进行实时清分。路网中心具有与外部卡清算系统的接口,用于转发数据、对账和结算等。

2. 特点分析

从技术的角度看,线路收益的清分、统计和管理分布在两个不同的层面上,路网中心无法直接了解区域线路之间的清分数据,只能通过区域售检票系统查询相应的数据。

从运营管理的角度看,如果区域中心对应的线路由一家投资方投资和一家运营企业管理,则可将此区域视为一条线路,系统就可简化成一个区域中心;如果区域的线路由多方投资和多家运营企业管理,则此时采用两个层面进行清分。采用区域式架构的自动售检票系统会给管理带来麻烦,但它保护了原有的投资,并可通过区域中心实现跨线换乘。

3. 适用性

区域式架构的自动售检票系统的适用环境为:由区域式线路和独立线路构成的轨道交通网络。

四 完全集中式架构

1. 基本架构形式

完全集中式架构是将轨道交通网络中所有的线路拟为一条路网式线路,设置一个路网中心,线路上的车站中心计算机系统集中后,通过通信设备直接与路网中心连接,即不设置线路中心系统进行相应的清分处理。路网中心相当于自动售检票系统的中央数据处理系统,负责获取全路网的所有交易数据,并负责各线路的数据处理和结算,同时负责线路的运营管理。其架构如图2-5所示。

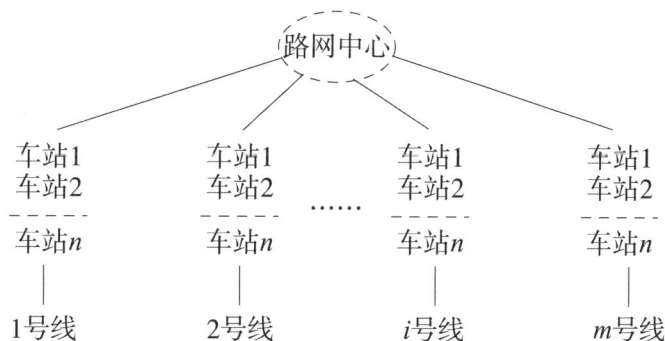

图 2-5 完全集中式架构示意图

完全集中式架构的自动售检票系统的路网中心与各独立线路的车站系统直接连接,路网中心替代线路中央系统的职责,同时负责对各线路的清分、统计和管理。路网中心负责全路网所有线路单程票/储值票交易数据的收集、处理、清分、对账和结算处理,负责路网所有线路外部卡交易数据的收集、转发、处理、清分,负责路网车票的统一编码和管理,负责与"公共交通卡"清算中心的清分。全路网数据的管理与结算由路网中心独立完成。

2. 特点分析

从技术的角度看,完全集中式架构清晰,可以实现路网内所有线路的换乘和清分(实质上是一条路网式线路),满足路网便捷化的需求。由于路网的所有信息都由路网中心统一处理,路网中心需要具备较大存储容量和高速处理能力。同时,完全集中的管理对路网中心的可靠性也提出较高的要求。

从运营管理的角度看,完全集中式架构的自动售检票系统实质上为线路售检票系统,在全路网范围内实施票款、客流和运营的管理。

3. 适用性

完全集中式架构的自动售检票系统的适用环境为:单一线路或运营商和多个独立的运营商管理的多线路。

———————————————— 知 识 链 接 ————————————————

完全集中式架构举例:日本东京的13条地铁线路由两家运营公司管理,以车站为基本单元,车站汇总计算机负责收集交易数据,每天定时通过网络将交易数据送到公司的数据汇总计算机,公司数据汇总计算机对交易数据进行处理。

五 分级集中式架构

1. 基本架构形式

分级集中式架构是在线路式架构的基础上设置一个路网中心,路网中心负责获取全路网交易数据,确定各线路的换乘结算方式和数据公共接口,并对各线路的跨线交易数据进行实时清分。其架构如图2-6所示。

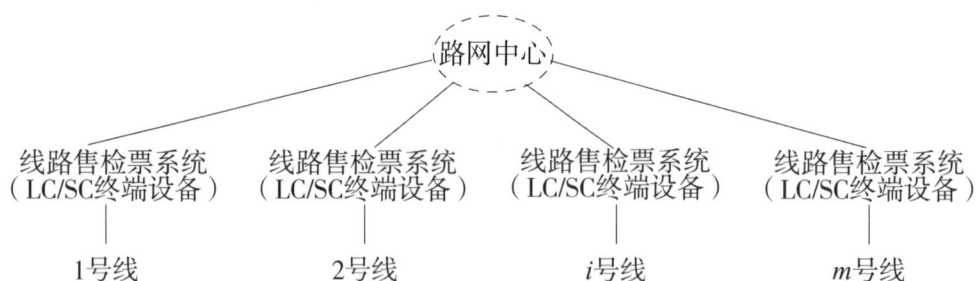

图2-6　分级集中式架构示意图

分级集中式架构的自动售检票系统的路网中心直接与各独立线路售检票系统的线路中心计算机系统连接,路网中心负责对各独立线路进行清分、统计和管理。路网中心负责全路网所有线路售检票系统单程票/储值票换乘交易数据的收集、处理、清分和清算,负责路网所有线路外部交易数据的收集、转发、处理、清分和结算,负责路网车票的统一编码和管理,负责与外部卡清算中心统一接口的处理。线路中心计算机系统负责线路交易数据的收集、处理、分析和管理,并与路网中心交换数据。清分交易数据的管理由路网中心与线路中心计算机系统共同完成。

2. 特点分析

从技术的角度看,分级集中式架构清晰,可以实现路网不同线路的换乘和清分,满足路网捷运化和信息化的需求。但在分级集中式票务系统架构中,由于乘客换乘的路径较多,跨线换乘票务清分规则的确定和计算较复杂。

从运营管理的角度看,分级集中式架构的自动售检票系统可以实现对全路网票款、客流的全面管理,可实施收支分开的管理。

从投资的角度看,分级集中式架构的自动售检票系统由多套线路售检票系统和一个路网中心构成,路网中心负责与线路售检票系统的连接,也负责与外部卡清算中心的连接。由于分级集中式架构只建设一个路网中心(考虑主备系统),所以相应的投资较少,即采纳此架构建设的票务系统在总投资上将相对减少。

3. 适用性

分级集中式架构的自动售检票系统能够满足轨道交通网络化的基本需求。

────────── ◦ **知 识 链 接** ◦ ──────────

上海轨道交通自动售检票系统采用的是分级集中式架构。分级集中式票务系统根据功能可分为五个层级:第一层是路网级,第二层是线路级,第三层是车站级,第四层是终端级,第五层是车票级。系统网络架构的参考模型,如图2-7所示。

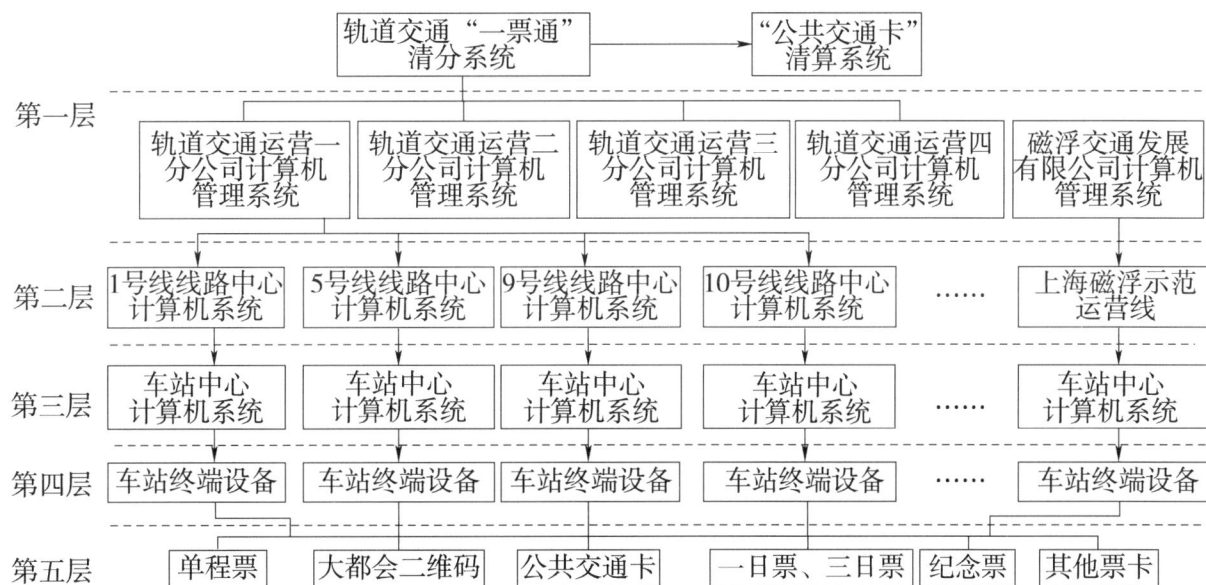

图 2-7 上海轨道交通自动售检票系统网络架构的参考模型

(1)城市轨道交通清分结算系统(自动售检票系统清分中心)

城市轨道交通清分结算系统负责不同收费系统之间的账务清分、结算。以上海为例,这一层面上设有城市公共交通卡清算中心和城市轨道交通清分中心,如图2-8所示。

公共交通卡清算中心负责"一卡通"车票的发行和管理。"一卡通"车票可以在城市轨道交通、公交、轮渡、出租车等不同领域中使用,由公共交通卡清算中心对公共交通卡交易数据进行采集和资金清算,并对公共交通卡参数进行管理。

轨道交通"一卡通"清分系统负责城市轨道交通"一卡通"车票的发行和管理。"一卡通"车票可以在城市轨道交通线路中使用。由轨道交通"一卡通"清分系统对单程票、公共交通卡的交易数据进行采集和票务清分,并对线路自动售检票系统进行运营管理。例如,统一制定费率表、票务处理、运营数据分析、客流统计、发布运营模式信息等。

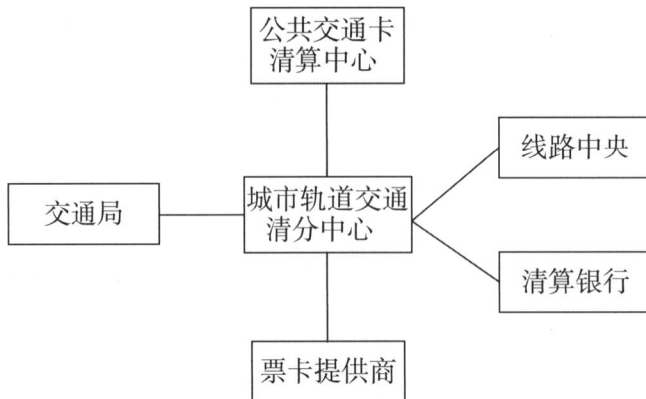

图2-8　上海轨道交通清分系统

（2）线路中心计算机系统（LC）

线路中心计算机系统是城市轨道交通线路自动售检票系统的管理与控制中心,负责本线路中的票务管理、交易与设备状态的采集、运行管理、客流管理、黑名单管理、软件版本管理、收益管理、统计报表等。城市轨道交通线路中心计算机系统基本功能如下:

①票务管理应具有的功能:车票交易数据处理、车票发售收益统计、运营收益统计、运营报表处理、票务对账结算、车票发售现金收入管理。

②运营管理应具有的功能:系统运营参数管理、在线设备状态监控、系统运营模式管理、客流统计与分析、车票分拣、票卡库存管理、系统通信监测。

（3）车站中心计算机系统（SC）

车站中心计算机系统是车站自动售检票系统的管理中心,负责车站级的票务管理、运行管理、客流管理、交易数据采集、车站终端设备管理(如检票机、售票机等,状态采集、收益管理、统计报表等)。城市轨道交通车站中心计算机系统基本功能如下:

①系统数据管理应具有的功能:接收和储存车站各终端设备上传的交易数据;将交易数据上传给线路中心计算机系统;接收线路中心计算机系统的各类系统运行参数;接收线路中心计算机系统的控制命令和指令信息。交通卡充值授权的管理功能包括正常授权和降级授权。

②运营管理应具有的功能:实时监控本车站自动售检票系统设备的运行状态;提供与车站运营业务有关的统计分析报告;车票的发售和现金管理;客流监控;票卡库存管理;紧急情况下自动售检票系统设备的管理。

（4）AFC系统车站终端设备（SLE）

AFC系统车站终端设备安装于各轨道交通线路车站,是进行车票发售、进站检票、出站检票、充值、验票分析等读写交易处理的终端设备。

（5）车票/卡（Ticket）

车票/卡是轨道交通乘车凭证,车票主要类型有单程票、公共交通卡,采用非接触集成电路卡。车票芯片内记录乘客进行轨道交通旅行的有关数据,数据的读写由终端设备进行。城市轨道交通车票使用流程,如图2-9所示。

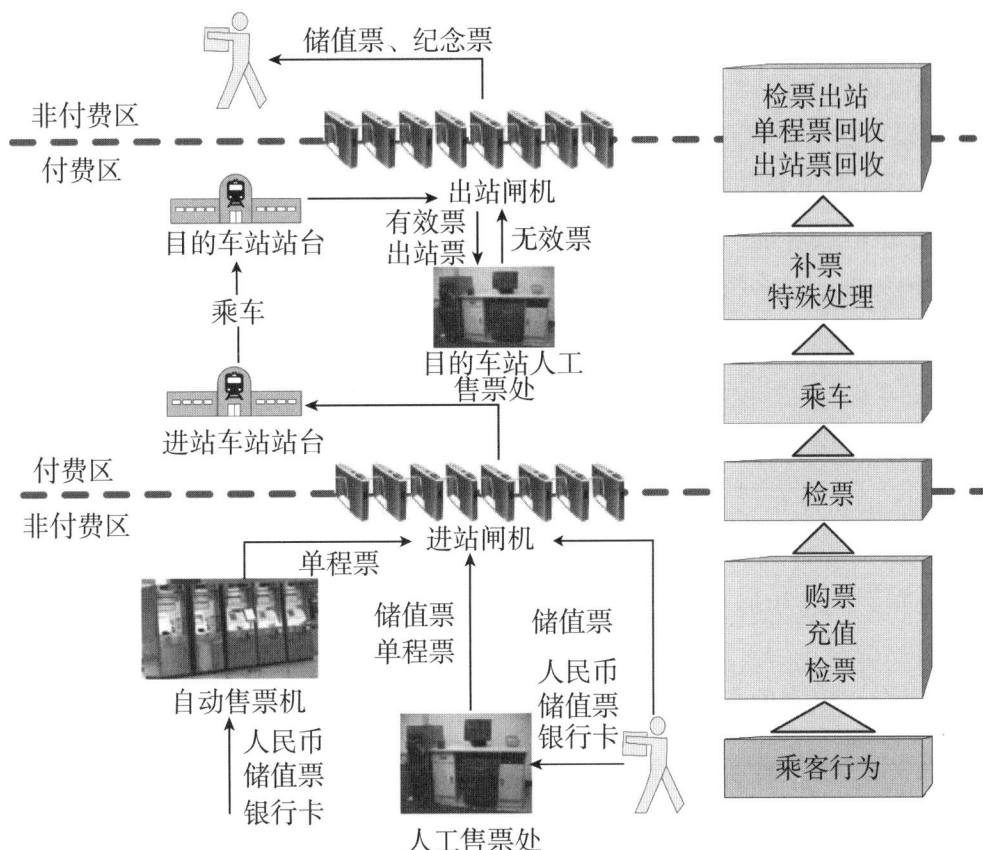

图2-9　城市轨道交通车票使用流程

任务2.2　自动售检票系统设备配置与布局

一　自动售检票系统设备配置与布局的影响因素

车站自动售检票系统设备配置是研究解决自动售检票系统设备的选型和配置数量的问题,而车站自动售检票系统设备布局则是研究解决自动售检票系统设备空间布置的问题。影响车站自动售检票系统设备配置与布局的因素主要有以下几个方面。

1.高峰小时进出站客流

高峰小时进出站客流的数量是决定车站自动售检票系统设备配置的主要因素,高峰小时进出站客流的流向则是决定车站自动售检票系统设备布局的基本依据。

根据客流统计资料数据分析,车站客流的进出站高峰小时出现时间与断面客流的高峰小时出现时间通常不同,车站客流的进站高峰小时与出站高峰小时出现的时间通常不同,工作日高峰小时进出站客流通常大于双休日高峰小时进出站客流,因此,一般采用工作日高峰小时进出站客流作为计算车站自动售检票系统设备配置的依据。

从客流的空间分布角度,应根据车站内乘客流向及行程轨迹,分别对各个付费区及各组检票机的进出站客流进行分析,还应该对上、下行方向客流的到发特征,进出站客流到检票口的特点和进出站客流的路径交叉等进行分析。

2. 车站自动售检票系统设备使用能力

车站自动售检票系统设备使用能力是指车站自动售检票系统设备在单位时间内(通常为1min)的出票张数或通过人数等。车站自动售检票系统设备通过能力可以分为设计能力和使用能力。设计能力是理想状态下的设备能力,根据自动售检票系统文件提供的数据确定。例如,检票机的设计能力,主要取决于票卡读写时间、闸门开启时间和乘客通过闸门时间等。但实践中,由于乘客特性、使用熟练程度、设备利用不均匀等原因,车站自动售检票系统设备的使用能力小于设计能力。因此,在自动售检票系统设备配置数计算时,应考虑其使用能力。

3. 站台与站厅层设计布局

站台与站厅层设计布局主要是设计站台类型、车站控制室的位置、升降设备的位置和车站出入口的布置等。

站台与站厅层设计布局对付费区及检票机的设置有较大影响,从而影响车站自动售检票系统设备的配置和布局。例如,岛式站台车站付费区的自动扶梯、步行楼梯设置在站厅的中央区域;客流量比较大的车站,会在付费区两侧布置便携式验票机,增加检票出站能力。

二 自动售检票系统设备配置的原则

自动售检票系统设备的配置需要考虑以下3个方面:

(1)满足面向乘客服务的要求。

(2)强调设备配置的能力匹配与经济性。

(3)体现出轨道交通服务方式在各类城市公共交通服务模式中的先进性。

在充分考虑这3个方面的基础上,围绕以下原则来配置相应的设施设备。

1. 安全性原则

与其他各类交通工具一样,城市轨道交通系统的运营也十分强调安全性,它是所有被考虑因素中的第一位要素。而安全运营的实现除了依靠严格而又科学的运营管理以外,设备的运行可靠程度也是严格的决定性因素。对于售检票系统设备的配置来说,要从所配置设备的安全可靠性上严格把关,还要配备必要的应急设备,以防万一。

2. 实用性原则

车站的设备配置要符合车站服务的特点,即服务的短暂性和高频率。轨道交通车站主要解决乘客在该服务系统中的汇聚与疏解问题,有很强的时效性;乘客的基本要求是在短暂的移动过程中充分享受车站所提供的舒适服务。因此,设备的实用性是车站首先要考虑的问题。

3. 功能匹配原则

由于轨道交通系统投资巨大,城市轨道交通车站的设备配置既要满足乘客的服务要求,也要防止出现设备能力闲置的情况,降低设备的使用效率以及系统运营的经济效益(不包括正常的设备能力储备），即车站设备服务能力与乘客所需的服务容量的匹配。另外，车站设备配置的能力匹配，还包括各设备之间的容量与能力匹配，如列车运营密度对售检票能力都提出了相应的配套要求，这一要求首先就是售检票系统和车站各配置设备之间的能力协调。

4. 先进性原则

城市轨道交通系统既是先进的大容量、快捷交通运行工具，也是一个复杂的运营系统。高技术、高智能化是其基本特征，而要体现这一特征，构成这一系统的各设备必须有相当的先进性，就目前而言，应以计算机技术、信息技术和控制技术为主要应用对象，提高车站设备的技术和应用层次。

5. 经济性原则

在满足乘客乘降需求的前提下，本着提高设备利用率的原则，售检票系统配置相关设备必须考虑经济性问题，即从设备的等级、规模、先进的程度等方面出发，体现够用的原则，从而使车站售检票系统的建设投资恰到好处。

三　自动售检票系统设备布置应满足的要求

1. 正确设置自动售检票系统设备的位置

自动售检票系统设备一般不设置在出入口、通道内，并尽量与出入口、楼梯保持一定距离，从而保证出入口和楼梯的畅通。

自动售检票系统设备一般选择在站厅内宽敞的位置设置，保持自动售检票系统设备前通道宽敞，便于自动售检票系统设备前客流的疏导；各自动售检票系统设备应适当保持一定距离，避免排队时拥挤。

深圳地铁车站站厅层布置图如图 2-10、图 2-11 所示。

图 2-10　深圳地铁车站站厅层布置图（一）　图 2-11　深圳地铁车站站厅层布置图（二）

2. 合理布置付费区

自动售检票系统设备的位置根据出入口数量相对集中布置，并满足客流流向要求。因轨道交通车站一般有多个出入口，为了减少乘客进入车站后的走行距离，一般设置多处自动售检票系统设备，但过多设置自动售检票系统设备容易造成设备使用的不平衡，降低设备使用效率，并且不利于管理，因而自动售检票系统设备应根据车站客流的大小集中布置。

3. 设备应采用相对一致的外尺寸

每个付费区内至少设置 1 台补票机,每个出入口的检票机数量不应少于 2 台。

—————————•知 识 链 接•—————————

我国正在建设地铁的城市,如北京、天津、沈阳、成都、杭州、武汉、重庆等,都将自动售检票系统作为一个重要的组成部分,分别采用不同的自动售检票技术。国外企业,如日本欧姆龙公司、日信公司,法国 THALES 公司、ASCOM 公司,美国 CUBIC 公司等纷纷进驻中国市场。国内企业,如深圳现代、上海华虹等公司成为国内自动售检票系统行业的代表,但技术路线不一,没有一个统一的标准,容易形成轨道交通每一条线路自动售检票系统的不一致,造成接口复杂,甚至重复投资。

实训任务工单2-1　城市轨道交通自动售检票系统的认知

城市轨道交通自动售检票系统的认知见本教材配套实训任务工单 2-1。

复习与思考

1. 自动售检票系统包含哪些架构形式?
2. 自动售检票系统分级集中式架构体系分哪几个层次?
3. 自动售检票系统设备的配置与布局应考虑哪些因素?
4. 简述自动售检票系统设备配置的原则。

项目3

票卡媒介及应用

教学目标

1. 理解售检票方式及票卡的识别方式,掌握票卡的分类;
2. 掌握纸票、磁卡、智能卡的构成、分类及特点;
3. 掌握自动售检票系统中各类型票卡的定义及适用范围;
4. 了解我国主要城市"一卡通"的应用情况及"一卡通"使用的一般要求。

建议学时

12 学时

教学导入

票卡就是乘客使用的车票,用于记载乘客的出行和费用信息,是乘坐轨道交通的有效票据或凭证。票卡记载了乘客从购票开始到完成一次完整旅行所需要和产生的费用、时间、乘车区间等信息。票卡上记载了有关乘车信息,因而也将其称为票卡媒介。

不同票卡媒介记载信息的方式和数量是不同的,信息记载方式不同,识别方式也不同。因此,不同的票卡媒介将对应不同的识别系统。

早期地铁一般都采用纸票作为车票,但随着计算机、网络通信、电子、智能卡等技术的不断发展,先后出现了磁卡和智能 IC 卡。纸票需要大量的工作人员且需人工进行售检票,因而工作效率极其低下;另外,纸票只能使用一次,容易造成资源浪费,并且在车票和现金的管理上也存在漏洞。磁卡利用磁性载体(如磁条)记录车票的相关信息,读写相对简单,使用也比较方便,而且可以重复使用。IC 卡是集成电路卡(Integrated Circuit Card)的英文简称,在有些国家也称为智能卡、智慧卡、微芯片卡等。IC 卡按其与外界数据传送方式的不同,一般分为接触式 IC 卡和非接触式 IC 卡。IC 卡具有许多磁卡无法比拟的优点,如存储容量大,信息记录的高可靠性、高安全性、高保密性以及可脱机使用等,因此得到了广泛使用。

目前,国内各大城市,如北京、上海、南京、广州、深圳等,其地铁自动售检票系统的票卡媒介一般都采用非接触式 IC 卡,并且都已成功实现"一卡通"业务,即除可在地铁系统换乘之外,还可以实现在公交、出租、轮渡、市郊铁路等系统的换乘;此外,还可实现在停车场、加油站、便利店、超市、影院等地的刷卡消费。该技术还将在其他领域中不断完善。

任务3.1 票卡媒介与售检票方式认知

票卡按其信息记录介质的不同,可分为印刷、磁记录和数字记录3种;按信息认读方式的不同,可分为视读和机读两种。售检票方式有人工方式、半自动方式和自动方式。每种售检票方式都涉及不同的车票媒介和识别技术(由不同的终端设备或人工完成)。

一 票卡媒介

目前常见的票卡媒介有纸质车票、磁卡车票和智能卡车票3种。

1. 纸质车票

常见的纸质车票有普通纸票和条形码纸票。

(1)普通纸票

普通纸票是指将车票的所有信息都直接印制在车票上,由票务人员视读确认。

(2)条形码纸票

条形码纸票是将车票的相关信息通过条形码编码存储,由条形码扫描仪完成信息识别,标识的信息只供读取而不能改写。

2. 磁卡车票

磁卡车票是指在基质上设置磁记录区域,通过磁性载体记录有关信息,由磁卡读写设备获取相关信息,信息是可修改的。常见的磁卡车票有单程磁卡和储值磁卡。

3. 智能卡车票

智能卡车票是将车票的所有信息储存在车票的集成电路中,由智能卡读写设备获取相关信息。信息存储量大,且可修改。智能卡按其与外界数据的交换方式,分为接触式IC卡和非接触式IC卡。

二 售检票方式

售检票系统是城市轨道交通运营管理的一个非常重要的环节,根据售检票作业环境的不同,可分为开放式售检票作业方式和封闭式售检票作业方式,如图3-1所示。

(1)开放式售检票指在车站不设检票口,乘客上车前(指进入付费区)检票或在列车上检票,并随机查票的作业方式。一般适用于客流量较小的系统且要求乘客有较高的素质。

(2)封闭式售检票指在乘客进出付费区前都要经过检票口检票的作业方式,一般分为人工售检票、半自动售检票和自动售检票3种。

在轨道交通系统中,售检票方式取决于不同的票卡媒介和设施设备。目前,世界上常见的轨道交通售检票方式有印制纸票人工售检票系统、印制纸票半自动售检票系统、一次性磁票自动(半自动)售检票系统、重复使用磁票自动(半自动)售检票系统、接触式智能卡自动(半自动)售检票系统、非接触式智能卡自动(半自动)售检票系统。上述6种售检票模式中,票卡媒介基本上为普通纸质车票、条形码车票、单程磁票、储值磁票、接触式IC卡及非接触式IC卡。由于票卡介质不同、识别终端不同,售检票模式在很大程度上发生了变化。

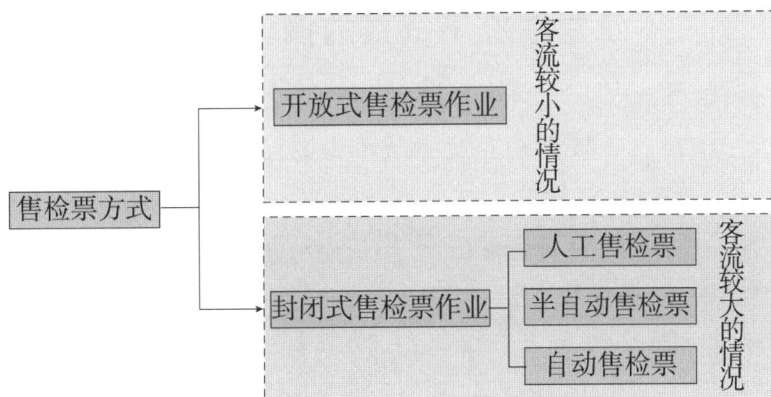

图3-1　城市轨道交通票务系统售检票方式

任务3.2　纸票与磁卡认知

一　纸票

纸票是事先在车票上印刷相关信息,由人工方式或自动方式售票,通过视读或扫描仪确认票面信息,分为普通纸票和条形码纸票两种。相关资源见二维码3。

二维码3

车票结构认知

1.普通纸票

普通纸票将车票的相关信息印制在票面(纸质)上,由票务人员视读确认。票面上的基本信息包括车票编号、出票站点、乘车日期、乘车车次、乘车区间、票款金额、时间限制以及换乘等信息,既对购票人有明示作用,也便于票务人员检查核对。

普通纸票的信息是只读信息,因此不能作为储值票,只能作为单程票或特殊用途的车票。

印制纸票适用于人工售检票的票务运作模式,每张纸票相当于一张定额发票,只能提供给乘客乘坐一次地铁的服务承诺,而且其寿命也只有一次。普通纸票一般由存根、进/出站副券、主券、出站副券4部分构成。乘客在购票过程中,票务人员从车票存根处撕下后将其余部分交给乘客,存根是地铁车站内部进行收益稽核时使用的;进/出站副券分别是乘客在进、出站检票时,提供给检票人员检查的;主券是最后留给乘客,供乘客收藏或作为报销凭证使用的。

想一想

乘坐地铁后,留给乘客的主券有什么收藏价值?

知 识 链 接

正常情况下纸票的操作程序

(1)乘客进站时,检票人员撕下乘客纸票的副券Ⅰ。

(2)乘客出站时,检票人员核查乘客所持纸票上的站名、日期章以及纸票票价无误后,撕下乘客纸票的副券Ⅱ。对超程使用的1元纸票出站时,车站员工也需撕下相应的副券联。

(3)若乘客的车票超程时,需在车站客服中心补足相应的车费(乘客携带的行李票超程时,乘客需补交行李相应的超程费用)。

图3-2所示为普通纸票。

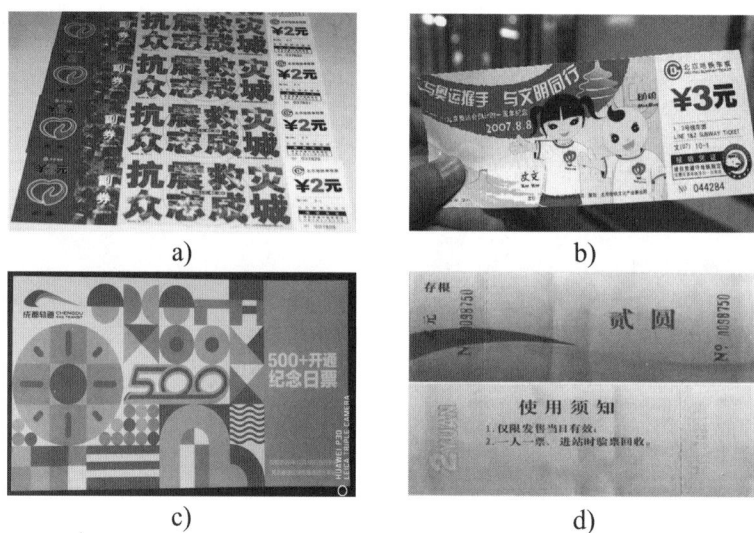

a)

b)

c)

d)

图3-2 普通纸票

知 识 链 接

北京地铁 38 岁纸票正式"退休"

2008年6月8日晚上,随着最后一班地铁列车的开启,和北京市民相伴了38年的地铁纸质车票正式退出流通,自动售检票系统开始上岗。启用自动售检票系统后,北京地铁的票制、票价维持不变,仍为全路网每人次2元。

地铁纸票大事记:

1971年1月15日,北京地铁一期工程线路开始试运营,凭单位介绍信在各车站购票,单程票价壹角。

1987年12月19日,北京地铁环线建成通车后,一线及环线两线地铁票都定为贰角。图3-3所示为壹角面额纸票,图3-4所示为贰角面额纸票。

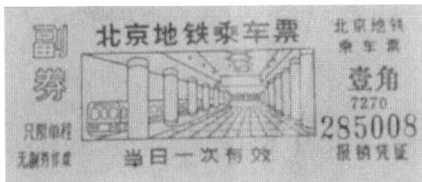

图3-3　壹角面额纸票

图3-4　贰角面额纸票

1990年9月,"盼盼"登上地铁车票(见图3-5)。

1991年1月1日,北京地铁票价调整为伍角(见图3-6)。

1992年,车票上出现真正的商业广告。

1996年1月1日,北京地铁开始调整地铁票价,普票从伍角调至贰元(见图3-7)。

图3-5　"盼盼"纸票

图3-6　伍角面额纸票

图3-7　贰元面额纸票

1999年12月10日,北京地铁票价调整为3元。

2002年底,北京地铁车票实行色标管理。其中地铁1号线车票颜色为粉红色,地铁2号线(包括两个换乘站)车票颜色为湖蓝色。

2003年1月9日,13号线正式贯通试运营,单程票价3元。

2007年10月7日,北京地铁实行单一票制,统一为2元。

2008年6月9日,北京地铁全部实行自动售检票,纸质车票退出历史舞台。

📖**想一想**

纸票已经退出了历史舞台,地铁车站还会不会再出现纸票呢?

2. 条形码纸票

条形码(Barcode)是将宽度不等的多个黑条和空白,按照一定的编码规则排列,用于表达一组信息的图形标识符(见图3-8)。常见的条形码是由反射率相差很大的黑条(简称条)和白条(简称空)排成的平行线图案。这些条和空组成的数据编码可以供机器识读,而且很容易译成二进制数和十进制数。这些条和空可以有各种不同的组合方法,构成不同的图形符号,即各种符号体系,也称为码制,应用于不同的场合。目前,我国干线铁路旅客运输的车票采用此种方式。

图3-8 一维和二维条形码

条形码系统是由条码符号设计、制作及扫描阅读组成的自动识别系统。条形码的扫描需要扫描器,扫描器利用自身光源照射条形码,再利用光电转换器接收反射的光线,将反射光线的明暗转换成数字信号。在条形码车票中,车票的信息是通过条形码编码实现的。

(1)条形码的优点。

①可靠性强。条形码的读取准确率远远超过人工记录,平均每15000个字符才会出现一个错误。

②效率高。条形码的读取速度很快,相当于每秒40个字符。

③成本低。与其他自动化识别技术相比较,条形码技术仅仅需要一小张贴纸和构造相对简单的光学扫描仪,成本相当低廉。

④易于制作。条形码的编写很简单,制作也仅仅需要印刷,被称作"可印刷的计算机语言"。

⑤构造简单。条形码识别设备的构造简单,使用方便。

(2)条形码纸票的特点。

条形码纸票具有信息存储量较大、自动识别速度较快、读码效率较高、纠错能力较强的特点,可提高检票系统的处理速度和识别性能,有利于车票的自动化检测。但条形码纸票只能在购票时记录站名和发售时间,无法记录进站时间和闸机编号等即时统计信息,对计时制管理的票务系统有一定的影响。

对于出票系统的打印机而言,其技术要求就是出票速度快。因此,一般将票面的一些固定信息预先印刷在票面上,在出票时仅打印当时的必要信息,以减少打印量,提高打印速度。

二 磁卡

1. 磁卡的构成

磁卡是一种磁记录介质卡片。它由高强度、耐高温的塑料或纸质涂覆塑料制成,能防潮、耐磨,且有一定的柔韧性,携带方便,使用较为稳定可靠。通常,磁卡的一面印刷有说明提示性信息,如插卡方向;另一面则有磁层或磁条,具有2个或3个磁道,以记录有关信息数据。为了简化设备结构,大部分系统的磁卡上还会有定位孔槽等标志。

磁条可以用来记载字母、字符及数字信息。通过黏合或热合,与塑料或纸牢固地整合在一起形成磁卡。磁条中所包含的信息一般比长条码大。

如图3-9所示,常见的磁条上有3个磁道,称为磁道1(Track1)、磁道2(Track2)、磁道3(Track3)。磁道1与磁道2是只读磁道,在使用时磁道上记录的信息只能读出而不允许写入或修改。磁道3为读写磁道,在使用时可以读出,也可以写入。

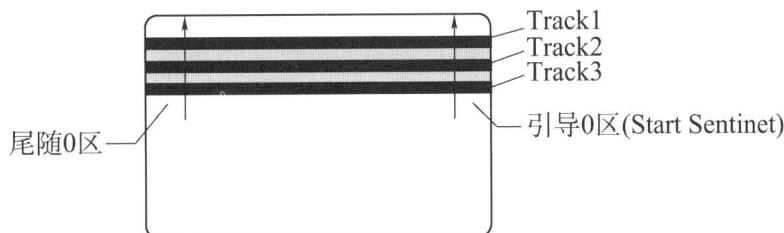

图3-9 磁卡车票结构示意图

磁道1可记录数字(0~9)、字母(A~Z)和其他符号(如括号、分隔符等),最大可记录79个数字或字母。

磁道2和磁道3所记录的字符只能是数字(0~9)。磁道2最大可记录40个字符,磁道3最大可记录107个字符。

2. 磁卡车票的设计

磁卡车票的设计首先要满足系统的技术要求,其次票卡的大小要尽可能标准化,然后根据需要设计各种图案、文字和号码,根据使用环境确定信息储存的磁道。ISO 7810:1985识别卡规定了卡的物理特性,包括卡的材料、构造、尺寸(见表3-1)。

磁 卡 尺 寸 表3-1

长度	85.47~85.72mm
宽度	53.92~54.03mm
厚度	0.76mm±0.08mm
圆角半径	3.18mm
一般卡的尺寸为:85.5mm×54mm×0.76mm	

磁卡上的磁涂层(磁条)是一层薄薄的、由排列定向的铁性氧化粒子组成的材料,用树脂黏合剂严密地黏合在一起,并黏合在如纸或塑料这样的非磁基片媒介上,因此形成了纸质磁性票卡或塑制磁性票卡(见图3-10、图3-11)。

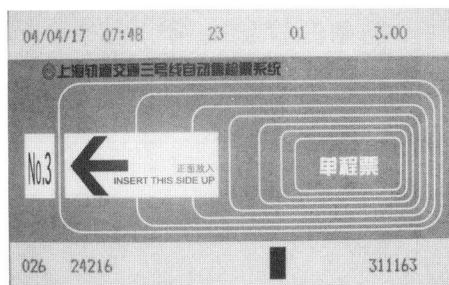

图3-10 我国首枚地铁纸质磁卡车票　　图3-11 塑制单程票和储值磁卡车票

📖 **想一想**

磁卡和纸票相比,有什么优越性?

3.磁卡的优缺点

磁卡技术在20世纪70年代有所发展,围绕磁卡的自动售检票系统设备应用已久,从技术上讲还是比较成熟的,其具有以下优点:

(1)可以进行机读,提高了自动化程度。

(2)可以方便地进行票卡生产,成本较低。

(3)可以循环使用,降低能源消耗。

但磁卡运营成本较高,进一步推广较困难,主要表现在以下几个方面:

(1)票卡成本相对较高,虽然可采用回收重复使用模式(地铁),但其带来要对客票进行消毒处理、提供报销凭证、客票回收后各站对其清空与分配的问题,给运营单位增加了负担。

(2)自动售检票系统要频繁地对磁卡进行接触式读写,每天要不可避免地投入大量人力物力对磁头进行消磁和除尘清洗。

(3)磁卡的自动售检票系统设备需要较精密的传输机构,机械结构复杂,精密度要求高,因而设备造价较高,对维护人员的素质要求也较高。另外,由于机构动作频繁,机械磨损后的维护成本较大。

(4)磁条的读写次数有限,当磁卡使用到一定次数后,就会对磁条的读写产生影响。

(5)磁卡使用中容易受到诸多外界磁场因素的干扰而改变存储内容。

(6)由于密钥随票携带,极易被复制伪造,特别是现有的安全技术已难以满足越来越多的应用需求。

磁卡的运作流程

磁卡的运作流程如图3-12所示。

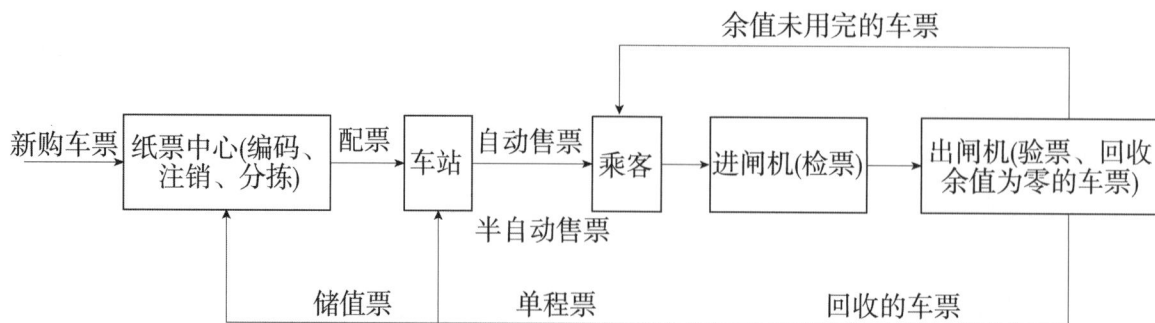

图3-12　磁卡的运作流程

任务3.3 智能票卡的种类和应用认知

IC 卡又称集成电路卡或智能卡(Smart Card),是将一个专用的集成电路芯片镶嵌于符合 ISO/IEC 7816 标准的塑料基片中,封装成外形与磁卡类似的卡片形式,即制成一张 IC 卡。

IC 卡可直接与存储器或处理器进行数据存取,也可以封装成纽扣、钥匙、饰物等特殊形状。因为智能卡添加了射频技术,所以它不需要与读写器有任何物理接触就能进行数据交换。

一 智能票卡的分类

智能卡根据镶嵌芯片的不同,划分为存储器卡、逻辑加密卡、CPU 卡和超级智能卡;根据读写方式的不同,划分为接触式 IC 卡、非接触式 IC 卡和双界面卡;根据卡与外界进行交换时的数据传输方式的不同,划分为串行 IC 卡、并行 IC 卡等。以下简要介绍前两种分类。

1. 按镶嵌芯片划分

(1)存储器卡。

存储器卡的卡内芯片为电可擦除可编程只读存储器 EEPROM(Electrically Erasable Programmable Read-only Memory),以及地址译码电路和指令译码电路。它仅具有数据存储功能,没有数据处理能力;存储卡本身无硬件加密功能,只在文件上加密,很容易被破解。这种卡片存储方便、使用简单、价格便宜,在很多场合可以替代磁卡。该类 IC 卡不具备保密功能,因而一般用于存放不需要保密的信息。

(2)逻辑加密卡。

逻辑加密卡除了具有存储卡的 EEPROM 外,还带有加密逻辑,每次读写卡之前要先进行密码验证。如果连续几次密码验证错误,卡片将会自锁,成为死卡。加密逻辑电路可在一定程度上保护卡和卡中数据的安全,但只是低层次防护,无法防止恶意攻击。该类卡片存储量相对较小,价格相对较低,适用于有一定保密要求的场合。

(3)CPU 卡。

CPU 卡的芯片内部包含微处理器单元 CPU、存储单元和输入/输出接口单元。CPU 管理信息的加/解密和传输,严格防范非法访问卡内信息,发现数次非法访问,将锁死相应的信息区。CPU 卡的容量有大有小,价格比逻辑加密卡要高。但 CPU 卡良好的处理能力和保密性能使其成为 IC 卡发展的主要方向。CPU 卡适用于保密性要求特别高的场合。

(4)超级智能卡。

在 CPU 卡的基础上增加键盘、液晶显示器、电源,即成为一超级智能卡,有的卡上还具有指纹识别装置。

2. 按读写方式划分

(1)接触式 IC 卡(CPU 卡)

接触式 IC 卡是指将智能卡的绝大部分电气部件进行封装,而将外部连接线路做成触点外露,按一定的规则排列接触点极。在进行读写操作时,卡片必须插入读写器的卡座,通过触点与读卡设备交换信息。

(2)非接触式 IC 卡(CPU 卡)

非接触式 IC 卡又称射频卡,由 IC 芯片、感应天线组成,封装在一个标准的塑制卡片内,芯片及天线无任何外露部分。非接触式 IC 卡通过智能卡的收发天线与读写设备交换信息。它成功地将射频识别技术和 IC 卡技术结合起来,解决了无源(卡中无电源)和免接触这一难题,是电子器件领域的一大突破。卡片在一定距离范围(通常为 5 ~ 10cm)靠近读写器表面,通过无线电波的传递来完成数据的读写操作。

(3)双界面卡(CPU 卡)

双界面卡是基于单芯片的、集接触式与非接触式接口为一体的智能卡,这两种接口共享同一个微处理器、操作系统和应用数据 EEPROM。卡片包括一个微处理器芯片和一个与微处理器相连的天线线圈,由读写器产生的电磁场提供能量,通过射频方式实现能量供应和数据传输。

二 接触式 IC 卡和非接触式 IC 卡

1. 接触式 IC 卡

(1)接触式 IC 卡的结构。

接触式 IC 卡由微处理器、操作系统、加密逻辑、串行 EEPROM 及相关电路组成。接触式 IC 卡一般由基片、接触面及集成电路芯片构成。基片现在多为 PVC 材质,也有塑料或是纸质材质。

聚 氯 乙 烯

聚氯乙烯(Polyvinyl Chloride,简称 PVC)其实是一种乙烯基的聚合物质,其材料是一种非结晶性材料。PVC 材料在实际使用中经常加入稳定剂、润滑剂、辅助加工剂、色料、抗冲击剂及其他添加剂。聚氯乙烯具有不易燃性、高强度、耐气候变化性以及优良的几何稳定性。PVC 对氧化剂、还原剂和强酸都有很强的抵抗力。

IC 卡接触面:金属材质,一般为铜质薄片,集成电路的输入输出端连接到大的接触面上,这样便于读写器的操作,大的接触面也有助于延长卡片使用寿命;触点一般有 8 个,也有的智能卡设计成 6 个触点。

IC 卡集成电路芯片:通常非常薄,在 0.5mm 以内,直径大约为 0.25cm,一般呈圆形,也有呈方形的,内部芯片一般有 CPU、RAM、ROM、EEPROM。

接触式 IC 卡,如图 3-13 所示。

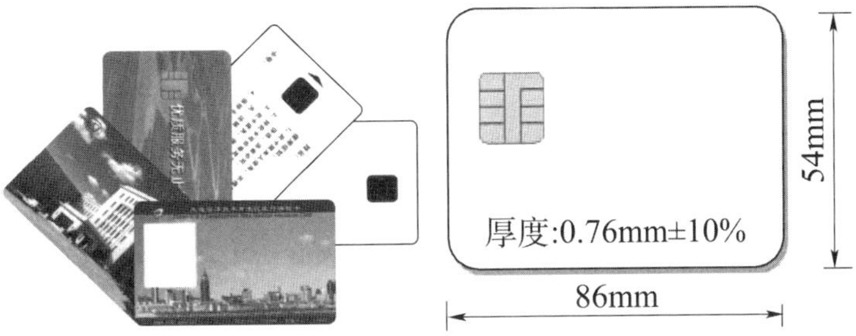

图 3-13 接触式 IC 卡

想一想

接触式 IC 卡和磁卡有什么相同点？

（2）接触式 IC 卡与磁卡的比较。

接触式 IC 卡的外形与磁卡相似，它与磁卡的区别在于数据存储的媒介不同。磁卡是通过卡上磁条的磁场变化来存储信息的，而接触式 IC 卡是通过嵌入卡中 EEPROM 集成电路芯片来存储数据信息的。因此，与磁卡相比较，接触式 IC 卡具有以下优点：

①存储容量大。磁卡的存储容量大约为 200 个数字字符；IC 卡的存储容量根据型号不同，小的几百个字符，大的上百万个字符。

②安全保密性好。IC 卡上的信息能够随意读取、修改、擦除，但都需要密码。

③CPU 卡具有数据处理能力。在与读写器进行数据交换时，可对数据进行加密、解密，以确保交换数据的准确可靠，而磁卡则无此功能。

④卡的抗磁性、抗静电及抗各种射线的能力，抗机械、抗化学破坏的能力也强，因此接触式 IC 卡的寿命较长，其相关设备的成本也较磁卡低。

在接触式 IC 卡的普及过程中，逐渐呈现出下列弊端：

①卡在读写器上经常拔插造成的磨损导致接触不良，从而引起数据传输错误，并且卡与读写器之间的磨损大大缩短了卡和读写器的使用寿命。例如，由于粗暴、倾斜或不到位插卡，非卡外物插入，以及灰尘、氧化、脱落物或油污导致接触不良等造成的故障。

②由于集成电路芯片有一面在卡片表面裸露，容易造成芯片脱落、静电击穿、弯曲、扭曲损坏等问题。

③卡片触点上产生的静电可能会破坏卡中的数据，如果环境腐蚀及保管不当，可能会造成卡触点损坏，使 IC 卡失效。

④接触卡的通信速率较低，再加上插拔卡的动作延误，造成每一笔交易需要较长时间的等待，严重影响其在需要快速响应场合的应用。

2. 非接触式 IC 卡

非接触式 IC 卡，又称射频卡，诞生于 20 世纪 90 年代初。由于存在着磁卡和接触式 IC 卡不可比拟的优点，非接触式 IC 卡一经问世便立即引起广泛的关注，并以惊人的速度得到推广应用。

非接触式 IC 卡由 IC 芯片、感应天线组成，并完全密封在一个标准塑制卡片中，无外露

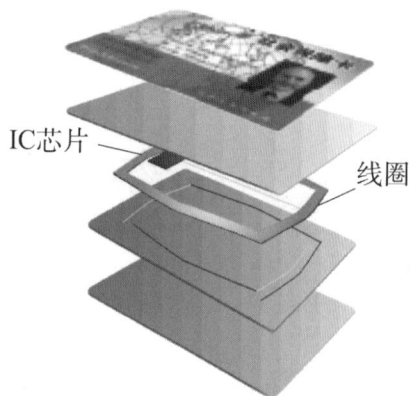

IC芯片

线圈

图 3-14 非接触式 IC 卡的
构成

部分。非接触式 IC 卡通常与读写器通过无线电波来完成读写操作。

非接触式 IC 卡的构成,如图 3-14 所示。

(1)非接触式 IC 卡的工作原理。

非接触式 IC 卡本身是无源体,它与读写器之间通过无线电波来完成读写操作。二者之间的通信频率为 13.56MHz。

当读写器对卡进行读写操作时,读写器发出的信号由两部分叠加组成:一部分是电源信号,该信号由卡接收后,与其本身的 L/C 产生谐振,产生一个瞬间能量来供给芯片工作;另一部分则是结合数据信号,指挥芯片完成数据、修改、存储等,并返回给读写器。

(2)非接触式 IC 卡的技术特点。

非接触式 IC 卡与传统的接触式 IC 卡相比,在继承了接触式 IC 卡优点,如大容量、高安全性等的同时,又克服了接触式 IC 卡所无法避免的缺点,如读写故障率高,由于触点外露而导致的污染、损伤、磨损、静电以及插卡这种不便的读写过程等。非接触式 IC 卡完全密封的形式及无接触的工作方式,使之不受外界不良因素的影响,从而使用寿命完全接近 IC 卡芯片的自然寿命,因而卡本身的使用频率和期限以及操作的便利性都大大高于接触式 IC 卡。

从技术上看,非接触式 IC 卡特点主要有以下几点。

①射频技术:由于 IC 卡的尺寸限制以及卡上的应答器不能有电源系统,需要由寻呼器(读写设备)通过无线电波方式供电,卡内埋装特殊设计的天线,须保证有良好的抗干扰能力,而且要有"防冲突"电路。

②封装技术:由于 IC 卡的尺寸限制以及卡上装的应答器的天线、芯片及其他特殊部件,为确保卡片的大小、厚度、柔韧性和高温高压工艺中芯片电路的安全性,需采用特殊的封装技术和制造设备。

③低功耗技术:无论是通过有源方式还是无源方式设计的非接触式 IC 卡,最基本的要求是功耗小,以提高卡片寿命和扩大应用场合,因此卡内一般都采用低功耗工艺和有关技术。例如,电路设计采用"休眠模式"进行设计。

④安全技术:除了卡的通信安全技术外,还要与卡用芯片的物理安全技术和卡片制造的安全技术相结合,以构成强大的安全体系。

三 筹码型 IC 卡

非接触式 IC 卡按需要可封装为方卡型、筹码型或者其他形状。

方卡型 IC 卡外形和磁卡比较相似。

筹码型 IC 卡是在直径为 30mm、厚度为 2mm 的非金属材料圆盘内,嵌装集成电路芯片及天线,通过电感耦合的方式与筹码读写器进行操作的 IC 卡,简称筹码(TOKEN)。广州地铁是世界上首家使用筹码型 IC 卡单程票的公交企业。广州及深圳的筹码型车票,如图 3-15 所示。

图3-15 广州及深圳的筹码型车票与1元硬币大小对比图

想一想

筹码型车票在使用过程中有什么特点?

筹码型IC卡与方卡型IC卡在终端设备、系统结构和应用软件等方面基本一致。只是筹码型IC卡的传送可依靠重力和滚动,显然筹码型车票的处理装置结构最为简单,维护工作量也小,但是给车站运营管理带来便利的同时也存在相应的问题。由于筹码型车票尺寸太小,容易丢失,在运营初期,筹码的大量流失会给企业经济带来一定的影响。而方卡型IC卡则要依靠专门的传输装置,因此,终端设备的结构及维护等都比较复杂,但方卡型车票容易携带,也比较符合一般乘客的使用习惯。

四 异形IC卡

标准卡为国际统一尺寸的卡品,它的尺寸是85.5mm×54mm×0.76mm。近年来,由于人们个性的需求,票卡的印制不受尺寸的限制,在世界各国出现不少形形色色的"怪异"卡,此类卡称为异形卡(见图3-16)。其中长方形、正方形、三角形、椭圆形等几何形卡,称为"非标准卡";动物形状、娃娃形状的一些特别形状卡,称为"准异形卡"。相对而言,"准异形卡"的制作工艺要比"非标准卡"难度更大一些。

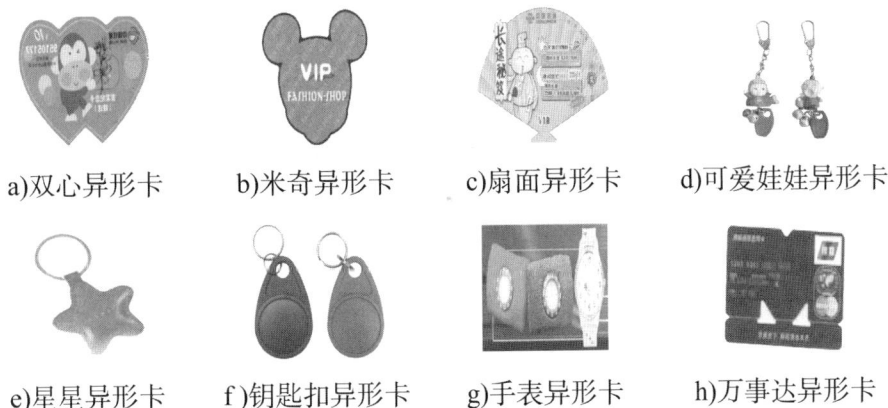

a)双心异形卡　　b)米奇异形卡　　c)扇面异形卡　　d)可爱娃娃异形卡

e)星星异形卡　　f)钥匙扣异形卡　　g)手表异形卡　　h)万事达异形卡

图3-16 各种类型异形卡

异形卡并不是指某种类型的卡。通俗地说,形状上非规则的都可以称为异形卡。异形卡内可以封装各种各样的芯片,也就是说,它具有多种不同功能。

1.异形卡的用途

常见的异形卡主要有两种用途:一是用于胸卡。根据客户的不同要求,胸卡的大小差异很大,最小的为20mm×40mm,最大的为90mm×130mm,具备不同尺寸、不同形状,可适应不同客户的不同要求;二是用于门禁卡。异形卡均可做成几十种形状,如钥匙扣卡、钱币卡,既时尚又美观。

目前非接触式 IC 卡是最新的技术,因卡片功能有限,非接触式支付将与类似手机等的移动设备以及 Mini 卡、钥匙链等结合起来使用。

2. 异形卡的分类

按行业分类:异形卡分为公交异形卡、门禁异形卡、商场异形卡、酒店异形卡和服装异形卡。

按材质分类:异形卡分为 PVC 异形卡、金属异形卡和普通纸异形卡。

按使用环境分类:异形卡分为普通异形卡和抗金属异形卡。

按工作方式分类:异形卡分为接触式异形卡、非接触式异形卡、双界面异形卡和复合异形卡。

非接触式异形卡分类:低频异形卡(125kHz)、高频异形卡(13.56MHz)、超高频异形卡(850~930MHz)和微波异形卡(2.45GHz、5.8GHz)。

图 3-17~图 3-19 所示为不同异形卡的形式。

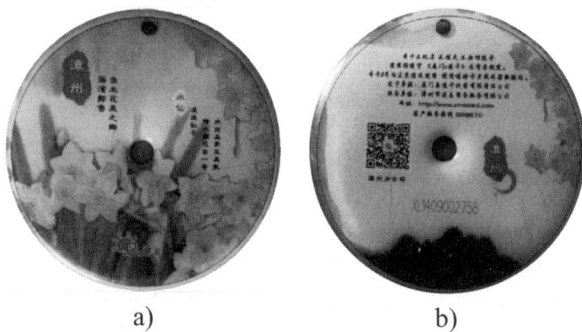

a)　　　　　　　　b)　　　　　　　　a)　　　　　　　　b)

图 3-17　厦门地铁异形卡　　　　图 3-18　长沙地铁异形卡

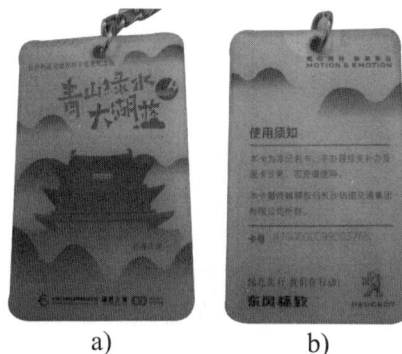

a)　　　　　　　　　　　　b)

图 3-19　广州地铁亚运会异形卡正反面

任务3.4　了解智能支付虚拟票卡的种类和应用原理

随着互联网时代和万物互联的不断发展,互联网+智能支付在我们日常生活中的应用越来越广泛。其在零售商家和超市、工业流水自动化、物流仓储、智能停车场等各个领域都起到了重要的作用,提高了人们的工作效率。在城市轨道交通领域,全国开工建设和开通运营城市轨道交通的城市都把互联网+智能移动支付(见图3-20)作为重点工程,主要体现为

NFC 及手机蓝牙支付模式、二维码支付模式、银联闪付支付模式等。

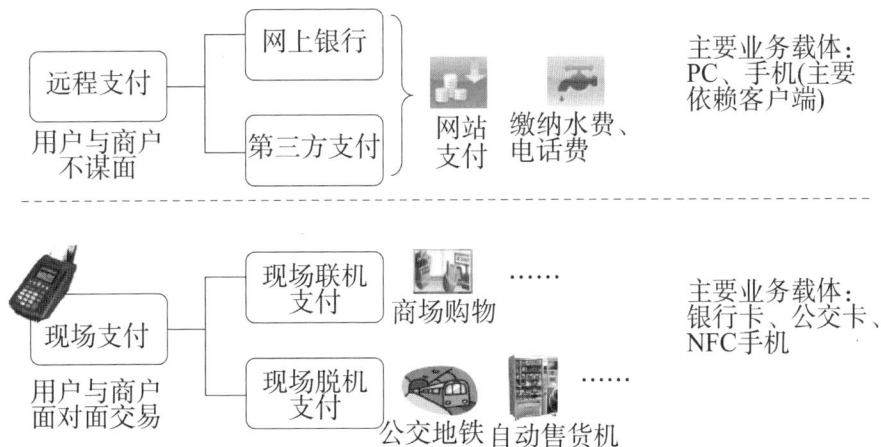

图 3-20　智能电子支付模式

各类型无线通信技术的对比

各类型无线通信传输速率和传输范围对比如图 3-21 所示。

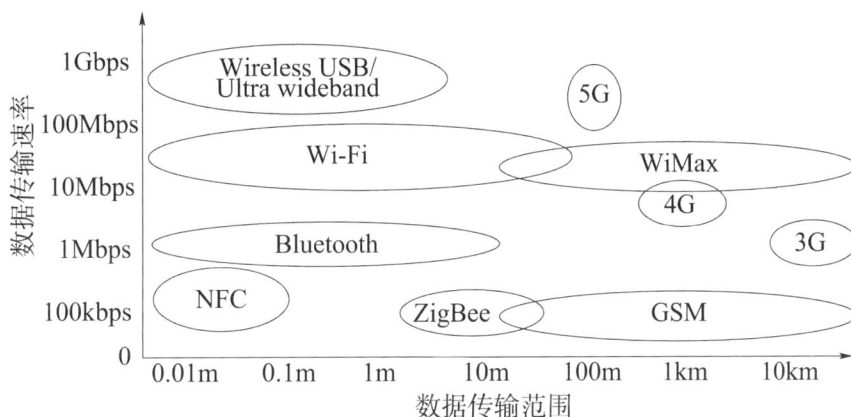

图 3-21　各类型无线通信传输速率和传输范围对比

无线通信技术有以下 10 种类型,各类型对比见表 3-2。

各类型无线通信技术的安全性、传输速率和通信距离的对比　表 3-2

名称	Zigbee	Bluetooth	Wireless USB	Wi-Fi	NFC	3G	4G	5G
安全性	中等	高	高	低	极高	高	高	高
传输速率	10～250kbps	1Mbps	53～480Mbps	54Mbps	106kbps、212kbps、424kbps	144kbps、384kbps 与2Mbps	1～10Mbps	100～1000Mbps
通信距离	10～75m	0～10m	0～10m	0～100m	0～20cm	2～10km 以上	1～3km	100～300m

（1）NFC：近场通信技术。

（2）ZigBee：蜂舞协议，紫峰无线短距离传输技术。

（3）Bluetooth：蓝牙通信技术。

（4）Wireless USB/Ultra wideband：无线 USB 技术。

（5）Wi-Fi：无线互联网。

（6）WiMax：全球互通微波访问技术，Worldwide Interoperability for Microwave Access，是一项高速无线数据网络标准，主要用在城域网。

（7）GSM：全球移动通信系统（Global System for Mobile Communications，简称 GSM），是一种采用时分多址技术的数字移动通信标准。

（8）3G：第三代移动通信技术，是一种支持高速数据传输的蜂窝移动通信技术。

（9）4G：第四代移动通信技术。

（10）5G：第五代移动通信技术，是新一代数字蜂窝移动通信技术（见表3-2）。

一　NFC 技术支付模式

2003 年，当时的 Philips 半导体公司和 Sony 公司计划基于非接触式卡技术发展一种与之兼容的无线通信技术，3 个月后联合对外发布关于一种兼容当前 ISO 14443 非接触式卡协议的无线通信技术，取名 NFC。NFC 技术即近场通信技术，又称近距离无线通信，是一种短距离的高频无线通信技术，允许电子设备之间进行非接触式点对点数据传输（在 10cm 内）交换数据。通过在单一芯片上集成感应式读写器、感应式卡片和点对点通信的功能，利用移动终端实现移动支付、电子票务、门禁、移动身份识别、防伪等应用。

NFC 由免接触式射频识别技术（Radio Frequency Identification，简称 RFID）演变而来，并向下兼容 RFID，主要用于手机等移动设备中提供 M2M（Machine to Machine，设备对应设备）的通信。NFC 芯片具有相互通信功能，并具有计算能力。NFC 就是把 RFID 读写器与智能卡的功能整合在一起，可以直接利用各种现有的 RFID 基础设施，并且从设计之初就考虑到了不同 NFC 设备之间的交互（P2P），非常适合手机等移动设备。

NFC 技术应用分支付类应用模式和非支付类应用模式（见图3-22）。

1. NFC 近场通信技术工作原理

NFC 是一种短距高频的无线电技术，NFCIP-1 标准规定 NFC 的通信距离为 10cm 以内，运行频率为 13.56MHz，传输速度有 106kbps、212kbps 和 424kbps 3 种。NFCIP-1 标准详细规定了 NFC 设备的传输速度、编解码方法、调制方案以及射频接口的帧格式。此标准还定义了 NFC 的传输协议，其中包括启动协议和数据交换方法等。

NFC 工作模式分为被动模式和主动模式。被动模式中，NFC 发起设备（也称为主设备）需要供电设备，主设备利用供电设备的能量来提供射频场，并将数据发送到 NFC 目标设备（也称作从设备），传输速度需在 106kbps、212kbps 或 424kbps 中选择一种。从设备不产生射频场，所以可以不需要供电设备，而是利用主设备产生的射频场转换为电能，为从设备的电路供电，接收主设备发送的数据，并且利用负载调制（load modulation）技术，以相同的速度将从设备数据传回主设备。因为此工作模式下从设备不产生射频场,而是被动接收主设备产生的射频场,所以被称作被动模式。在此模式下,NFC 主设备可以检测非接触式卡或 NFC 目标设备,与之建立连接。

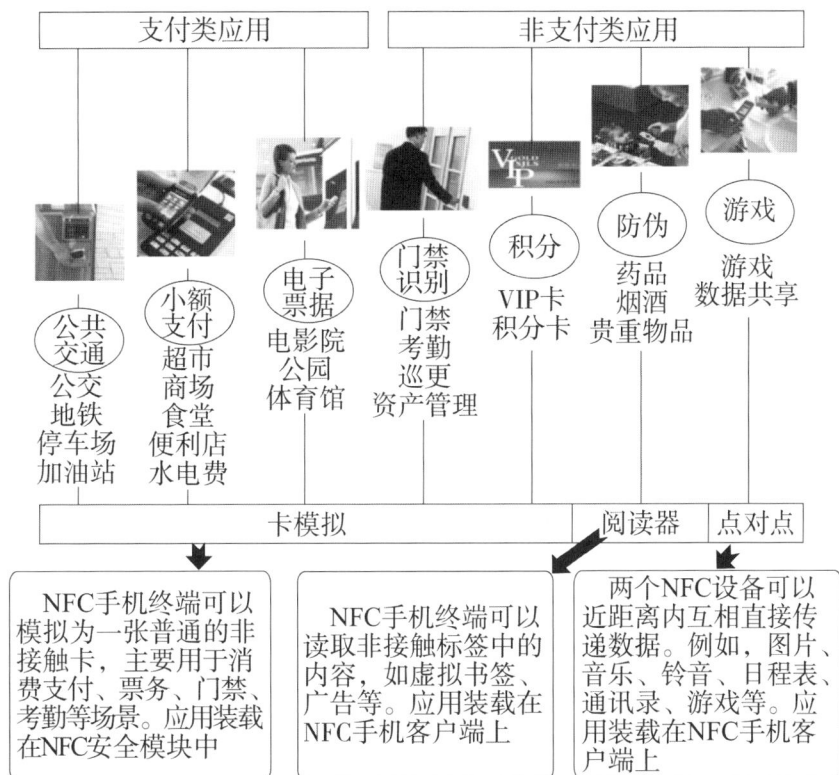

图 3-22　NFC 技术应用分类

主动模式中,发起设备和目标设备在向对方发送数据时,都必须主动产生射频场,所以称为主动模式,它们都需要供电设备来提供产生射频场的能量。这种通信模式(见图 3-23)是对等网络通信的标准模式,可以获得非常快速的连接速率。

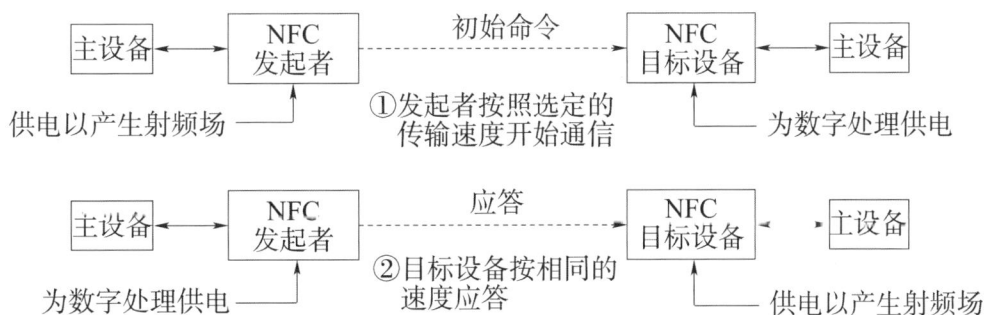

图 3-23　NFC 的主动通信模式

2. NFC 近场通信技术主要应用形式

NFC 标准为了和非接触式智能卡兼容,规定了一种灵活的网关系统,具体分为 3 种工作模式:点对点通信模式、读写器模式和 NFC 卡模拟模式。

(1)点对点通信模式。

点对点通信模式下两个 NFC 设备可以交换数据。例如,多个具有 NFC 功能的数字相机、手机之间可以利用 NFC 技术进行无线互联,实现虚拟名片或数字相片等数据交换。

(2)读写器模式。

读写器模式下 NFC 设备作为非接触读写器使用。例如,支持 NFC 的手机在与标签交互时扮演读写器的角色,开启 NFC 功能的手机可以读写支持 NFC 数据格式标准的标签。

(3)NFC 卡模拟模式。

NFC 卡模拟模式就是将具有 NFC 功能的设备模拟成一张标签或非接触卡,如支持 NFC 的手机可以作为门禁卡、银行卡等被读取。

二 二维码支付模式

1. 二维码技术

二维码技术作为一种全新的信息存储、传递和识别技术,相对一维码,它具有更多的优势和使用价值。二维码技术主要应用于公安、外交、军事等部门对各类证件的管理,海关、税务等部门对各类报表和票据的管理,商业、交通运输等部门对商品及货物运输的管理,邮政部门对邮政包裹的管理,工业生产领域对工业生产线的自动化管理。

二维码技术最早在美国诞生,但在移动领域应用最多的是中国。中国支付清算协会2019 年的报告指出,扫二维码支付是我国用户最常使用的移动支付方式,二维码的使用量约占世界 9 成。目前,全球一、二维码超过 250 种,其中常见的有 20 余种。目前国内二维码产品大多源于国外的技术,如美国的 PDF417 码和日本的 QR 码(Quick Response Code,快速响应矩阵码),应用最为广泛的码字为 QR 码和 DM 码(Data Matrix Code,数据矩阵码)。手机与二维码的结合,进一步拓展了二维码应用价值,促进了行业融合。随着市场、产业链、商业模式的不断成熟,手机二维码将走进更多人的生活,为通信、媒体以及其他传统行业带来更多的机会。

二维码的优势有如下几方面:

(1)高密度性。二维码表示相同数据信息仅占一维条形码符号面积的 10% 左右(见图 3-24)。

1234567890125

图 3-24 二维码的高密度性

(2)具有高纠错能力。二维码在出现污损、局部破坏和被穿孔等破损情况下,仍可以被准确识别(见图 3-25)。

a)污损　　　　　b)局部损坏　　　　　c)穿孔

图 3-25 二维码的高纠错能力

(3)对图文等多种信息进行编码。二维码可以对文字、数字、语音、指纹、签名、掌纹、图像等多种形式的图文信息进行编码(见图3-26)。

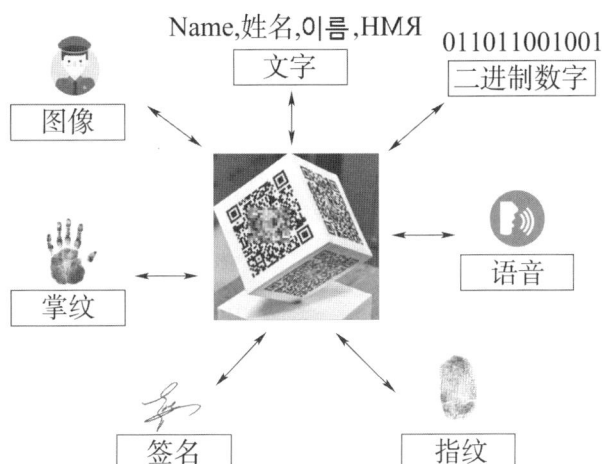

图3-26　二维码可对图文等多种信息进行编码

(4)可进行加密。二维码是图形化信息载体,需专用的识别软件才可以识别,还可加入指纹、签字等,甚至加入DES加密算法等进行多重加密,在传输过程中无须额外地传输加密协议。因此,广泛应用在情报传递(商业、经济、军事情报)、有价票券、防伪等领域(见图3-27)。

图3-27　二维码可进行加密

(5)可以快速生成、修改和时空快速传递。二维码可以通过系统软件编码快速生成和被修改,并通过网络向任何一个指定的手机或其他端末设备快速传递,也可以从任何一个端末设备转发到另外一个端末设备。因此,二维码广泛应用在电子票务、电子餐券、折扣券、会员管理等电子凭证业务中(见图3-28)。

图3-28　二维码可快速生成、修改和时空快速传递

(6)零成本、强附着性,无处不在。二维码可以被制作成图像,因此它可以被复制、粘贴、打印、雕刻等。二维码的载体千变万化,因此可以说二维码在当下社会无处不在(见图3-29)。

二维码票卡支付模式与其他支付模式对比,具有很强的优越性,见表3-3。

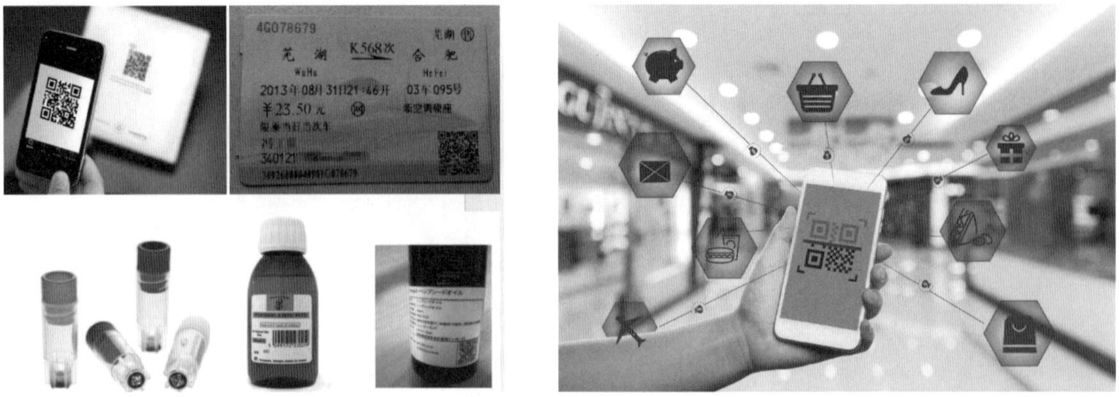

图3-29 二维码具有零成本、强附着性和无处不在的特点

二维码票卡支付模式与其他支付模式的对比 表3-3

对比方面	二维码	磁卡	IC卡	RFID
抗磁力	强	弱	中等	强
抗静电	强	中等	中等	强
抗损性	抗损性强,可折叠、可穿孔、可切割	抗损性弱,不可折叠、不可穿孔、不可切割	抗损性弱,不可折叠、不可穿孔、不可切割	抗损性中等,不可折叠、不可穿孔、不可切割
影印性	可以	不可以	不可以	不可以
载体要求	无须加工制作	特别加工制作	特别加工制作	特别加工制作
识别方式	非接触式	接触式	接触式	非接触式
识别角度	多角度	单一	单一	全方位
传真性	可	不可	不可	不可
容量	7000Byte	76Byte	<100Byte	3000Byte
成本	几乎零成本	3元	15元	10元

2.二维码的类型

二维码通常分为以下两种类型(见图3-30):

(1)行排式二维码,又称堆积式二维码或层排式二维码。其编码原理是在一维条码的基

础之上,按需要堆积成两行或多行。有代表性的行排式二维码有 PDF417、CODE49、CODE16K 等。

a)PDF417　　　b)CODE49　　　c)CODE16K

d)QR码　　　e)DM码　　　f)汉信码

图 3-30　二维码的类型

(2)矩阵式二维码,又称棋盘式二维码。具有代表性的矩阵式二维码有 QR 码、DM 码、汉信码等。

各主要二维码的性能对比见表 3-4。

各主要二维码的性能对比

表 3-4

项目		QR	PDF417	DM	汉信码
发明时间		1994 年	1992 年	1989 年	2005 年
国家标准		是	是	否	是
国际标准		是	是	是	是
面积	最小(mm²)	21×21	90×9	10×10	—
	最大(mm²)	177×177	853×270	144×144	—
信息存储量	规模	大	最小	小	大
	字节/平方英寸	2953(7%纠错信息)	1106(0.2%纠错信息)	1556(14%纠错信息)	4350
	数字(个)	7089	2710	3116	7829
	字符(个)	4296	1850	235	4350
	汉字(个)	1817	—	—	2174
	二进制	2953	1556	—	3262
纠错能力	纠错分级	4 级	9 级	非离散分级	4 级
	最高纠错	30%	46.20%	25%	30%
	最低纠错	7%	0.20%	14%	8%
表示中文		优	差	一般	优
解码速度		快	慢	一般	快
抗畸变、污损能力		较弱	一般	超强	强

3. QR 二维码

QR 二维码(简写为 QRcode),在我国广泛运用于产品跟踪、移动支付、网络应用、票务服务等领域。中国国家铁路集团有限公司于 2009 年 12 月 10 日开始改版铁路车票,新版车票采用 QRcode 作为防伪措施,替换以前的一维条码,这也是 QRcode 在公共交通领域最大范围的应用。国内杭州市、郑州市、石家庄市等地公交公司在车站与公交车上为市民提供 QRcode 版的线路运行信息,乘客仅需扫二维码即可获取公交线路及其到站信息。2012 年春节期间,国内最大的第三方移动支付平台——支付宝(Alipay)推出付款 QRcode,允许用户通过二维码进行银行转账、发红包等操作。随着 QRcode 类型的二维码被第三方支付平台大力推广,实体商户和网络购物中随处可见二维码支付的入口,扫码支付已开始在移动支付中扮演重要的角色。2016 年,广州地铁率先推出 QRcode 支付模式(见图 3-31)。

图 3-31 通过 QRcode 支付模式进出车站闸机

(1) QRcode 的特性。

①360°识读:QRcode 的三个角上有三个寻像图形,使用 CCD 识读设备来探测码的位置、大小、倾斜角度并加以解码,实现 360°高速识读。

②识读速度快:每秒可以识读 30 个含有 100 个字符的 QRcode。

③QRcode 容量密度大:可以放入 1817 个汉字、7089 个数字、4200 个英文字母。QRcode 用数据压缩方式表示汉字,仅用 13bit 即可表示一个汉字,比其他二维码表示汉字的效率提高了 20%。此外,微型 QRcode 可以在 1cm 的空间内放入 35 个数字或 9 个汉字或 21 个英文字母,适合对小型电路板 ID 号码进行采集的需要。

④高纠错等级:QRcode 具有 4 个等级的纠错功能,即使破损也能够正确识读。

⑤QRcode 抗弯曲的性能强:在 QRcode 中,每隔一定的间距配置有校正图形。通过 QRcode 的外形求得推测核正图形中心点与实际校正图形中心点的误差,进而修正各个模块的中心距离,即使将 QRcode 贴在弯曲的物品上也能够快速识读。

⑥可分割性:QRcode 可以分割成 16 个 QRcode,可以一次性识读数个分割码,适应于印刷面积有限及细长空间印刷的需要。

(2) QRcode 的构成。

每个 QRcode 符号由名义上的正方形模块构成,组成一个正方形阵列,它由编码区域和包括版本信息、格式信息、分隔符、定位标志和校正标志在内的功能图形组成(见图 3-32)。

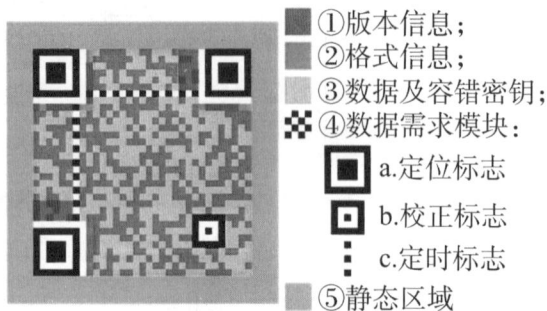

①版本信息;
②格式信息;
③数据及容错密钥;
④数据需求模块:
　a.定位标志
　b.校正标志
　c.定时标志
⑤静态区域

图 3-32 QRcode 的构成

三　生物特征识别支付模式

随着我国城市化进程的加速,城市轨道交通的建设快速发展,城市轨道交通的客流增长迅速,对乘客过闸机通行速度提出了更高要求。自动售检票系统作为城市轨道交通智能化设备的重要组成部分,其闸机是面向乘客服务的关键设备。近年来,在闸机上部署各种乘客身份校验支付手段成为城市轨道交通行业的创新方向。

1.生物特征识别技术在城市轨道交通自动售检票系统中的应用方案

各种生物特征识别技术都有一定的适用范围和要求,下面对几种主要的生物特征识别技术在城市轨道交通自动售检票系统中应用的可行性进行分析。

(1)指纹识别技术与自动售检票系统结合方案。

设置指纹提取设备用于采集乘客指纹,注册乘客个人账户;同时,需要在闸机上安装指纹识别模块,通过采集过闸乘客指纹,与清分后台乘客账户信息进行比对,比对结果若匹配,则进行扣费放行。该方案的缺点是:需要乘客在过闸时主动按压闸机的指纹识别读头,无法做到无感通行;指纹磨损、手指的干湿都会影响指纹读取质量;不适用轨道交通密集大客流场景。

(2)指静脉识别技术与自动售检票系统结合方案。

指静脉识别技术与指纹识别技术情况类似,乘客需要主动按压闸机的指静脉识别读头,无法做到无感通行。由于技术发展所限,目前指静脉识别速度较慢,不能满足城市轨道交通闸机的快速通行要求。

(3)虹膜识别技术与自动售检票系统结合方案。

在注册乘客账户时,乘客将双眼对准屏幕,系统能提取虹膜特征密码进行注册,在以后的识别环节只需要将眼睛对准机器,就能完成识别认证过程。虽然虹膜识别技术进出闸看似无感,然而乘客需要用不戴眼镜的"裸眼"对准闸机虹膜识别读头,读头摄像环境也有一定光线要求,识别效率较慢,既无法做到真正"无感",也不能满足通行速度要求。

(4)人脸识别技术与自动售检票系统结合方案。

人脸识别技术通过对面部特征和它们之间的关系来进行识别,具有活体识别性、非接触性、对被识别对象侵扰少和识别手段隐蔽等优点,是目前应用最广泛的生物特征识别技术。将人脸识别摄像头配置在自动售检票系统的闸机上,识别模块连接服务器后,可进行人脸数据、账户注册、人证 1∶1 的比对或人图 1∶N 的比对,从而达到身份认证识别效果。通过人脸识别技术确定乘客身份后,可以监控乘客进出闸机等行为,自动从后台注册的关联账户上扣除乘车费用。人脸识别过闸不产生物理性接触,可较好地实现无感通行。

综上所述,人脸识别技术以其实用性强、识别速度快、使用简单和识别精度高等特点,与其他人体生物特征识别技术相比较时占有明显的技术优势。对比其他几种生物特征识别技术,其具有直观、无侵扰的特点,可较好地实现无感通行。

2.人脸识别支付模式

人脸识别技术基于人的脸部特征,对输入的人脸图像或者视频流,首先判断其是否存在人脸,若存在人脸,更进一步给出每个脸的位置、大小和各个主要面部器官的位置信息。并依据这些信息,进一步提取每个人脸中所蕴含的身份特征,并将其与已知的人脸进行对比,从而识别每个人的身份(见图3-33、图3-34)。

图 3-33　人脸识别技术在便利店
购物中的应用

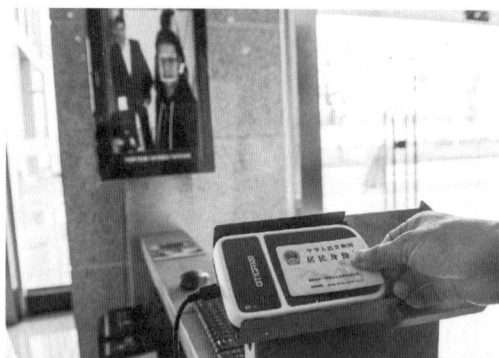

图 3-34　人脸识别技术在居民
小区中的应用

人脸识别系统主要包括人脸图像采集及检测、人脸图像预处理、人脸图像特征提取以及匹配与识别4个部分。其工作流程主要为获取、分析、对比、判定,如图3-35所示。

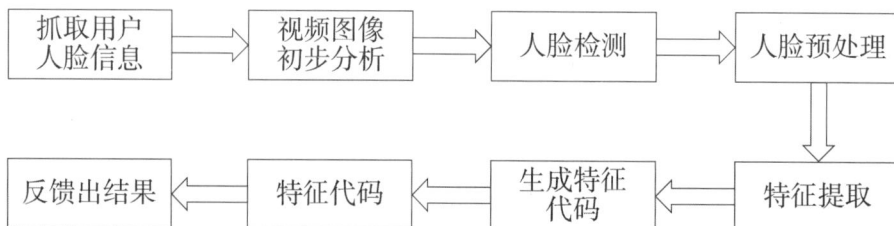

图 3-35　人脸识别工作流程

"人脸识别"技术制约点主要在于人脸识别速度。人脸识别速度主要取决于人脸图像信息存储和提取比对的方式。现阶段,通过将两种方式结合使用可实现在 10 万人的数据库中,40ms 内完成人脸检测,2s 内完成从人脸检测定位到人脸识别的全过程。

轨道交通大客流线网乘客数据库庞大,初期可按百万级人脸数据库考虑,远期应可扩展至千万级人脸数据库。

任务3.5　了解自动售检票系统票卡种类及其适用范围

一　自动售检票系统票卡定义规则

城市轨道交通自动售检票系统专用票包括单程票、出站票、往返票、一日票、福利票、区段计次票、区段定期票、纪念票(定值纪念票、计次纪念票、定期纪念票)、员工票、车站工作票、储值票(预留)及其他预留车票等。

1. 自动售检票系统票卡票种定义(见表3-5)

自动售检票系统票卡票种定义 表3-5

序号	票 种		定 义	挂失	出 站 回 收	限当日使用	再次充值(次)
1	单程票		当日一次乘车使用,限在购票车站进站,按乘车里程计费	×	√	√	×
2	出站票		由半自动售/补票设备发售,仅限发售出站票的车站当日出站时使用	×	√	√	×
3	往返票		当日限定两车站间一次往返乘车时使用,按乘车往返里程计费,超程时需补出站票出站	×	√ 注:往程出站时不回收,返程出站时回收	√	×
4	一日票		在购票当日内不限次使用,车票使用时需检查进出站次序	×	×	√	×
5	福利票		适用于持可免票证件的乘客在半自动售/补票设备换取的车票,使用方式同单程票	×	√	√	×
6	区段票	区段计次票	在有效期及规定区段内计次使用。超过规定区段,需补票	×	×	×	√ 再次充值后,有效期延长
		区段定期票	在规定区段内定期使用。超过规定区段,需补票	×	×	×	√ 再次充值后,有效期延长

序号	票 种		定 义	挂失	出站回收	限当日使用	再次充值（次）
7	纪念票	定值纪念票	在有效期内使用，每次乘车按里程计费	×	×	×	×
		计次纪念票	在有效期内计次数使用，每次乘车不计里程	×	×	×	×
		定期纪念票	在有效期内不限次使用，每次乘车不计里程	×	×	×	×
8	员工票		内部员工记名使用的计次票	√	×	×	√
9	车站工作票		由车站工作人员持有，仅限指定车站使用，不检查进出站次序	√	×	×	×

乘客携带品处理

各城市轨道交通运营企业对乘客的携带品范围都有自己的规定。以某市地铁公司为例，乘客携带质量为 20～30kg，外部尺寸长、宽、高之和为 130～160cm 的行李时，需加购同程车票一张，即行李票。凡长度超过 160cm 或质量超过 30kg 或外部尺寸长、宽、高之和超过 160cm 的行李，一律不得携带进站。

2. 车票状态定义

(1)从出入站状态来分，车票有"已入站"和"未入站"两种状态。

①"已入站"是指乘客入站时，车票经进站闸机刷卡后所处的状态。

②"未入站"是指车票初始化后，经过自动售票机或半自动售票机售出，但未进站刷卡使用所处的状态。

(2)根据车票从发售和回收来看，分为"已售""未售""回收"3 种状态。

①"已售"是指车票经由售检票设备售出时所处的状态,预制单程票经过初始化赋值后也处于"已售"状态。

②"未售"是指车票经过初始化后配发至车站且未经车站发售前所处的状态。

③"回收"是指单程票由出站闸机回收后所处的状态或经过半自动售票机进行退卡操作后所处的状态。储值票经过半自动售票机进行退卡操作后也处于"回收"状态。"回收"状态的单程票可供车站循环发售。

二 各类型票卡的适用范围、有效期及使用规定

城市轨道交通是一项高投入、高效益的服务型产品,它可以采取适当的票价政策获得部分收益,因而又不是一项准公共产品。由于不同国家、不同地区所采用的扶持政策不同,各地票卡种类也存在很大的差别。

根据城市轨道交通的特点,票卡按其使用性质的不同,一般分为单程票、储值票、许可票或特种票三大类;按计价方式的不同,又分为计次票、计时票、计程票、计时计程票、计时计次票和许可票六大类。

---------------------------------○ 知 识 链 接 ○----------------------------------

计次票、计时票、计程票的特点

(1)计次票指在车票规定的有效期内,使用该票可在任何地铁车站进站乘车,由出站闸机扣除一个乘次,不计站数,每次扣除的费用是相同的。

(2)计时票指为避免乘客在列车上或车站付费区内长时间逗留而造成不必要的拥堵,城市轨道交通运营企业会对乘客从进闸检票时起至出闸检票时止的时间作出限制,称为乘车时限。超过乘车时限即为滞留超时,城市轨道交通运营企业往往会对这部分乘客收取一定的费用。例如,广州地铁规定,乘客从入闸时起至出闸时止时限为120min。

(3)计程票指经进出站检票,严格按照实际乘坐距离长短(里程或站数),按照票价计费标准计算乘车费用。

在政府给予城市轨道交通运营企业较大幅度直接补贴(如相应的税费减免政策或从政府公共基金中直接划拨相应款项)的情况下,其成本负担较轻,可以增加让利于民的幅度,同时可简化计价方式,此时票卡一般可采用以计次为主的计次票、计时票、计时计次票、许可票4类(如巴黎、伦敦、纽约等城市)。

在政府不能给予城市轨道交通运营企业较大幅度直接补贴的情况下,其成本负担较重,为了回收投资及维护运营需要,必须强化票务收入,此时票卡一般采用以计程为主的计次票、计时票、计程票、计时计程票、计时计次票和许可票六大类(如日本东京,中国香港、上海、广州等地的轨道交通及铁路)。

1. 单程票

单程票是指乘客以一定金额购得一次服务旅行承诺,只可进行一次进站和一次出站行

为的车票。通过系统参数设置,可以定义单程票的有效期限和区间。

目前,国内轨道交通票务系统中,常见的单程票有方卡型和筹码型两种。在实际运营过程中,从应用角度出发,又分为普通单程票和预制单程票,而预制单程票又分为限期预制票和不限期预制票。

普通单程票是指在车站自动售检票系统终端设备上发售,在地铁自动售检票系统中循环使用的非接触式IC卡,限于单次、单车程使用,出站回收;预制票是指经过编码分拣机(E/S)或半自动售票机预先赋值的单程票,通过人工售卖以弥补大客流情况下设备售票能力不足的问题。预制票的特点:已赋有一定的金额,有较长的使用期限,在有效期内每个车站都可以使用。

从使用范围来看,单程票一般仅在轨道交通内部循环使用。单程票采购回来后,在制票中心经过初始化、编码工作,然后配发到车站,通过自动售票机或半自动售票机发售,乘客乘坐地铁出站后由出站闸机回收,回收后的车票可在车站循环使用。异常车票交回制票中心重新进行初始化编码。

单程票一般分为以下几种:

(1)普通单程票。普通单程票是单程票中使用最多、最广泛的车票,乘客购票时完成对票卡的复制,当日当站(按参数设置)、限时限距、出站回收。

(2)应急票。应急票一般有两种表现方式:一种是对一定数量的车票进行预赋值,由工作人员人工发售,此类应急票的使用方法和普通单程票相同,只是由于对车票预赋值,在资金及票卡的管理上更为严格。另一种是将车票进行应急专用编码,在进站时发放给乘客,当乘客在到达站出站时,根据乘坐情况补票。该方式可以解决大客流冲击时,车站售票能力不足的问题。

(3)优惠票。优惠票是根据条件给予一定的折扣和优惠的车票,如批量购买、某项活动等。

(4)出站票。出站时补票使用,发售当日当站有效,出站回收。

(5)福利票。福利票是城市轨道交通运营企业免费给持有有效特殊证件的相关人员发放的免费乘车的票。

购买团体单程票的规定

由单位或个人一次性购买30张及以上的单程票可购买团体单程票。30~99人可享受9折优惠,100人及以上可享受8折优惠。团体单程票在出售后不予退换,在购票站通过边门进站乘车,只能进、出站一次,且当天有效。

---

2. 储值票

储值票是指车票内预存一定资金,在金额足够的情况下可多次使用的车票,每次使用时根据费率扣除乘车费用,出站不回收。储值票一般分为记名储值票和不记名储值票。

记名储值票(见图3-36)即卡内保存持卡人的个人信息,如持卡人姓名、性别、身份证号码等;卡面也可根据需要印刷持卡人的姓名、性别、身份证号码和照片等信息,一般有个人记名储值票、学生票、老年人免费票、员工票、残疾人及伤残军人免费票等。表面印有个人信息的储值票一般不允许转让给他人,也不能退换。但是记名储值票可以挂失,可以享受信用消费和信用增值及其他特殊服务。

图 3-36　记名储值票

不记名储值票票面上没有持卡人的信息,通常使用后如果无污损,可以将车票退还给发卡公司,以便其重新发行使用。但是不记名储值票不能挂失,也不能享受信用消费和信用增值等服务。

储值票一般由专门发卡单位制作,通过发卡单位营业网点或代理机构发售。发售时根据储值票的成本收取一定押金,在车票有效期内限单人使用,进站检票、出站扣费,若超时出站,根据票务规章规定补交滞留超时费用。储值票卡内金额一般都有一定的上限要求,不同城市的规定不同。

> 北京市、深圳市储值票上限为 1000 元,广州市储值票上限为 500 元。

储值票一般分为以下几种:

(1)普通储值票。普通储值票是储值票中使用最多、最广泛的车票,可以反复充值使用,每次使用根据费率表扣费。

(2)优惠票。优惠票是根据条件给予一定的折扣和优惠的车票,如老人票、学生票、老年人免费票等。

(3)纪念票。纪念票是为某种题材专门制作的纪念性票卡,可供收藏,按定价发行,在有效期内使用,不计程,出站不回收。纪念票一经售出,概不退换。图 3-37 所示为香港地铁庆祝香港回归纪念票。

图 3-37　香港地铁庆祝香港回归纪念票

知 识 链 接

优惠储值票办理规定

以某市地铁公司为例,优惠储值票办理规定如下:

（1）办理储值票时,每张储值票收取车票押金20元。

（2）普通储值票9.5折、中小学生储值票7折、老年人储值票5折。

（3）60～65岁(不含65岁)的老年人可凭有效"××市老年人优待证"购买老年人储值票。

（4）65周岁及以上的老年人可凭有效"××市老年人优待证"申请老年人免费票。

3. 许可票或特种票

许可票是一种不同于单程票和储值票的特殊票种,由运营方根据某种特殊需要,针对某些群体的特殊要求,以吸引或方便他们来乘坐地铁为目的而发行的,赋予特定的使用许可的一种车票,在限定的条件下具有一定的优惠。其主要包括日票、周票、月票、公务票和测试票等。

（1）车站工作票:车站工作票既不是日票也不是单程票,它是在指定单一车站内,可供车站工作人员(如安检人员、保洁人员等)刷进刷出闸机且不计费用的一种工作票。

（2）测试票:是一种对自动售检票系统设备进行维护诊断用的特殊车票,只能在设备属于维护模式,由维修人员测试设备时使用。

4. 车票有效期和车票使用规定

（1）除另有规定的情况外,一般大多数城市轨道交通车票的有效期见表3-6。

车 票 有 效 期 　　表3-6

票　　　种	有　　效　　期
单程票	发售时期至当天运营结束时止
福利票	发售时期至当天运营结束时止
出站票	发售时期至当天运营结束时止
定值纪念票	规定时间
"一卡通"储值票	6 年

（2）车票的一般使用规定。

①进站、出站检票时,必须持有本系统内使用的有效车票。

②车票的一次完整使用过程必须有一次进站记录和相应的出站记录。

③每张单程票、福利票仅限当日一人一次乘车使用,定值纪念票、"一卡通"储值票每次乘车过程中仅限一人使用。

④定值纪念票可在有效期内多次乘车使用,不充值、不回收;"一卡通"储值票可在一定时间内多次使用、反复充值;"一卡通"储值票可以透支一次,透支额在下次充值时从充值额中扣除。

⑤成人带领一名身高不满1.3m的儿童乘车时,儿童免票;成人带领两个以上身高不满1.3m的儿童乘车,一个儿童免票;成人带领身高为1.2～1.3m的儿童乘车时,车站工作人员协助儿童进站。

⑥使用福利票的乘客乘车时,应同时携带本人免费乘车证件。

⑦乘客在付费区内将车票丢失,出站时无票的,需照章补票。

现行各类车票使用方法和使用规定见表3-7。

现行各类车票使用方法和使用规定　　　　　　表3-7

类别	票　　种	介质	提供商	使用方法	车票使用规定
"一卡通"票	单程票	非接触式IC卡	ACC	进站刷卡、出站回收	一名乘客本站当日一次乘车有效
	福利票				符合免费乘车条件的乘客一人一次乘车有效
	出站票			出站回收	只能用于一名乘客出站一次
	定值纪念票			进站刷卡、出站经回收口扣费后,原处退还给乘客	根据ACC业务规则,在发行时限定使用次数且每次一人使用有效
	车站工作票			进、出站均刷卡	只在本站有效,不计进出站次序
"一卡通"卡	储值卡		"一卡通"公司	进、出站均刷卡	(1)可反复储值适用,每次一人使用有效; (2)异形卡的使用方法相同,以"一卡通"公司提供的样式为准
	员工卡				只限系统内部员工使用,每次扣除次数一次
应急纸票	单程票	纸质车票	运营商	进站经人工检票、出站无须验票	满足启动条件时使用,一经启动,须次日首车方可恢复自动售检票模式

任务3.6　"一卡通"在自动售检票系统中的应用

一　国内主要城市"一卡通"

乘客在整个轨道交通路网内,使用"一卡通"从一条线路到另一条线路无须二次检票,可自由换乘,乘客在换乘站不需要先出站进入非付费区,后再进站到另一条线的付费区,而是直接在换乘站的付费区换乘到另一条线路。

"一卡通"是利用先进的计算机、通信、信息处理、IC卡技术及安全保密等技术手段建立的,以售卡、充值、结算为中心业务的服务平台,该系统采用非接触式IC卡作为支付介质,应用于市政、公共交通等领域。"一卡通"是轨道交通自动售检票系统中的车票介质,按照统一规则、统一卡片类型及统一管理模式在轨道交通各线路中使用。

随着国家对信息化建设投入的不断加大,"数字城市"的概念越来越清晰。特别是在国内的一些大、中型城市,数字化、信息化已逐渐地渗透到市民的日常生活当中,并能做到与世界同步,跟全球信息化、数字化接轨。

"一卡通"系统是信息化城市的一个重要组成部分,真正的"一卡通"应该是覆盖城市居民生活各个领域的支付和支持身份认证,能够完成公用事业的预收费,以及金融、旅游、医疗等多个领域的快速结算和支付,保证各领域的身份认证和信息存储查询。"一卡通"在国内一些城市,如北京、上海、香港、广州、深圳、南京等都已广泛应用。

1. 上海公共交通卡(见图3-38)

上海公共交通卡股份有限公司于1999年就投入试运行"一卡通"——"sptcc",2002年已经累计发行475.9万张,经过多年的建设和完善,上海市的"一卡通"系统现已通过验收,

图3-38　上海公共交通卡

并进入正式运营阶段。"sptcc"的应用层面虽然在交通运输方面占了绝大多数(地铁、轻轨、公交等),但市场运作策略紧跟潮流,很好地掌握了消费者心理,于2003年就推出了第一批手表异形卡,市场反响良好。后来陆续扩展至其他行业,包括商店、餐饮、停车场等,而且不断推出一些个性化服务,如市民可以随心所欲地DIY(自己动手制作)自己喜欢的"一卡通"图案,而且可以用自己的照片合成。

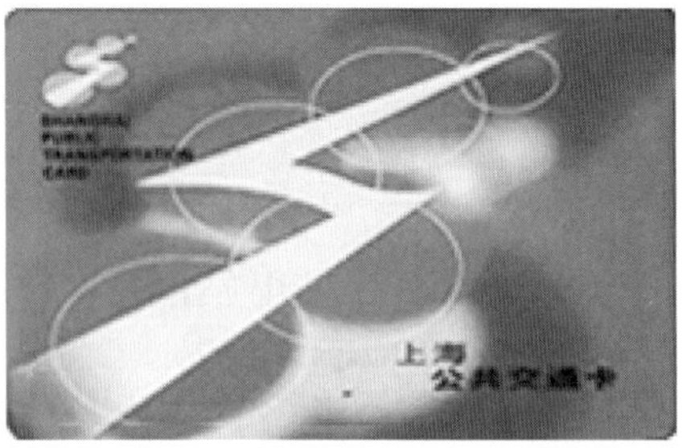

2. 香港"八达通"(见图3-39)

"八达通"是香港通用的电子收费系统。芯片内置在信用卡大小的塑胶卡片中,卡片充值后,放在接收器上即能完成付款过程。"八达通"在1997年9月1日开始使用,最初只应用在巴士、铁路等公共交通工具上,后来陆续扩展至其他行业,包括商店、餐饮、停车场等,也用作学校、办公室和住所的通行卡。充值的方法也由最初的充值机扩展至商店付款处和以信用卡、银行账户自动转账。

图3-39　香港"八达通"卡

"八达通"是全世界最早也是最成功的电子货币,普及程度也是全世界最高的。截至2005年,香港总共流通1240万张"八达通"卡,每日交易宗数也超过800万宗。"八达通"卡公司凭此经验取得在荷兰和中国长沙发展电子收费系统的合约,并计划未来与深圳地铁的深圳通互联通用。"八达通"的非接触式智能卡设计,令使用者只需接近"八达通"读写器即可进行交易,并不需要直接的物理接触。

"八达通"几乎适用于香港所有的公共交通工具(如九广铁路、地铁、轻轨、轮渡、巴士等)以及大型连锁店(如便利店、快餐店、超市等)。香港许多新款自动售卖机也接受"八达通"付款,包括收费电话亭及自助摄影机。此外,部分自助影印机也支持使用"八达通"收费,包括大部分香港大专院校的图书馆,就连前往内地旅游的旅游保险也可以在九广东铁部分车站使用"八达通"购买。

3. 广州"羊城通"（见图3-40）

广东也是全国较早投入"一卡通"建设的地区之一。尤其是广州的"羊城通"，自2001年12月正式投入使用以来，经过多年的发展，现已初具规模。

目前，"羊城通"的应用面覆盖广州市内所有的公交汽（电）车、轮渡、地铁各站以及部分电信业务，还拓展到连锁便利店、菜市场、电影院、饼屋等商务小额消费领域，应用区域从广州市区扩大到增城、花都、番禺、从化、佛山五区（南海区、顺德区、禅城区、高明区、三水区）等，成为集"公交通、电信通、商务通"等功能于一体的多功能电子支付媒介，让广大市民真正享受了电子付费的便捷。

图3-40 广州"羊城通"卡

4. 北京市政交通"一卡通"（见图3-41）

北京市政交通"一卡通"，本是只指"北京市政公交车一卡通"，后来，商家为了竞争，提

图3-41 北京市政交通"一卡通"

供使用"一卡通"可以消费的方便服务。于是，公交"一卡通"便成了真正的"北京一卡通"，不仅可以乘公交使用，还可以在超市等商店消费，在电影院看电影消费。北京市政交通"一卡通"是一张集成电路卡，每张卡内设有高科技芯片，该芯片具有电子钱包及其他功能，可储存多次付款记录，亦可反复充值使用。

2006年5月10日，"一卡通"全面正式启用。"一卡通"消费范围有：公交、轨道交通、出租车、停车场、加油站、公园景点领域、北京联通公用电话亭、电影院、医院、超市、便利店、餐饮、书店、药店等多种场合。

2010年5月17日，北京联通与北京市政交通"一卡通"公司联合推出了"联通手机一卡通"服务，让联通的手机用户可以持手机刷公交、地铁、小额支付等，如同刷一张普通的北京市政"一卡通"卡。"联通手机一卡通"具体包括一部联通定制手机终端、一张智能SIM卡以及30元"一卡通"账户使用费。与市面上普通手机不同的是，这种定制手机根据手机支付的需求进行了少许改造，在后背加装了一个天线。手机里的SIM卡则是SIMpass双界面卡。"联通手机一卡通"服务已于2010年12月31日起施行。

5. 深圳"深圳通"（见图3-42）

深圳最初推出"深圳通"是为了让市民方便地乘坐公共小巴，它只可以用来乘坐公交车。2004年12月28日，深圳地铁公司发行了可以用来乘坐地铁的"深圳通"。截至2005年10月，"深圳通"的功能还仅限于公共交通方面。2005年底，"深圳通"由深圳市深圳通有限公司重新统一发行并启用，新型的"深圳通"是一张集地铁储值卡、公交IC卡、出租车和商场小额消费功能于一身的 IC 型储值卡,并可能与香港的"八达通"、广州的"羊城通"等周边城市储值卡互联互通。

6. 其他地区

除以上几个区域外,国内的其他城市,如南京、成都、厦门、沈阳等的"一卡通"系统都相继投入使用,并不断完善系统和逐步拓展应用领域。

但是,就目前国内的情况而言,"一卡通"还处于初级阶段,应用领域非常有限。公共交通支付还是占绝对的比例。在不久的将来,"一卡通"有望发展成一张集电子支付、个人身份证明和社会医疗、保险信息储存于一身的多功能智能卡,真正做到"一卡在手,万事无忧"。

图 3-43 所示为南京"金陵通"。

图 3-42　深圳"深圳通"　　图 3-43　南京"金陵通"

二　"一卡通"在自动售检票系统中的一般要求

1. 公交系统要求

公交系统对于"一卡通"的要求如下:

(1)交易处理快速、简单、无误。

(2)可靠性高,交易准确;交易量比较大,交易终端使用频率高。

(3)终端要求维护简单、维护费用低;读写机抗干扰性强。

(4)支付方式安全性高,可防伪造、防攻击;系统效率高、管理和维护费用低。

(5)交易金额比较小。

2. 系统安全性要求

(1)采用 PBOC 电子钱包,确保交易安全和正确。

(2)卡片支持 3DES 加密算法,确保数据的安全性。

(3)机具全封闭,抗破坏和抗干扰能力强。

(4)卡片支持防冲突机制,同时可处理多张卡片。

例如,北京市政交通"一卡通"系统采用非接触式 IC 卡,选择了以 Mifare 技术为基础,逻辑加密卡兼容 CPU 卡的技术系统方案,符合国家住房和城乡建设部 IC 卡领导小组与北京市"一卡通"建设要求,而且技术上先进,功能上易于扩展与兼容。系统建立了能够支持跨领域清算,兼具动态性和灵活性的清算网络系统。设计制定了标准化接口规范,不仅规定了"一卡通"系统清算所必需的数据域,还预留了对不同应用领域特殊管理数据要求的接口,并在接口规范的基础上设计了不同的通信方式。建立了完整有效的系统安全体系,采取了高效的密钥体系的关键技术措施,保证了系统的安全可靠运营,对密钥体系进行了大胆创新,针对非接触式智能卡的特点做到了"一卡一密,一扇区一密"。建立了安全、便捷的充值、发卡体系,系统的发卡体系和充值体系不仅具有足够的安全性,还具有足够的灵活性和多样性。

实训任务工单3-1　不同票卡种类及其工作原理的认知

不同票卡种类及其工作原理的认知见本教材配套实训任务工单3-1。

实训任务工单3-2　不同票务政策与票制的认知

不同票务政策与票制的认知见本教材配套实训任务工单3-2。

复习与思考

1.票卡媒介有哪些?

2.智能卡是怎样分类的?

3.比较磁卡、接触式 IC 卡和非接触式 IC 卡的特点。

4.什么是异形 IC 卡?

5.车票的主要功能有哪些?

项目4

自动售检票系统终端设备

教学目标

1. 掌握自动售检票系统的概念;
2. 理解自动售检票系统应用技术的组成;
3. 掌握自动检票机、自动售票机、半自动售票机、自动查询机的结构组成及其结构功能。

建议学时

12 学时

教学导入

我们每次在乘坐地铁的过程中,购票、充值、刷卡进站等操作都与哪些设备有关?

自动售检票系统,是以磁卡(纸制磁卡和 PET 磁卡)或智能卡为车票介质,利用自动售票机、半自动售票机、自动检票机、自动查询机等终端设备,并通过计算机网络实现轨道交通运营中的自动售票、自动检票、自动收费、自动统计的封闭式票务管理自动化系统。

自动售检票系统通过计算机技术、现代通信网络技术、自动控制技术、智能卡技术、大型数据库技术、传感技术、统计和财务等专业知识的综合运用,特别是信息技术的运用,可以大大降低票务工作人员的劳动强度,使乘车收费更趋于合理,减少逃票现象,提高地铁运营效率和收益。同时,自动售检票系统还可以大大减少现金流通,避免人工售票、检票过程中产生的各种漏洞和弊端,并对客流量、运营收入等综合业务信息进行汇总分析,为决策者增强客流分析预测的能力,合理地调配资源,以提高运营单位的经营管理水平。自动售检票系统信息技术和知识领域如图4-1所示。

以北京地铁为例,北京地铁全路网自动售检票系统由五层架构组成,分别是:

第一层,北京市轨道交通清算管理中心;第二层,北京地铁多线路共用线路中心(Multiple Lines Center,简称 MLC);第三层,自动售检票系统线路中心计算机系统;第四层,车站中心计算机系统(SC);第五层,AFC 系统车站终端设备。其系统结构如图4-2所示。

图 4-1　自动售检票系统信息技术和知识领域

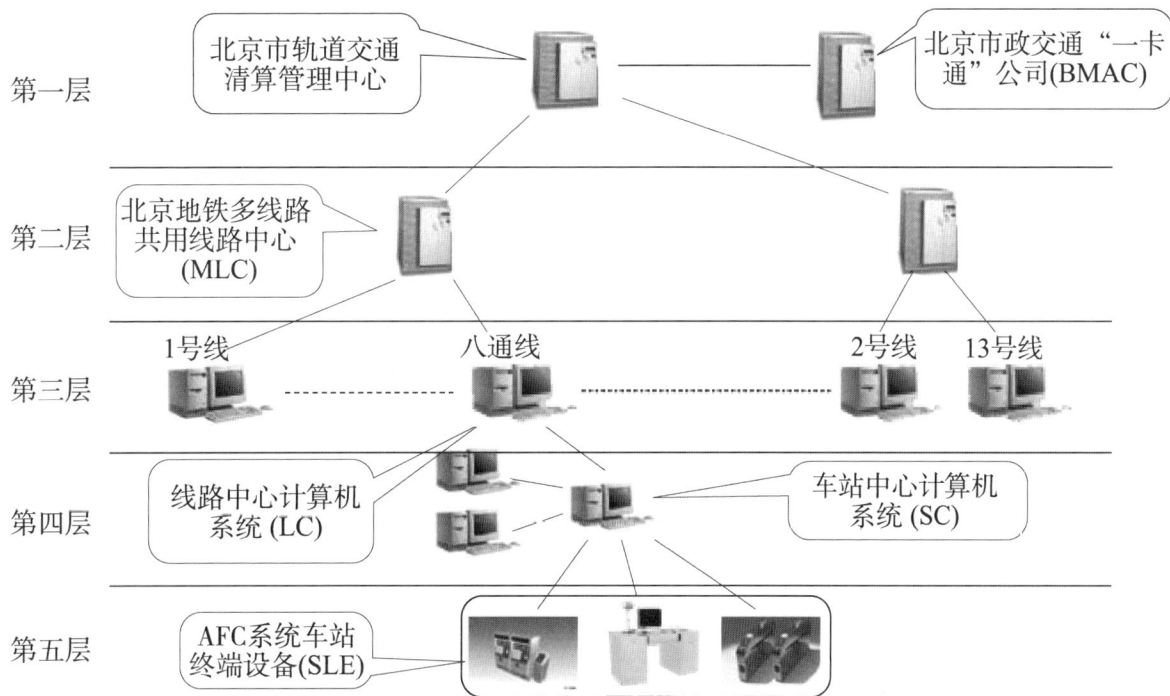

图 4-2　北京地铁自动售检票系统结构

任务 4.1　自动检票机的功能与结构组成

自动检票机(Automatic Gate Machine,简称 AGM),又称闸机,是实现乘客自助进出站检票交易(在非付费区和付费区间通行)的设备,对有效车票,检票机通道阻挡解除(门扇开启或释放转杆),允许乘客进出站。

📖 想一想

自动检票机安装在什么位置,它的使用环境如何?

自动检票机安装于车站付费区与非付费区的交界处,用于实现自动进出站检票。自动检票机应能适应地铁车站的强磁干扰、尘土、高温、振动等恶劣工作环境,具有防潮、防火、防酸的功能。自动检票机的位置及其使用环境如图4-3所示。

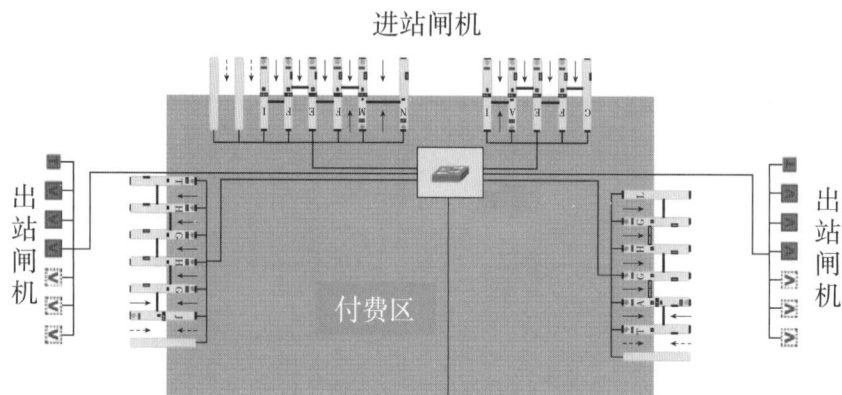

图4-3 自动检票机的位置及其使用环境

一 自动检票机的分类与功能

1. 自动检票机的分类

自动检票机根据功能的不同,可以划分为进站检票机、出站检票机和双向检票机3种。进站检票机用于完成进站检票,检票端在非付费区;出站检票机用于完成出站检票,检票端在付费区;双向检票机既可完成进站检票,也可完成出站检票,在非付费区和付费区可分别按照进站和出站的处理规则完成检票功能。

自动检票机根据阻挡装置的类型,可以分为三杆式检票机、扇门式检票机(图4-4)和拍打门式检票机3种类型;根据通道宽度,可以分为普通检票机和宽通道检票机两种类型。

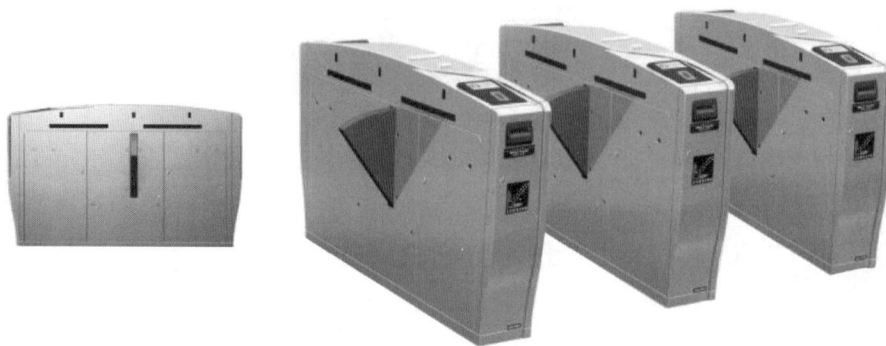

图4-4 扇门式检票机

2. 自动检票机的功能

自动检票机的基本功能是对乘客所持的车票进行检验,并完成进站或出站的交易处理。在计时计程的收费规则下,乘客在进入付费区及离开付费区时都需要进行车票检验。乘客进入付费区时检查车票的合法性并记录进入时的地点和时间;乘客离开付费区时检查车票的合法性、进站信息的合法性及付费区内的停留时间,并根据进入位置和离开位置计算本次旅程的费用,完成车票扣款操作。相关资源见二维码4、二维码5。

二维码4

正常刷卡进站

自动检票机的主要功能如下:

(1)自动对车票进行有效性检验,对有效车票进行相应处理后放行乘客,对无效车票拒绝放行。

(2)对车票处理结果给出明确的提示信息。

(3)对通道的通行状态给出明确的指示。

(4)对特殊车票的使用给出明确的提示。

二维码5

正常刷卡出站

(5)对需要回收的车票执行回收操作。

(6)对各部件的工作状态进行自动监测,并向车站中心计算机系统上报工作状态。

(7)接受车站中心计算机系统下发的参数和控制命令,并执行相应的操作。

(8)存储并上传交易信息。

(9)接受紧急按钮信号并控制设备的操作。

二 自动检票机的结构组成

自动检票机以主控单元为核心,辅以阻挡装置、车票处理装置、声光提示装置等模块。主控单元一般选用高可靠性、低功耗的通用型嵌入式计算机设备或工业级计算机设备,需要具有丰富的外部接口以支持外部设备的连接,并需要保留部分接口以支持未来设备的扩展。自动检票机的总体布局和外观结构,如图4-5、图4-6所示。

图4-5 自动检票机的总体布局

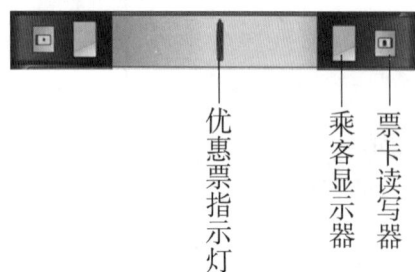

图4-6　扇门式自动检票机外观结构

1. 自动检票机的上部结构

自动检票机的上部结构包括票卡读写器、乘客显示器和优惠票指示灯,如图4-7所示,下面简要介绍票卡读写器和乘客显示器。

(1)票卡读写器。

票卡读写器的安装位置符合乘客右手持票习惯,在检票机安装读写器的位置有醒目的标识指示乘客刷卡位置。闸机的读写器可分为两种:储值票读写器和单程票读写器(两种读写器可以互换),两种读写器软件版本相同。

票卡读写器提供高级应用程序编程接口,支持对 ISO 14443 A/B 标准卡片的读写操作。读写器设计有 4 个安全认证模块 SAM 卡座,支持多密钥应用,提供读写器与安全认证模块 SAM 之间的接口和数据传输。扩展安全认证模块 SAM 不会造成读写器性能的降低。

针对不同的设备应用,相应的票卡读写器执行充值和消费操作。读写器有效读写距离为 10 cm,交易时间为 200 ~ 1000 ms。读写器对票卡的操作满足"一卡通"对票卡应用流程标准要求、安全认证模块 SAM 的安全保密处理要求和交易数据处理要求。

图4-8 所示为读写器及天线。

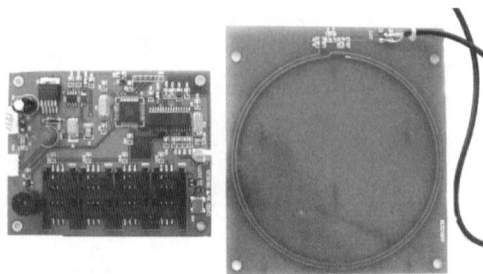

图4-7　自动检票机的上部外观结构　　　图4-8　读写器及天线

进站检票机及出站检票机都装有一个储值票读写器及天线,另外,出站检票机传输装置中还装有一个小天线的单程票读写器,用于完成单程票回收时的读写操作;双向检票机具有进站和出站的所有读写器。

读写器天线负责储值票和单程票中的数据通信和能量传输,将车票中的数据通过读写器上传到工控机(读卡过程),由工控机对车票中的数据进行判断,再将判断结果下发给读写器,由读写器通过天线对车票中的数据信息进行修改(写卡过程)。

读写器完成一次交易的时间:在规定的数据格式下,单程票与读写器之间完成一次交易所需时间小于200ms,储值票与读写器之间完成一次交易所需时间小于300ms。

(2)乘客显示器。

乘客显示器(见图4-9)为可变显示,能够显示中文、英文、数字及图形,以引导乘客正确使用检票机。常见乘客显示器显示内容与说明见表4-1。

图4-9　乘客显示器

常见乘客显示器显示内容与说明　　　　表4-1

显 示 内 容	可能出现的情况说明
关闭(Closed)	设备处于关闭状态: (1)系统下达关闭命令; (2)在维护面板上选择"关闭服务"
正在初始化(Initialize)	设备处于初始化阶段,正在检测设备所有模块的工作: (1)设备刚通电; (2)设备从一个非营运状态变为可运营状态时,设备自动进入初始化界面
请使用车票(Use Ticket)	设备处于正常营运状态,可接受单程票和储值票
请使用储值票(Use CSC)	设备处于正常营运状态,可接收储值票,但无法接收单程票,可能原因如下: (1)机芯卡票; (2)票箱回收机构故障(卡票、票箱未安装、票箱满等); (3)单程票读写器故障
请使用单程票(Use SJT)	设备处于正常营运状态,可接收单程票,但无法接收储值票,可能的原因是储值票读写器故障
请进站(箭头)(Enter Station)	设备处于正常营运状态,并判定车票有效,允许乘客进入闸机通道
请出站(箭头)(Exit Station)	设备处于正常营运状态,并判定车票有效,允许乘客通过闸机通道
请再试一次(Try Again)	设备处于正常营运状态,在判定车票时,乘客已将车票移出天线感应区

续上表

显 示 内 容	可能出现的情况说明
请稍后再使用 （Try Later）	只有双向检票机会出现此情况。设备处于正常运营状态,当乘客在一端检票处理时,在设备的另一端则显示该内容,以提示另一端的乘客。等待对方的乘客通过后再使用,以避免两端的乘客在通道内争执
车票过期 （Ticket Expired）	设备处于正常营运状态,并判定车票已过有效期: (1)储值票已过允许使用的有效期; (2)单程票非当日售出的票
余额不足 （Deficit）	设备处于正常营运状态,并判定车票为储值票或单程票时,单程票的票额小于最小费率区的金额,储值票的余额小于或等于0。出站时,单程票的票额小于费率区的金额,储值票的票额小于允许最后的透支额
车票类型错误 （Type Error）	设备处于正常营运状态,并判定车票为暂不允许的车票
紧急模式 （Emergency mode）	设备处于紧急状态: (1)设备接受到系统下达的紧急命令; (2)在维护面板上选择"紧急模式"; (3)设备接收到紧急按钮下发的电压环信号
故障诊断 （Fault Diagnosis）	设备处于故障诊断状态
请使用测试票 （Use Test Ticket）	设备处于维护状态,设备允许接收测试票; 在维护面板上选择"测试模式"
错码 （Error Code）	设备处于维护状态,在维护面板上键入设备不存在的测试码
余额（箭头）	设备处于正常营运状态,并判定车票为储值票且有效,在允许乘客进入的同时,显示票卡的余额
请到客服中心 （Go to BOM） （拒绝码）	设备处于正常营运状态,在进站检票机上判定车票为无效时显示该内容,引导乘客去客服中心
暂停服务 （Out of Service） （故障码）	设备处于非营运状态: (1)操作员打开维修门; (2)设备主要模块故障,设备无法继续投入运营; (3)系统下达暂停服务命令
请插入车票 （Insert Ticket）	设备处于正常营运状态,在出站检票机上,乘客将需回收的车票放在外置天线上,设备提示乘客投入该车票

2. 自动检票机的侧向结构

自动检票机的侧向外观结构如图 4-10 所示。

（1）通行传感器。

通行传感器能够监控乘客通过自动检票机的整个过程以及监测通过自动检票机的人数。自动检票机一般采用两种传感器：透过型传感器和漫反射型传感器。

每对（个）传感器都不是单独使用的，通行控制单元对一组或者所有传感器的检测反馈信息进行分析处理，保证通行控制的准确性和安全性。自动检票机通行传感器分布和主要功能如图 4-11 所示。通行传感器各区域主要功能说明如下。

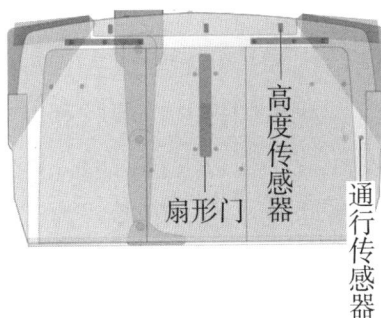

图 4-10　自动检票机的侧向
外观结构

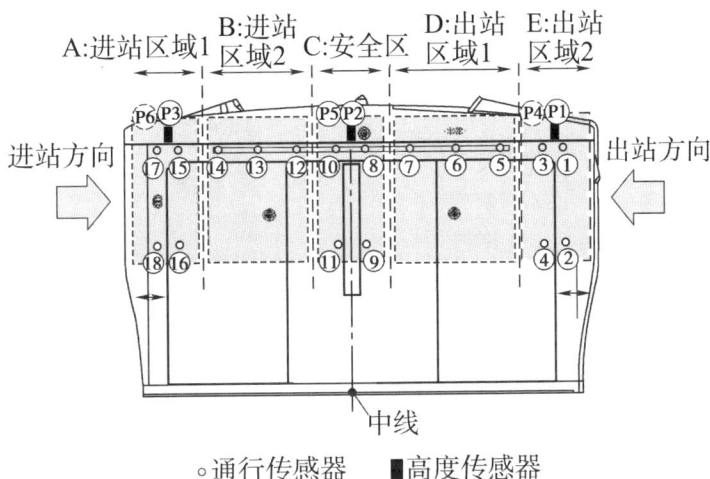

图 4-11　自动检票机通行传感器分区和主要功能

A：进站区域 1 组传感器采用透过型传感器，主要监测是否有乘客进入通道。

B：进站区域 2 组传感器采用透过型传感器和漫反射型传感器组合使用，判断无票乘客的通行行为。

C：安全区传感器采用透过型传感器，安装于不同的高度，监测通行情况，反馈信号控制闸门，保护已进入通道的乘客，防止闸门夹住乘客。

D：出站区域 1 组传感器采用透过型传感器，监测乘客是否已经通过闸门，如果发现乘客已经通过闸门，如有跟随通行行为，反馈信号控制闸门关闭，以防止第二位乘客通过。

E：出站区域 2 组传感器采用透过型和漫反射型传感器的组合，监测与自动检票机设定方向相反进入通道的乘客，如有逆行通行行为，检票机将关闭闸门并报警。

（2）高度传感器。

自动检票机上装有检测身高的漫反射型传感器，用于监测通过的乘客是否是身高为 1.2~1.4m（高度可调）以下的儿童。从检票机中部呈向斜上方的漫反射型传感器，可以监测到 1.2~1.4m 以上位置的物体。当这个漫反射型传感器未监测到任何物体时，即使其他的传感器监测到有物体通过，也不认为是通过的乘客。因此，身高 1.2~1.4m 以下的儿童可以安全地通行。但是在实际通行中，由于乘客通过时身高变化较大，所以不能非常精确地利用身高作为识别儿童乘客的依据。儿童安全监测示意图如图 4-12 所示。

（3）扇形门。

扇形门装置是另一种得到广泛应用的检票机阻挡装置。扇形门装置由扇形门、机械控制结构和控制板组成。

扇形门由软性塑胶和内置钢板组成。门的边缘部分采用软性塑胶材料，从而能最大限度地减小强行通过时对人体的损害。其内部的钢板可保证扇形门有效地快速关闭和阻止强行推动扇形门。扇形门为三角形，由可吸收能量的软性塑胶制成，当受到冲击时发生变形并能自动恢复到原来状态。

当扇形门需要动作时，控制板驱动电动机，通过减速齿轮提供动力给转换器，在操作杆连接处产生力矩，通过电磁铁传递运动，带动扇形门运动。控制板负责对机械的控制功能及传感器信号的管理。扇形门装置示意图如图 4-13 所示。

图 4-12　儿童安全监测示意图　　　图 4-13　扇形门装置示意图

3. 自动检票机的立面结构

自动检票机的立面结构如图 4-14 所示。

（1）方向指示器。

方向指示器位于检票机面向乘客的前面板上，显示通道的通行方向标志，远距离指示乘客通道的通行状态。方向指示器的设计确保乘客在 30m 外的距离可以明辨标志的内容和含义。

方向指示器及乘客显示器关于"通行"与"禁行"的标志统一，采用国际通用的标志，且配有中文说明文字，以图形加文字的形式提示乘客，如图 4-15 所示。

（2）车票处理装置。

车票处理装置是自动检票机的另一个关键部件，车票处理装置负责完成车票读写、传送及回收处理。车票处理装置主要包括两大部分：车票读写设备和车票传送装置。

对于 IC 卡，目前使用的基本上都是非接触式 IC 芯片车票，只要车票停留在天线感应的范围内就可以对其进行读写。因此，对于进站交易而言，只需要使用车票读写器就可以完成进站处理而不需要配置传动装置。由于出站时单程使用的 IC 卡都需要回收，因此当使用单程 IC 卡出站时，必须将 IC 卡投入（筹码型）或插入（方卡型）车票处理装置，车票通过传送装置(通道)到达天线感应区并在此完成车票读写,交易成功的车票继续经传送装置回收到票箱中,非法车票或交易失败的车票将返回给乘客,由乘客到车站服务中心完成票务更新后再次使用。对于不需要回收的 IC 车票,与进站类似,仅使用车票读写器就可以完成出站处理。

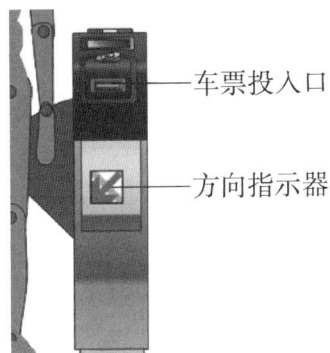

图 4-14　自动检票机立面结构

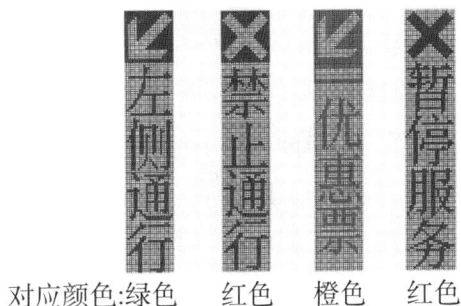

图 4-15　方向指示标志

带有票箱的车票处理装置通常需要配置两个票箱,并实时监控票箱的状态,在票箱未安装、票箱将满或票箱已满时,需要向主控单元发送相关信息,主控单元将相关信息上传到车站中心计算机系统。票箱通常还需要具有计数功能或由主控单元进行计数。车票处理装置应可以根据主控单元的命令将车票回收到指定的票箱。

自动检票机车票回收模块如图 4-16 所示。

图 4-16　自动检票机车票回收模块

任务 4.2　自动售票机的功能与结构组成

一　自动售票机概述

自动售票机设于车站非付费区,用于乘客自助式购买地铁单程票和对储值票进行充值。自动售票机摆放位置如图 4-17 所示。

图 4-17　自动售票机摆放位置

二　自动售票机的功能与操作界面

1. 自动售票机的功能

自动售票机的基本功能是通过乘客的自助式操作完成自动售票。自助购票的基本过程包括购票选择、接收购票资金、自动出票及找零等,在必要时还可以打印充值凭证等。自动售票机可接收硬币和纸币购买单程 IC 卡,也具有对"一卡通"卡和地铁专用储值票进行充值的功能。同时,自动售票机预留银行卡的数据接口和电气接口及物理空间,方便支付方式的扩展。

自动售票机主要实现如下功能:

(1)接受乘客的购票选择,并在购票过程中给出提示信息及操作指导。

(2)可以接收乘客投入的现金(或储值票、信用卡等其他付费介质,下同)并自动完成识别,对无法识别的现金予以退还。

(3)自动计算乘客投入的现金数量及购票金额,并自动找零。

(4)自动完成车票校验、车票发售及出票。

(5)对各部件的工作状态进行自动监测,并向车站中心计算机系统上报工作状态。

(6)接收车站中心计算机系统下发的参数和接受控制命令,并执行相应的操作。

(7)存储并上传交易信息。

(8)对本机接收的现金及维护操作进行管理。

2. 自动售票机的操作界面

(1)自动售票机主界面。

自动售票机是自助型系统设备,城市轨道交通车站内会有部分乘客对该系统的操作不熟练,站务员应主动、热情地提供操作指引服务。因此,站务员应熟练掌握自动售票机的购票操作。指引乘客使用自动售票机购票、充值时,站务员可通过乘客操作界面实现点选操作。常见的自动售票机乘客操作界面如图4-18所示。

地图区域能清晰显示线网地图,能实现地图的缩小、扩大及水平移动,当乘客点击某车站时,以该车站为中心的附近几个车站会被放大显示,以便于乘客快速、准确地选择目的地站购票。

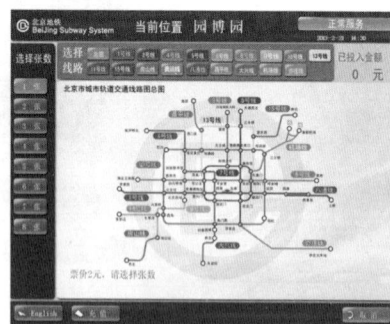

图 4-18　常见的自动售票机
乘客操作界面

选择线路区域提供了按线路分类的按钮,当乘客点击选择要乘坐的线路时,该线路在地图区域放大,方便乘客快速、准确地点选目的地站。运营及票卡选择区域可实现按票价直接购票,为熟悉地铁票价的乘客提供了便利。

时间区域能实时显示当前的日期与时间。功能选择区域提供了供乘客选择或确认的按钮,如中、英文切换按钮和充值操作按钮等。信息提示区域主要用于向乘客显示相应情况下的信息。状态区域显示了自动售票机当前运营状态的信息。

（2）自动售票机充值界面。

乘客使用现金在自动售票机上进行储值票充值时,自动售票机通常可接收第五、六套10元、20元、50元和100元人民币币种充值。具体操作流程大致分为:在主界面选择充值按钮→插入储值票→支付储值票充值金额→设备对储值票充值→返还储值票等步骤,如图4-19所示。乘客从开始充值后至支付充值金额之前都可以取消交易,点击取消按钮或者一定时间内没有任何操作时,返还投入的储值票并返回初始界面。

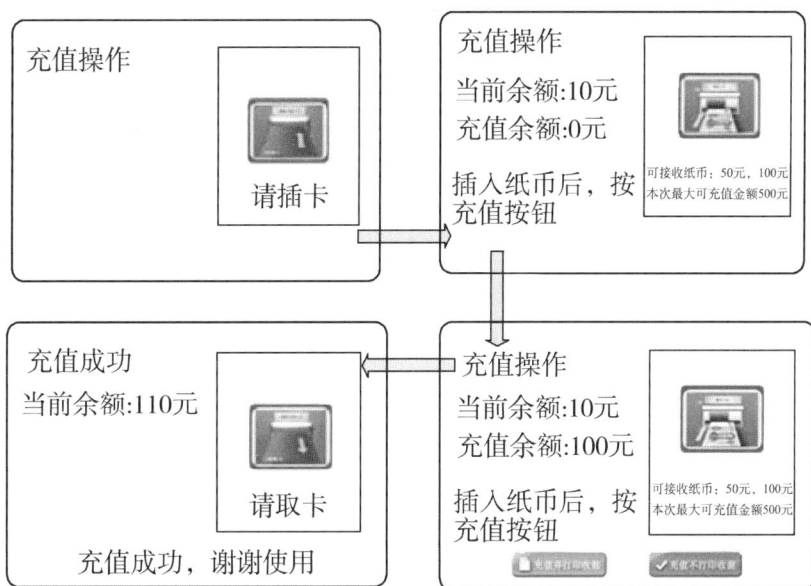

图4-19　自动售票机储值票充值流程

三　自动售票机结构组成

自动售票机以主控单元为核心,辅以现金处理装置、车票处理装置、乘客触摸显示器、打印机、电源等模块,还可以根据需要配置触摸屏、运营状态显示器、银行卡读写器及密码键盘等部件。自动售票机的总体架构、外观结构和内部结构分别如图4-20~图4-22所示。

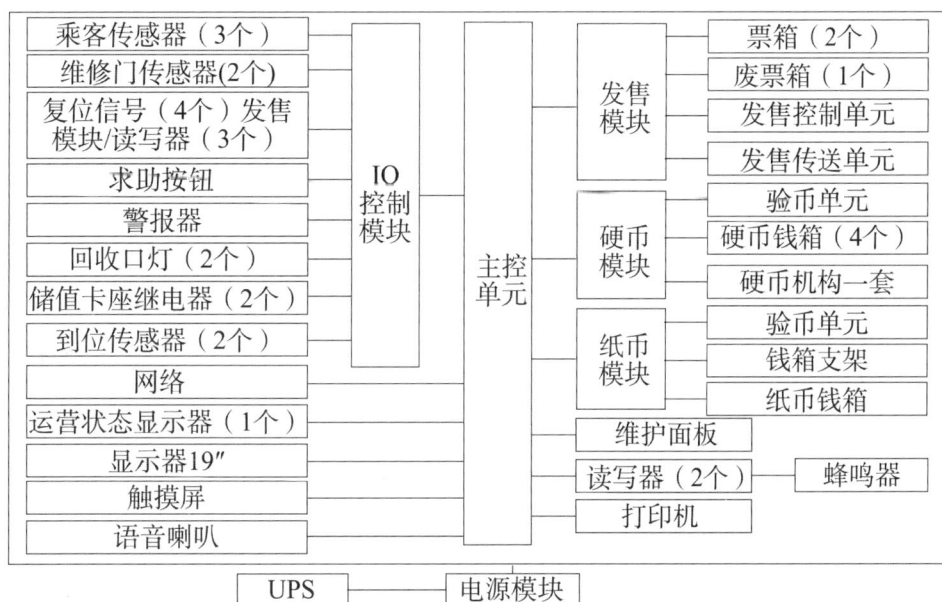

图4-20　自动售票机的总体架构

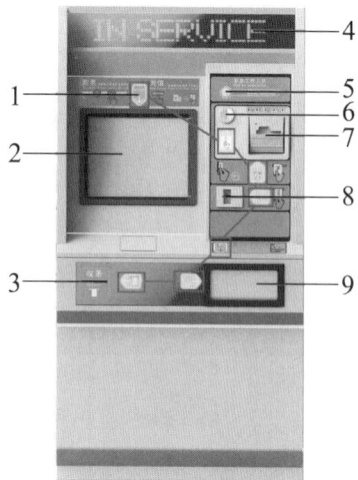

图 4-21　自动售票机外观结构

1-操作指示灯;2-乘客触摸显示器;
3-收条出口;4-运营状态显示器;5-求
助按钮;6-硬币投入口;7-纸币投入口;
8-储值票插入口;9-找零、取票口

图 4-22　自动售票机内部结构

1-固定照明装置;2-硬币模块;3-纸币模
块;4-凭条打印机;5-电源模块;6-UPS;
7-维护面板;8-LED 状态显示器;9-票卡
发售单元;10-工控机

图 4-23　自动售票机主控
单元外观

1. 主控单元

自动售票机主控单元(也称为工控机,见图4-23)采用32位工业级微处理器,阻抗电磁噪声的性能良好(VCCI Class A),能24h工作,并能提供充分的指定功能,即使电源中断,数据也不会丢失。主控制器主控制单元采用嵌入式工控机来实现,有良好的抗电磁干扰性能,能保证整机24h不停机地稳定运行。主控制器负责运行控制软件,完成车票处理、现金处理显示、数据通信、状态监控等功能。

--- 知 识 链 接 ---

北京地铁使用的某型号自动售票机,其主控单元主要参数见表4-2。

自动售票机主控单元主要参数　　　　　　　　　　表4-2

序号	项　目	说　明	序号	项　目	说　明
1	型号	IPC-004	4	内存	512MB
2	主板	工业级 Socket478 架构	5	显示	支持 CRT,LCD
3	CPU	Intel Pentium 4 2.4GHz	6	电子硬盘	64M

序号	项　目	说　明	序号	项　目	说　明
7	存储	80GB 硬盘	12	板载串口	RS232 × 2
8	以太网卡	自适应 10/100M	13	串口扩展卡	RS232 × 8
9	声卡	5.1 声道	14	全钢化工业机箱	较强的抗电磁干扰能力,散热效果好
10	Watch Dog	符合工业标准	15	工作温度	0 ~ 60℃
11	USB 接口	USB 2.0 × 6			

2. 现金处理模块

自动售票机内的现金处理设备关系到发售资金的安全,是自动售票机安全管理最重要的部件。现金处理设备按照功能可分为两大类,即现金识别设备和现金找零设备;如果按照现金的类型划分,还可以进一步划分为纸币模块和硬币模块。

(1)纸币模块。

纸币模块一般可识别 6 种以上的纸币(同一面值但不同版本的纸币将被认为是两种纸币)。纸币模块通常包括入币口、传输装置、识别模块、暂存器和钱箱等部件。当纸币通过入币口被送入识别器后,纸币传输装置将纸币输送到纸币识别模块,识别模块将对纸币进行面额和防伪标记的识别。合法的纸币将被送入纸币暂存器,不合法(无法识别)的纸币将被退回给乘客。当乘客取消交易时,纸币暂存器内的纸币可以从退币口(也可能是入币口)返还给乘客。当乘客确认交易后,纸币暂存器内的纸币将被转入纸币钱箱。纸币钱箱采用全密封的结构,通过两把安全锁来保证现金安全。当纸币钱箱从安装座上拆下时(固定用安全锁打开时),钱箱入口将自动关闭,从而保证更换钱箱的工作人员无法直接接触到纸币。只有使用另一把钥匙才能将钱箱打开,清点收到的现金。

纸币处理模块如图 4-24 所示。

(2)硬币模块。

硬币模块比较复杂,一般至少应包括循环找零机构、补充找零机构、清币机构及硬币回收机构。硬币找零设备一般会与硬币识别设备采用一体化的设计方法,以提高处理速度和优化硬币模块的结构。所谓循环找零机构,是可以使用乘客投入的硬币来补充找零的找零机构,而补充找零机构需要人工添加硬币,通常在循环找零机构内的找零硬币不足时使用。当循环找零机构已满时,乘客投入的硬币将通过硬币回收机构回收到硬币钱箱中。当运营结束时,可以使用清币机构将循环找零机构(也可能包括补充找零机构)中保存的硬币清空,被清出的硬币将被硬币回收机构回收到硬币钱箱中,以便车站管理人员进行清点。

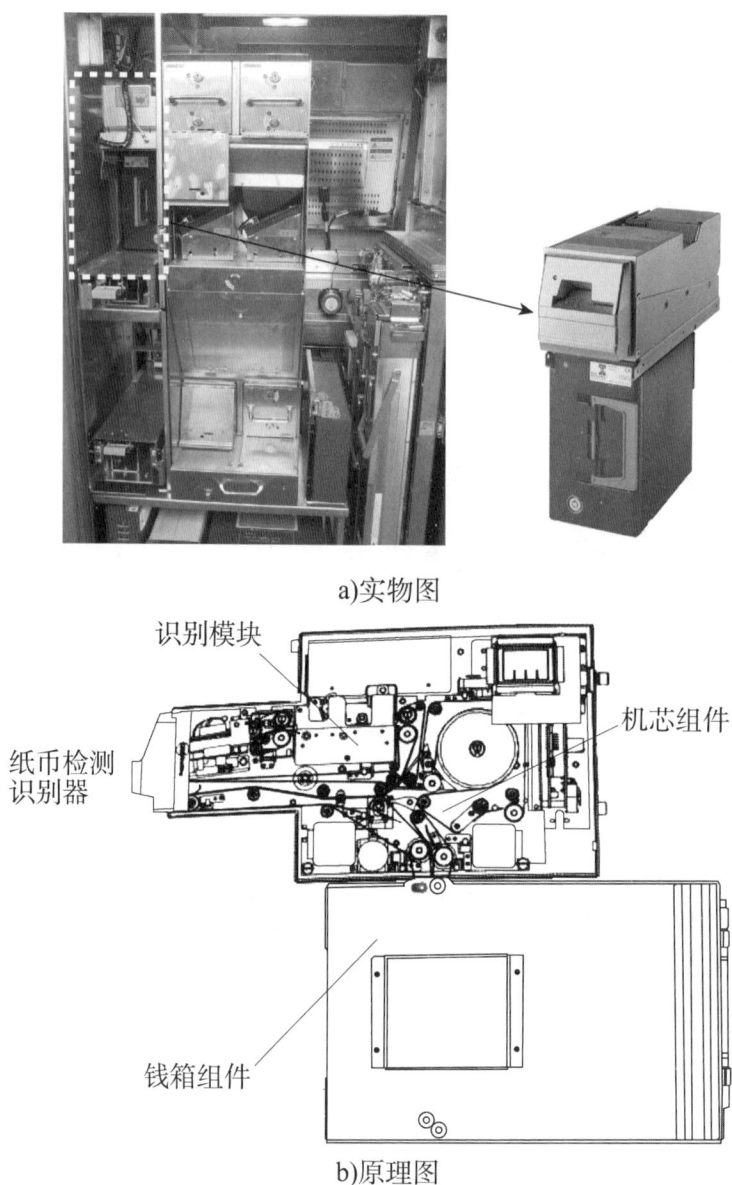

a)实物图

识别模块

机芯组件

纸币检测
识别器

钱箱组件

b)原理图

图4-24 纸币处理模块

硬币模块的基本工作原理描述如下:

乘客投入的1元硬币经过硬币识别模块识别后,进入暂存区,等待下一步处理;不合格的硬币直接掉入出币口,返还乘客。当乘客取消交易时,硬币分拣机构将投入的硬币原币返还乘客。

当交易成功后,硬币分拣机构自动将硬币投入储币箱或找零箱(当找零箱的硬币数量低于某一设定值时)。找零机构及找零箱构成硬币循环机构,可以将乘客投入的硬币用作找零。循环式找零箱中的硬币总是保持在一定数量(可由参数设定),如果超过这个数量,硬币将进入下面的储币箱,如果找零箱中硬币数量低于设定值,可由找零补充箱补充。硬币找零箱可分别存储1元硬币1500个以上,找零出币速度可达5个/s。储币箱和补币箱可以互换,两者都具有电子ID,主机可通过指令查询票箱状态和身份。当钱箱从自动售票机的存放座上取走时,钱箱的入币口会自动关闭,可防止更换钱箱的操作人员接触到钱币。

自动售票机硬币模块如图4-25所示。

3.维护面板

维护面板的作用是供车站管理人员对设备进行维护、故障诊断及参数设置等操作。维修人员根据需要,通过输入密码进入维护面板的维修系统,进行维护。其操作界面可设计成菜单式或指令式。维护面板包含以下内容:

(1)设备运营状态信息。

(2)设备时钟显示和设置。

(3)设备运行版本信息。

(4)部件运行状态信息。

(5)硬币清零菜单或指令。

(6)更换钱箱菜单或指令。

(7)打印账单菜单或指令。

(8)设备部件测试菜单或指令。

(9)设备关机、复位菜单或指令。

自动售票机维护面板如图4-26所示。

图4-25　自动售票机硬币模块　　图4-26　自动售票机维护面板

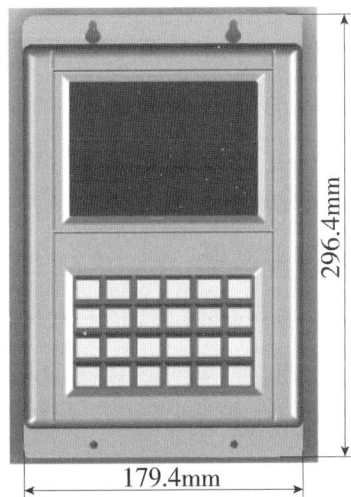

自动售票机具备自诊断功能,可协助设备维护人员快速发现及确认故障。

(1)运营状态信息。

当自动售票机门打开后,管理人员登录维护面板,在维护面板上即可通过"故障代码"或"中文提示信息"查看自动售票机的运营状态,包括"设备运营模式""设备状态信息""设备故障信息",根据对应的信息进行操作。

(2)时钟显示和设置。

自动售票机的时钟与自动售检票系统中的时钟同步。管理人员可通过菜单或指令查询自动售票机的时钟信息,如果时钟不一致,可通过设置调整。

注意:其时钟必须与自动售检票系统中的时钟一致,并在与自动售检票系统断开通信后才能做此操作。

(3)运行版本信息。

管理人员可通过该菜单或指令,查询自动售票机的运行版本信息。运行版本是直接影响自动售票机运营状态的关键信息,如与正式运营版本不一致,会造成自动售票机运营不稳定或错误运营。

(4)部件运行状态信息。

管理人员可通过该菜单或指令,查询部件运行状态信息。

(5)硬币清零菜单或指令。

作为车站日常管理的措施,管理人员可通过硬币清零菜单或指令进行自动售票机的账务处理,这属于结算的运营钱款操作,此操作也可判断自动售票机硬币模块的运转性能。

(6)打印账单菜单或指令。

管理人员进行钱款操作后,可进行该菜单或指令操作,打印自动售票机相关账单信息。

二维码6
TVM显示"只收纸币"故障处理

(7)部件测试菜单或指令。

通过诊断、测试菜单或指令表,我们可以看到许多关于部件的测试菜单或指令,当发生故障时,管理人员可通过这些指令或菜单操作来判断部件的运行状态,并进行相应的处理。

(8)关机、复位菜单或指令。

管理人员可通过这些指令或菜单操作,对自动售票机进行逻辑关闭、复位操作,以免硬关机所造成的伤害。

二维码7
TVM显示"只收硬币"故障处理

4.乘客触摸显示器

乘客触摸显示器是自动售票机人机界面操作的主要部件,乘客根据显示器提示界面,通过加装在乘客触摸显示器上的触摸屏进行购票操作。乘客触摸显示器安装在自动售票机乘客操作范围内,用于显示有关购票操作信息。乘客触摸显示器显示字体为中文,在需要时可选择用英语显示。显示语言类型作为参数设置。

二维码8
TVM显示"暂停服务"故障处理

在乘客购票过程中,乘客触摸显示器能显示乘客所选择的目的地车站、票种、单价、张数、付费总金额、已投币金额等信息。乘客触摸显示器能显示所有可发售的票种、张数、各种付费方式、交易取消、交易确认等选择按钮供乘客选择。在交易过程中,乘客触摸显示器能指示乘客下一步的操作,并能提示其无效操作。在设备故障、关闭或暂停服务时,乘客触摸显示器能显示相关的信息。乘客触摸显示器还可以替代运营状态显示器,用于显示当前设备的运行模式和操作模式,包括暂停服务模式、无找零模式、关闭模式、只收硬币模式、只收纸币模式、只找硬币模式、只找纸币模式等。相关故障处理见二维码6～二维码9。

二维码9
TVM乘客购买单程票不找零

任务4.3　半自动售票机的功能与结构组成

半自动售票机,通常安装在售/补票房或车站服务中心,采用人工方式完成票务处理、车票发售、加值、车票分析(验票)、退票及其他票务服务,因此,半自动售票机又称为人工售/补票机或票房售/补票机。

根据应用需求,可按功能分离设置成单独的半自动售票机或半自动补票机,也可设置成半自动售票和补票功能结合的设备。

功能单一的半自动售票机应部署于非付费区,而半自动补票机则用于付费区内服务。功能结合的半自动售票机可以同时为非付费区与付费区服务,兼顾售票及补票功能,使用同一车票处理设备,但需对两个区域分别设置单独的乘客显示器,以适应处理不同区域乘客票务的需要。

半自动售票机如图4-27所示。

图4-27　半自动售票机

一　半自动售票机的功能

半自动售票机是在车站中以人工方式为乘客提供服务的售/补票设备,放置于车站售票和补票室内。半自动售票机的主要功能包括售票、补票、充值、更新、替换、退票、车票挂失、车票分析、车票处理、车票查询、收益管理、设备操作等。

半自动售票机与车站自动售检票系统相连,可以接收车站自动售检票系统下达的各种参数及指令,同时向车站自动售检票系统以及线路自动售检票系统传送各类数据。

半自动售票机的运行模式由车站自动售检票系统进行设定和更改,并通过系统将参数数据下载到半自动售票机上,以实现工作模式的自动切换。

同时,半自动售票机还具备离线/在线状态自动检测切换的能力。根据当前的线路状态,动态提供能够处理的功能。在线状态下,能够实时从车站自动售检票系统下载各种参数、接收车站自动售检票系统的控制指令,能上传监控数据,根据预先设定的方式上传所处理的各种交易数据,与车站自动售检票系统进行对账处理。离线状态下,半自动售票机除了提供需要的功能外,还要将本地运行数据备份保存,在检测到网络恢复以后,进行数据的上传和续传,并进行数据账目的核对。

二　半自动售票机的结构组成

半自动售票机以主控单元为核心,由车票读写器、乘客显示器、打印机、电源等模块组成,还可以根据需要配置触摸屏、车票处理装置、钱箱等部件。主控单元一般选用高可靠性工业级计算机设备,也可以选用高档的商用计算机,需要具有丰富的外部接口以支持外部设备的连接,并需要保留部分接口以支持未来设备的扩展。

半自动售票机可以使用键盘、鼠标等通用输入设备,也可以配置触摸屏,还可以配置支持自动发售车票的车票处理装置,以完成车票自动发售功能。自动发售车票的车票处理装置与自动售票机中的车票处理装置类似,在接收到主控单元的命令后,可以自动完成供票、车票读写及出票功能。

半自动售票机主要设备构成见表4-3。

半自动售票机主要设备构成   表4-3

序号	名　　称	说　　明
1	主控单元(MCU)	半自动售票机专用主机,采用工业级计算机
2	电源模块	为 MCU、TIU 及 MCU 外围设备提供电源
3	IC 卡发售模块	发售单程 IC 卡地铁票
4	操作员触摸屏显示器	触摸式液晶显示器,方便票务员操作
5	乘客显示器	为乘客提供文字信息
6	桌面 IC 卡读写器	读写、读取 IC 卡
7	票据打印机	为购票、充值乘客打印收据

1. 主机

主机主要由主控单元和电源模块组成,其结构如图4-28 所示。

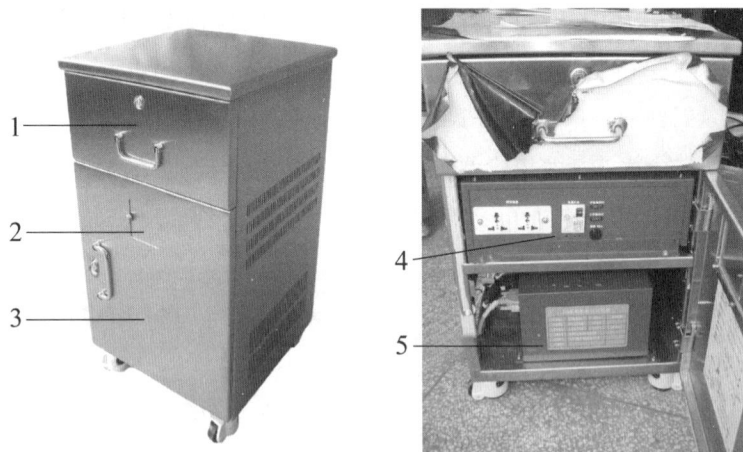

图 4-28　半自动售票机的主机结构

1-抽屉;2-维修门 A;3-维修门 B;4-电源模块;5-主控单元

主控单元负责运行人工售/补票机的控制软件,完成车票处理、数据通信、状态监控及故障检测等功能。主控单元采用模块化设计,以满足物理上和功能上的互换性要求,便于维护。

2. IC 卡发售模块

IC 卡发售模块由对车票进行读写的票卡读写器和用于发售 IC 卡的车票处理机构组成,如图4-29 所示。

车票(IC 卡)发售模块可用来完成单程车票的自动发售工作,以提高人工发售车票速度和效率。在以自动售票机自助式售票为主的车站,车票处理机构可以作为应急发售车票装置。车票处理机构内的主要部件有车票发卡装置、读写器、出票控制板等,这与自动售票机中的模块基本类似。处理机构与主控单元通过串口连接,接收主控单元发出的指令,对单程票进行各种处理,如读取车票内存信息,判断车票的有效性,对车票内储值清零、赋值、校验、出票和废票回收等。车票处理机构能一次发售多张同一票值的车票。BOM 票箱更换见二维码 10。

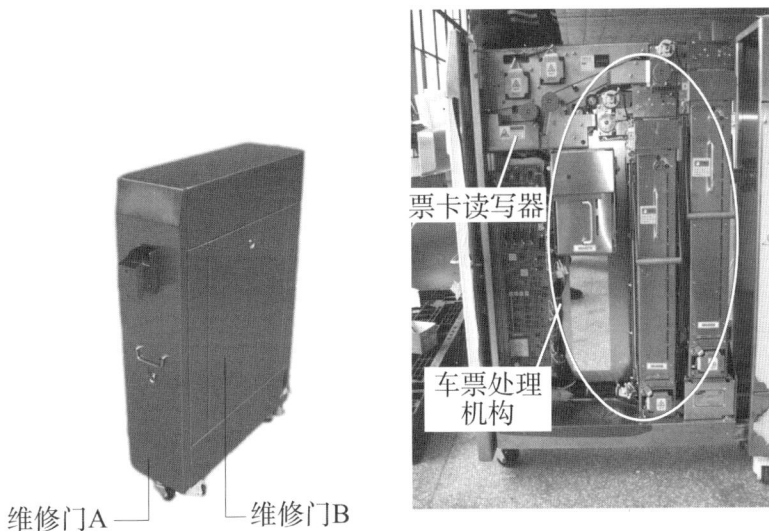

二维码10

BOM票箱更换

图 4-29　IC 卡发售模块

车票处理机构的基本功能要求如下:

(1)具有半自动售票机的分析和发售单程票功能。

(2)一次可连续发售 100 张车票。

(3)装有废票回收盒,回收盒容量≥50 张。

(4)发票装置与半自动售票机主机的通信连接采用通用的接口方式。

(5)发票装置有独立的电源控制开关及电子器件的复位控制按钮。

(6)发票速度:连续发票速度(从票箱至出票口)≤1 张/s。

(7)单次发票速度(确认后)≥30 张/min。

(8)具有独立的维修诊断程序,能对发票装置所有传输控制器件进行检测,方便故障的鉴别和诊断,如发票装置的通信。

(9)具有运行车票的输送电动机。

(10)具有车票路径和控制传感器。

(11)具有车票读写器。

(12)可预留发售测试票。

(13)在自动发售模式下,对发票过程具有显示、监控作用,实时将运行数据和机器状态信息通过显示屏向操作人员显示。

(14)当发票装置发生故障或报警时,在半自动售票机显示屏有相应的信息提示出现,同时停止自动发票,等待操作人员做相应处理。若报警消失,则继续工作。

（15）发票装置在自动发票过程中,若出现连续三次发票失败,则停止自动发票,显示屏上显示发票失败的信息提示,可切换为手动发售模式。

（16）能自动检测票盒中票的位置,当输入票盒中,票"空"或废票盒票"满",显示屏应提示告警信息,停止自动发票,操作人员做相应处理确认后,消除报警,恢复运行。

图 4-30 操作员触摸屏显示器

（17）自动发票要求计数准确,统计记录废票盒中的废票数量,可打印自动发票装置班次操作记录和汇总。

（18）可靠性。工作环境温度:－10～45℃;平均故障间隔次数MCBF≤20000 次(即设备运行出现故障两次之间的正常运行次数)。

3. 操作员触摸屏显示器

操作员触摸屏显示器为操作员提供人机对话的界面,带有红外触摸屏,如图 4-30 所示。

操作员触摸屏显示器性能指标见表 4-4。

操作员触摸屏显示器性能指标　　　　　　　　　　表 4-4

项 目 内 容	规 格 参 数	
对角尺寸	17 英寸(43.18 厘米)	
定位精度	2mm	
透光率	＞90%	
耐久性	抗刮擦,可承受 60000000 次以上的单点触摸	
表面硬度	使用防爆玻璃加防爆膜,达到莫氏 7 级,可耐受直径为 63.5m(质量约 1040g)表面光滑的钢球 1m 高度跌落而不破碎。即使破裂,碎片也不会对人体造成伤害	
环境适应性	能适应轨道交通车站的使用环境,表面的灰尘、水珠及化学物质的侵蚀不影响触摸屏的正常使用	
化学抵抗力	触摸屏的触摸有效区能抵抗丙酮、甲苯、丁酮、乙丙酮、甲醇、乙酸、乙酯氨基清洁剂、汽油、煤油及醋等化学物质	
防水能力	符合 IP65 防水等级	
接口	RS232	
传送速度	9600 字节/s	
工作温度	屏体	－20～+50℃
	控制器	0～+65℃
储存温度	屏体	－40～+70℃
	控制器	－25～+85℃
湿度	10%～90%(40℃)	
海拔高度	3000m	
认证	CE、FCC	

4. 乘客显示器

每套半自动售票机配置 1~2 个乘客显示器,分别安放在付费区、非付费区靠近窗口、方便乘客阅读的地方;为乘客提供相关信息的显示(显示中文或英文信息,可以通过操作员选择来实现),并且带有一定的语音提示,如图 4-31 所示。

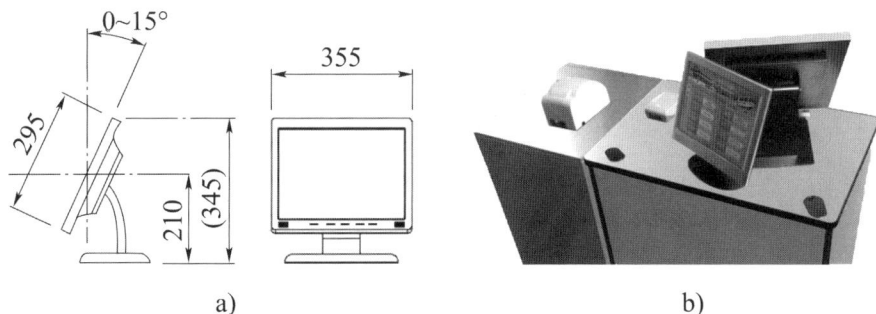

图 4-31 乘客显示器(尺寸单位:mm)

乘客显示器性能指标见表 4-5。

乘客显示器性能指标   表 4-5

序　号	项　目	性　能　指　标
1	响应时间	16ms
2	亮度	400cd/m²
3	显示分辨率	17 英寸(43.18 厘米):1280 × 1024
		15 英寸(38.1 厘米):1024 × 768
4	垂直视角范围	160°
5	水平视角范围	140°
6	工作电压	12 V ±10%
7	低温环境	符合 GB/T 2423.1—2008 标准
8	高温环境	符合 GB/T 2423.2—2008 标准

5. 桌面 IC 卡读写器

桌面 IC 卡读写器提供高级应用程序编程接口,支持对 ISO 14443 A/B 标准卡片的读写操作。读写器设计有 4 个读写器与安全存取模块(SAM)卡座,支持多密钥应用,提供读写器与安全认证模块之间的接口和数据传输。扩展读写器与安全认证模块不会造成读写器性能的降低。

针对不同的设备应用,相应的 IC 卡读写器执行充值和消费操作。读写器有效读写距离 10cm,交易时间为 200~1000ms。读写器对票卡的操作满足"一卡通"对 IC 卡应用流程标准的要求,满足读写器与安全认证模块安全保密处理要求和交易数据处理要求。桌面 IC 卡读写器如图 4-32 所示。

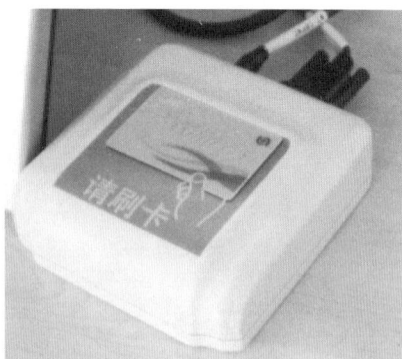

图 4-32　桌面 IC 卡读写器

6.票据打印机

票据打印机用于车票发售、充值单据的打印,也用于班次报表或其他有关信息的打印。可以通过设定,选择每完成一次交易,打印机就打印一次,给出运行号、系列号、截止日期等。

半自动售票机一般采用小型针式打印机,也可采用小型热敏打印机。热敏打印机具有使用寿命长、故障率低的优点,但打印后的单据不能长期保留。目前,半自动售票机还是以使用针式打印机为主。打印机有自检功能,操作人员或技术人员使用前,必须启动自检。自检提供有关固件及其他参数的信息,如果自检失败,打印机将不会工作,也不会有任何打印输出。票据打印机外观如图 4-33 所示。票据打印机控制面板如图 4-34 所示。

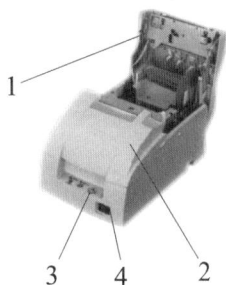

图 4-33　票据打印机外观

1-纸卷盖;2-色带盒盖;3-控制面板;4-电源开关

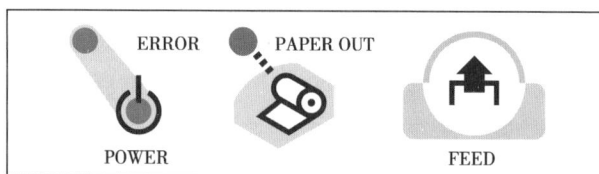

图 4-34　票据打印机控制面板

控制面板(指示灯和按键):接通电源时,指示灯点亮;切断电源时,指示灯熄灭。

票据打印机使用注意事项及说明见表4-6。

票据打印机使用注意事项及说明　　　　　　　　表 4-6

序号	注意事项	说　　　明
1	错误	打印机脱机时,灯点亮(卷纸到达终端,或者卷纸盖打开时);打印机正确作业时,指示灯熄灭;发生错误时,指示灯闪亮
2	缺纸	缺纸或者接近缺纸时,指示灯点亮
3	按键进纸	装入卷纸。注意:当检测出没有卷纸的时候,此键不起作用

任务4.4　自动查询机的功能与结构组成

一　自动查询机概述

自动查询机安装在非付费区,供乘客自助查看车票的信息及有效性,读取过程不修改车票上的任何数据。自动查询机采用触摸屏。自动查询机可显示乘客服务信息,由线路自动售检票系统下载。自动查询机如图4-35所示。

a)自动查询机外观　　　　　　　　b)自动查询机操作界面

图4-35　自动查询机

二　自动查询机组成结构与功能

自动查询机主要由主机、电源、读写器和触摸显示器等组成。

自动查询机具有车票查询和乘客服务信息查询等功能。车票查询是读取票卡信息,不具备写票功能,工作人员将车票在阅读器/天线处出示后1s内,能显示车票的查询内容:

(1)车票逻辑卡号。

(2)车票类型。

(3)余额/使用次数,即显示该车票当前所剩余额及使用次数。

(4)车票有效期,即显示该车票的有效期限。

(5)车票无效原因(如安全性检查、出入顺序检查、黑名单票检查、超乘、超时等)。

(6)交易历史等。

乘客服务信息查询的信息由后台定制下载,可以接收 Flash、图片、文本文件。提供的乘客服务信息力求最方便适用。乘客服务内容分类可定制,当一屏显示不完时,使用垂直滚动条翻页,内容包括自动售检票系统介绍、自动售检票系统使用指南和地铁公告等。

实训任务工单4-1　自动售票机结构及其功能的认知

自动售票机结构及其功能的认知见本教材配套实训任务工单4-1。

实训任务工单4-2　自动检票机结构的认知

自动检票机结构的认知见本教材配套实训任务工单4-2。

实训任务工单4-3　半自动售票机结构的认知

半自动售票机结构的认知见本教材配套实训任务工单4-3。

复习与思考

1.简述自动检票机结构组成及其结构功能。

2.简述自动售票机结构组成及其结构功能。

3.简述半自动售票机结构组成及其结构功能。

4.认知自动检票机的基本构成。

(1)认知自动检票机的外部基本构成。

自动检票机主要由读写装置、显示装置、乘客通行检测装置、扇形门、报警提示装置、车票处理装置(仅出站检票机和双向检票机有)等组成。

如图4-36所示,请写出自动检票机各外部结构的名称。

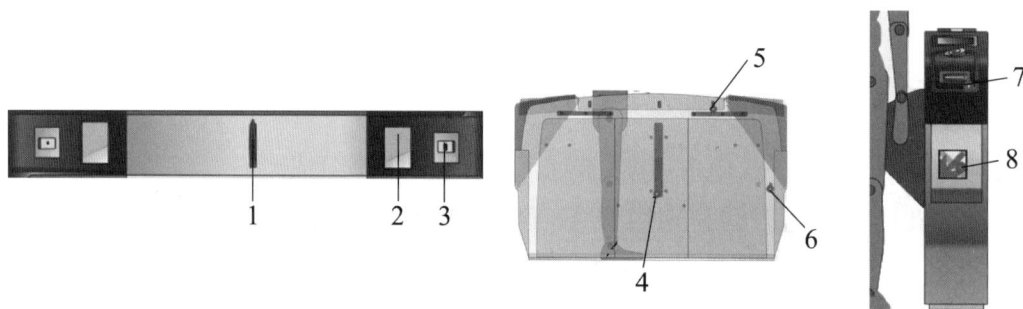

图4-36　自动检票机各外部结构

(2)认知自动检票机的内部基本构成。

如图4-37所示,请写出自动检票机内部结构的名称。

5.认知自动售票机的结构。

(1)认知自动售票机的外部结构。

如图4-38所示,请写出自动售票机的外部结构名称。

(2)认知自动售票机的内部结构。

如图4-39所示,请写出自动售票机的内部结构名称。

6.认知半自动售票机的结构组成。

(1)认知半自动售票机的外部结构。

如图4-40所示,请写出半自动售票机的外部结构名称。

(2)认知半自动售票机的内部结构。

如图4-41所示,请写出半自动售票机的内部结构名称。

图4-37 自动检票机的内部结构

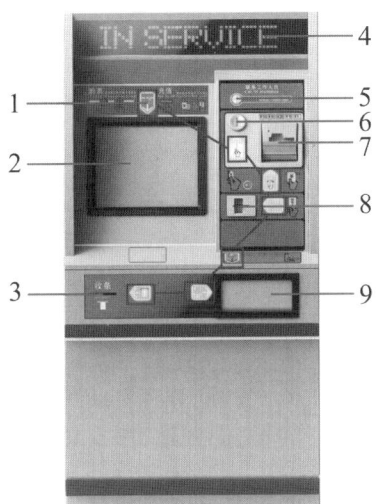

图4-38 自动售票机的
外部结构

图4-39 自动售票机的
内部结构

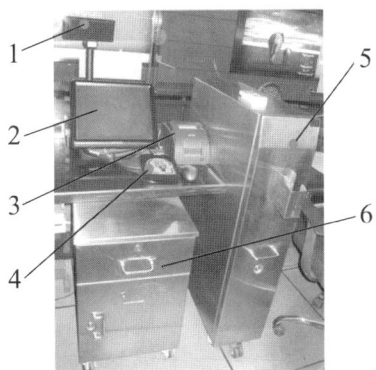

图4-40 半自动售票机的
外部结构

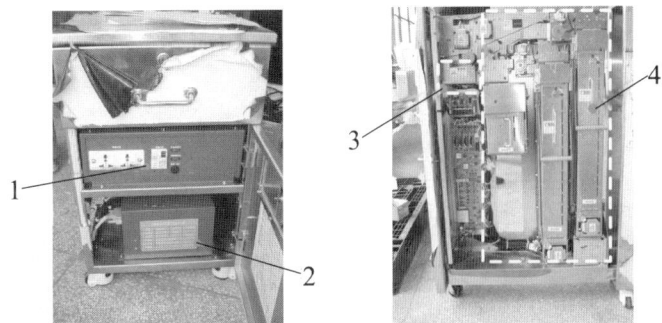

图4-41 半自动售票机的内部结构

项目5

票务管理工作职责与管理程序

教学目标

1. 了解票据及台账的种类,掌握票据及台账管理的基本内容及流程;
2. 掌握自动售检票系统现金日常管理及交接管理的方法、流程和注意事项;
3. 掌握备用金管理的办法,能够正确处理票务工作过程中遇到的假币;
4. 掌握福利票的类型及换发流程;
5. 了解车站票务备品的种类及其使用方法。

建议学时

12 学时

教学导入

票务工作是城市轨道交通客运组织中一项重要的工作,是企业管理工作的重要组成部分。票务工作涉及面广,既有服务方面的,又有管理方面的。企业的经济效益很大一部分来源于票款收入,因此,做好票务工作对于企业的平稳发展意义深远。

票务管理的主要内容有票据与台账管理、自动售检票系统的现金管理、福利票的换发管理及车站各种票务备品的管理。

任务5.1 熟悉票务管理工作职责

一 各线路票务中心工作职责

各条地铁运营线路票务中心的一般工作职责如下:

(1)在票务科的领导下,参与制定各管辖线路自动售检票系统票务工作制度和作业流程,并对贯彻执行情况进行监督和指导。

(2)负责公司级自动售检票系统票务专业知识培训,提高票务工作能力及业务水平。

(3)负责与自动售检票系统清分中心、"一卡通"公司进行车票申领、运送的联系协调工作。

（4）负责所辖线路的公司级自动售检票系统票卡库存管理。

（5）负责所辖线路内运营数据、收益数据的统计分析工作，编制相关财务统计报表，及时报送有关票务数据。

（6）负责所辖线路库存管理系统（TC）设备的监控及操作，掌握各站车票库存情况，及时发起所辖线路内的车票调配。

（7）负责组织所辖线路循环使用车票的按期回收和分批清洗工作。

（8）负责根据车票发行计划，完成对单程票的预赋值或定值纪念票的初始化发行工作。

（9）负责"一票通"的二次发行、分拣封装及个性化车票的制作。

（10）负责建立并保存票务资料和台账，按时、按程序向上级报送。

（11）负责审核并汇总所辖线路内各站区的票卡及硬币申领、配发计划，组织具体实施。

（12）负责审核并汇总各站区的报销凭证需求计划，并根据计划落实各种面值报销凭证的申请、配发及票根回收工作。

（13）负责各类终端设备员工身份标识号码（Identity Document，简称 ID）的集中管理。

二　站区级票务管理职责

线路各个站区的票务管理一般工作职责如下：

（1）参与公司票务管理规章、管理制度及各岗位作业程序的拟订和修订。

（2）负责根据公司票务政策以及各项规章制度制定本单位的实施细则及工作程序，报票务科备案。

（3）负责制订站区票务工作计划并组织实施。

（4）负责本站区票款指标任务的分解与落实。

（5）负责本站区票款收缴作业管理。

（6）负责组织召开站区级票务工作例会及专题会议。

（7）负责站区级票务培训，提高员工票务工作水平及业务水平。

（8）负责组织站区级票务检查，监督指导班组级各项票务检查的执行情况。发现问题应根据规定及时处置、上报，并依据《站区绩效考核管理办法》，对各项票务违章行为进行处置。

（9）负责定期统计分析本站区及班组票务规章制度执行状况和票务稽查状况的各类数据，对重复、连续发生的行为及管理漏洞或薄弱环节，制定防范措施并组织落实。

（10）负责站区票卡、现金的库存管理，及时组织所辖各站的票卡与硬币调配。

（11）负责审核、汇总所辖各站的票卡与硬币需求；每月 21 日（注：各地铁公司时间不一样），以站区为单位向票务中心提交月度票卡、硬币补充需求计划。

（12）负责站区报销凭证、发票、打印纸、专用钥匙等票务专门用品的管理工作。

（13）负责车站工作票的管理工作。

（14）负责站区员工 ID 管理。

（15）配合开展所辖各站的自动售检票系统事故调查。

三　车站级班组票务管理职责

地铁车站级各班组票务管理的一般工作职责如下：

（1）负责各项票务规章及有关规定在本车站的全面贯彻与落实。

（2）负责制订班组票务工作计划并组织实施。

（3）负责制定本站各岗位工作流程及一日工作程序并组织实施。

（4）负责组织召开车站级票务工作例会及专题会议。

（5）负责定期统计分析本班组票务规章制度执行状况和票务稽查状况的各类数据，对重复、连续发生的行为及管理漏洞或薄弱环节，制定防范措施并组织落实。

（6）负责车站终端设备的操作及人员管理。

（7）负责单程票、出站票、福利票、定值纪念票、"一卡通"储值票、自动售检票系统应急纸票的发售及日常管理工作。

（8）负责车站级票卡与硬币的库存管理，及时向站区提交票卡、硬币需求。

（9）负责报销凭证、发票、打印纸、专用钥匙等票务专门用品的领用与保管工作。

（10）负责车站自动售检票系统现金管理，组织每日票款的结算与缴纳。

（11）负责班组员工 ID 管理。

（12）负责保管人工售检票模式下的纸质车票及台账。

任务5.2 掌握车站各岗位票务管理工作职责

一 值班站长票务管理工作职责

值班站长票务管理工作职责如下：

（1）在站区长领导下，负责车站现场指挥工作，检查各项规章制度的执行落实情况，及时发现并纠正岗位违章操作行为。

（2）负责检查车站票卡、AFC 备用金及应急纸票的库存管理情况，组织做好票卡及硬币的接收、调配和发放工作。

（3）负责发售福利票并监督福利票的换发、返还和登记工作。

（4）负责保管、交接储币柜外门钥匙、车站运营及财务报表。

（5）运营开始前，负责检查本站所有设备的启动及运营准备工作，确保车站各类终端设备提前 10min 具备工作条件。

（6）运营过程中，负责监督车站值班员（综控员）进行钱箱更换、现金清点作业，确保现金安全。

（7）遇设备故障时，确认故障情况，指示车站值班员（综控员）及时向有关部门报告。

（8）由于地铁自身原因，无法正常运营时，根据现场情况，指令站务员办理退票，开放安全门。

（9）根据客流情况，指令车站值班员（综控员）改变检票机通道方向；车站出现大客流进、出站等紧急情况时，指示车站值班员（综控员）向 LC 线路管理中心申请降级模式。

（10）根据运营需求指示车站值班员（综控员）通过 SC 设定 TVM 的服务模式，以满足运营要求。

（11）交班时，负责巡查各岗位交接情况，确认设备处于良好使用状态。

（12）运营结束后，负责组织班组人员配合车站值班员（综控员）逐台进行 TVM/AVM 结账作业、取出设备钱箱，集中运送回车站票务管理室。

（13）确认所有 TVM/AVM 结账作业完成后，指挥车站值班员（综控员）通过 SC 关闭车站终端设备，结束本站全天服务。

（14）负责根据车站值班员（综控员）提供的本站当日单程票进、出站量，统计车站单程票的流失与吸入数量，敦促车站值班员（综控员）按照公司车票库存管理规定及时向站区申请车票调配。

车站值班站长岗位典型工作任务导图，如图 5-1 所示。

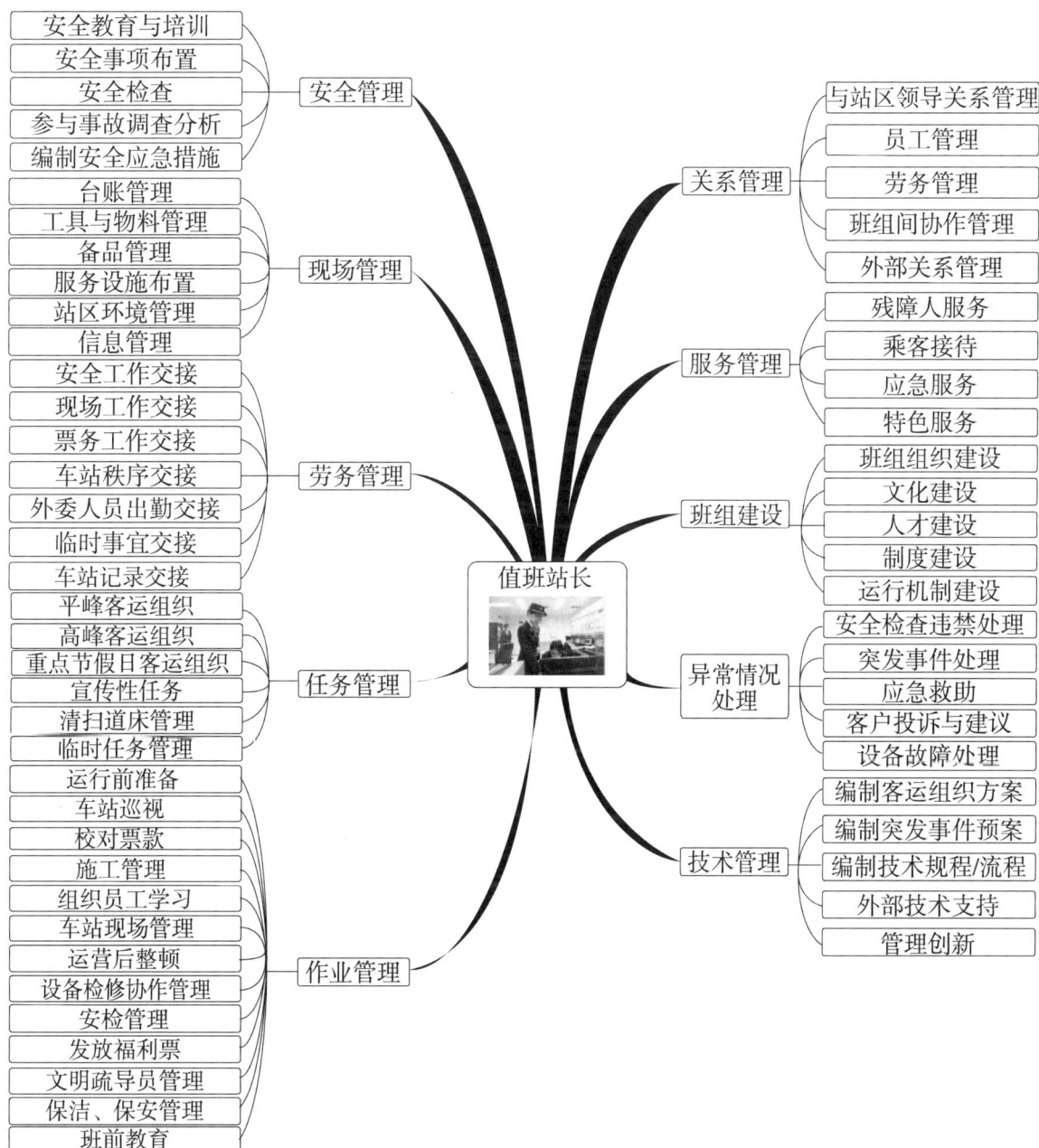

图 5-1　车站值班站长岗位典型工作任务导图

二 车站值班员(综控员)票务管理工作职责

车站值班员(综控员)票务管理工作职责如下,相关资源见二维码11。

(1)负责接收、执行 LC 线路管理中心的指令,及时准确传达信息。

二维码11

车站值班员(综控员)
票务管理工作

(2)负责监视本站设备的工作状态,SC 提示"钱箱将空""票箱将空"时,通知站务员到现场进行更换。

(3)负责按照值班站长的指令,更改双向自动检票机的通道方向、设定自动售票机具的服务模式,满足运营需要。

(4)依据值班站长的指令,负责向 LC 线路管理中心申请降级模式,并将变更结果报告值班站长、站区领导及客运营销科。

(5)每日运营开始前,负责车站终端设备的远程开启工作,通过监控界面确认所有终端设备网络连接正常,将设备状态报告值班站长。

(6)遇设备故障时,确认故障类型、故障时间,负责通知维修部门、值班站长及客运公司有关科室并负责设备检修作业登记。

注:北京地铁将"车站值班员"称为"自动化综合控制员"简称"综控员",其工作职责与车站值班员类似。

(7)本站发生火灾、爆炸、地震等重大灾难性事故时,应根据"突发情况处置方案"将本站自动售检票系统的运营模式变更为"紧急放行模式",及时报告值班站长、站区领导、LC 线路管理中心、行车调度员及运营企业相关部门。

(8)交接班时,在值班站长的指挥下确认售/补票岗已交接完毕,打印相关报表并上交值班站长。

(9)每日运营结束后,负责收集本站当日单程票进、出站数量并报票款及末班车后返还的剩余福利票。

(10)末班车后负责确认所有 TVM/AVM 结账作业完成,然后在值班站长的指挥下通过 SC 关闭车站终端设备,结束本站全天服务,将打印的相关报表上交值班站长。

(11)妥善保管备用车站工作票、备用特殊通道钥匙,确保车站中心计算机设备整洁。

(12)负责自动售检票系统通信中断时的及时报告。

(13)车站值班员(综控员)不在室内时,其全部职责由当班车站值班员(综控员)负责。

车站值班员(综控员)岗位典型工作任务导图,如图5-2所示。

三 车站 AFC 综合作业员票务管理工作职责*

车站 AFC 综合作业员主要负责车站自动售检票系统相关各项管理作业、操作任务等,是车站票务管理中重要的岗位之一。

车站 AFC 综合作业员票务管理工作职责如下:

(1)负责每日首班车前10min,完成全站所有 TVM/AVM 的运营准备工作。

(2)负责车站现金的管理与交接,按照规定合理使用并确保现金安全。

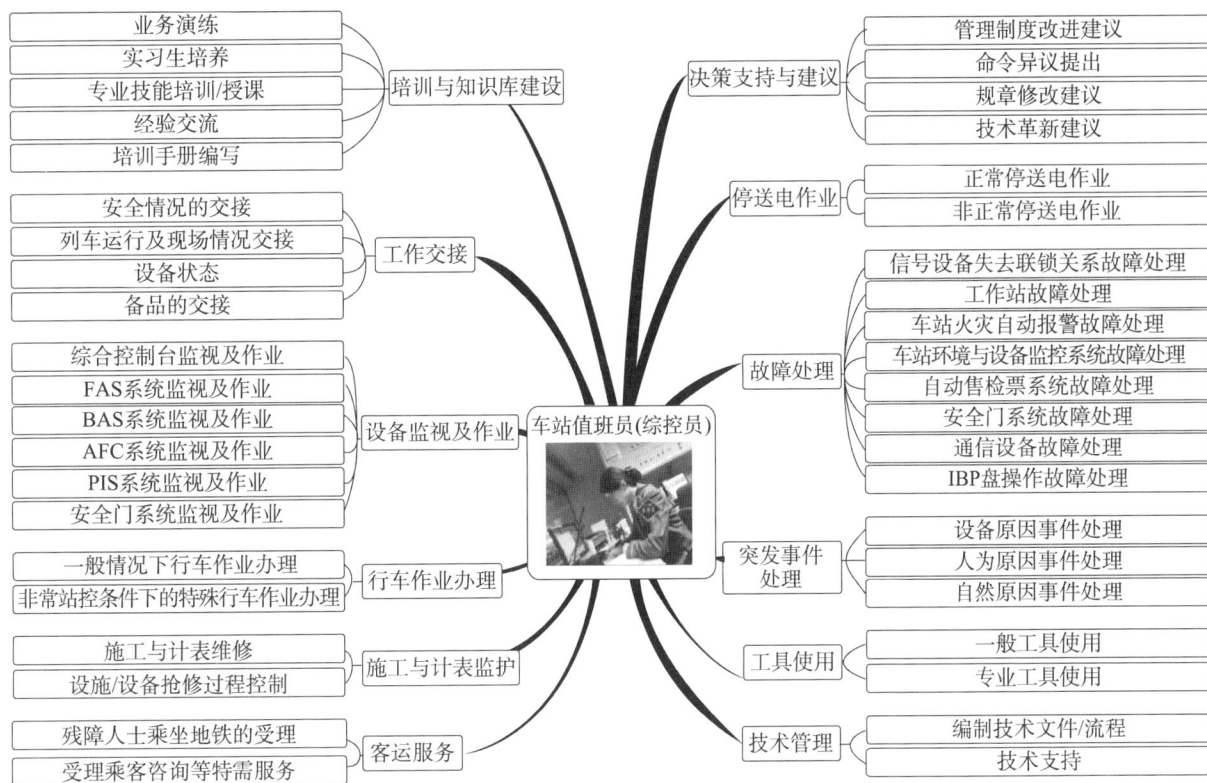

图5-2　车站值班员(综控员)岗位典型工作任务导图

（3）负责车站票卡的库存管理，及时在车站票卡库存管理系统上进行票卡申请、调配操作，确保账物相符并且能够满足运营需求。

（4）负责车站"一卡通"白卡的领用、下发及库存管理，并如实登记相关台账。

（5）负责车站应急纸票的管理，保证突发情况应急预案的落实。

（6）负责储币柜内门钥匙的保管、交接。

（7）负责清点、接收下岗或交班的BOM操作员上交的全部售票款及末班车后返还的剩余福利票。

（8）负责车站单程票报销凭证、发票、打印纸、专用钥匙等票务专门用品的领用、保管及发放工作。

（9）负责根据设备提示或车站值班员(综控员)的通知及时进行TVM钱箱、票箱更换。

（10）负责钱箱内现金的清点及登记。

（11）负责运营过程中TVM/AVM打印纸的更换。

（12）负责TVM乘客招援服务，高峰时段在现场负责引导乘客使用自助设备。

（13）负责全程监督TVM/AVM的故障维修，防止车票或现金流失。

（14）负责核查车站各类票、卡库存，及时提交盈余报告或调拨申请，保证运营需要。

（15）负责站区票务员到站收款时的监督、护送工作。

（16）负责每日末班车后，对车站所有AFC系统的现金进行彻底清点，核算硬币流失数量及本站当日运行收入，封存并打包本站全天票款收入。

（17）负责根据车站现金盘点结果，定期提交硬币补充需求。

（18）负责"车站值班员(综控员)交接台账"的登记、保管与交接确认。

（19）负责废票的收集、保管及上交。

四 车站站务员工作职责

车站站务员在票务管理工作中分为车站票务员岗位、车站监票员岗位和车站补票员岗位三个岗位。

车站票务员工作职责如下（相关资源见二维码12）：

（1）每日运营前，负责售票BOM的开启工作及打印卷纸的检查、更换。

（2）负责协助车站值班员（综控员）完成TVM/AVM的运营前准备。

（3）负责办理单程票的发售和"一卡通"卡的发售（充值）等，做到每笔业务票、款、账数据相符。

（4）负责根据ACC业务规则、地铁有关规定和车票使用办法，为乘客办理车票更新、退票等业务。

二维码12

站务员票务管理工作

（5）负责按章换发福利票，并按福利票管理制度做好相关登记、核对及返还工作。

（6）负责落实报销凭证和发票管理制度，为购票、充值乘客提供相应服务。

（7）负责TVM故障时，凭设备故障单为乘客补足车票或现金。

（8）负责BOM打印纸及票卡箱的更换。

（9）负责本岗位的现金安全，准确及时上交售票款，长款上缴、短款自负。

（10）交接班时，负责交接设备运行情况，力度交接票卡、剩余福利票、发票及备用金。

（11）运营结束后，负责关闭售票设备，确认设备正常关闭后，向值班站长汇报。

站务员岗位典型工作任务如图5-3所示。

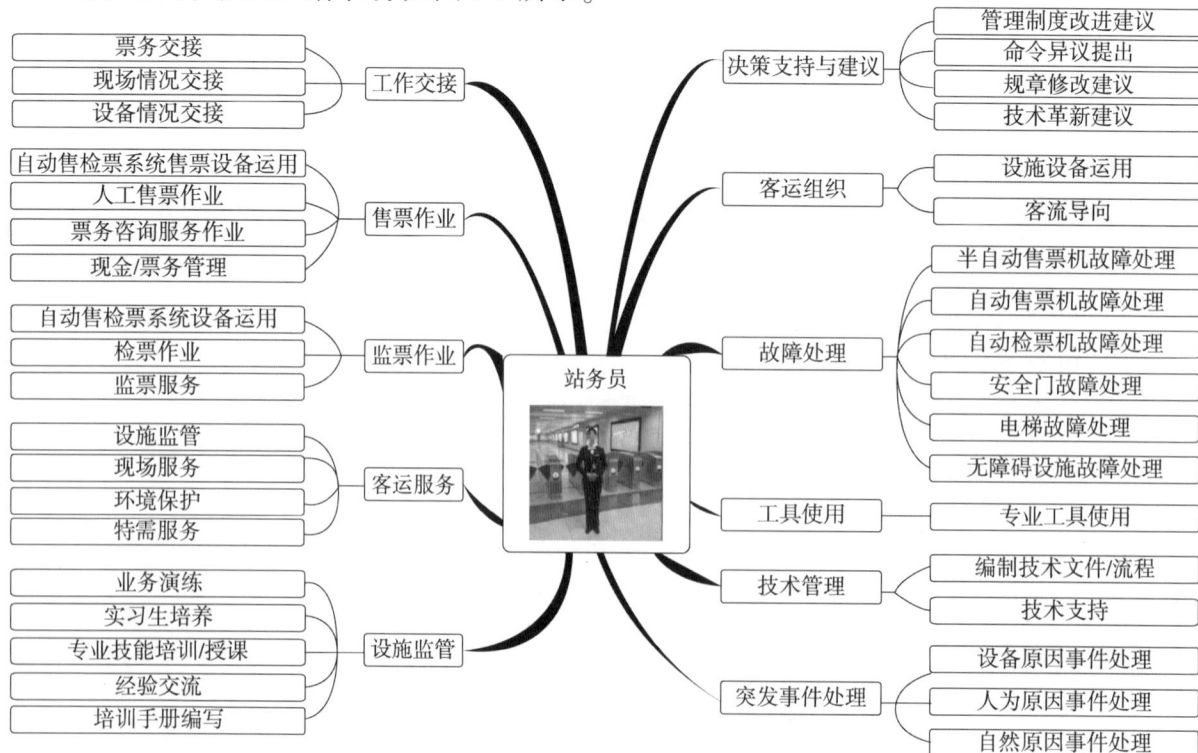

图 5-3　站务员岗位典型工作任务导图

五　车站监票员工作职责

车站监票员工作职责如下：

（1）负责每日运营前所有自动检票机开启情况的检查，协助车站值班员（综控员）完成TVM/AVM的运营前准备。

（2）负责引导乘客正确使用车票，迅速通过检票通道。

（3）负责疏导自动检票机客流，引导不能正常进出站的乘客前往车站客服中心处理。

（4）负责及时更换自动检票机票箱、清理废票箱中的车票。

（5）负责将清理出的废票交由车站值班员（综控员）单独保管。

（6）负责对出站自动检票机群的重点监管，保证企业运营收入。

（7）负责掌握自动检票机的运行状态，发现异常及时处理或报修，并做好登记。

六　车站补票员工作职责

车站补票员工作职责如下：

（1）每日运营前，负责半自动售票机的开启工作及打印卷纸的检查、更换。

（2）负责依据车票使用办法，妥善处置乘客违规使用车票的情况。

（3）负责根据ACC业务规则、地铁有关规定和车票使用办法，为乘客办理车票更新、补票等业务。

（4）负责本岗位的现金安全，准确及时上交补票款，长款上缴、短款自负。

（5）运营结束后，负责关闭补票设备，确认设备正常关闭后，向值班站长汇报。

任务5.3　车站票据与台账管理

一　票据管理

城市轨道交通线路中使用的"一票通"报销凭证由公司自行印制，"一卡通"发票由"一卡通"公司提供。报销凭证和发票的保管，应由专人负责，妥善保管，不得丢失。各站应视报销凭证和发票的库存情况，于每月定期向站区票务管理室申报次月需求和上交计划。申报数量应保证车站一个半月的用量，并确保发票存根全部上交。

车站在接收配发的报销凭证和发票时，须认真核对凭证种类、数量，确认无误后，方可在"票卡、报销凭证及发票调配单"上签字；接收报销凭证和发票的同时，填写"票卡、报销凭证及发票调配单"，将发票存根交回；领取报销凭证和发票后，及时在"车站票据及管理卡库存管理台账"上填写相关记录。

对于报销凭证和发票的管理,各岗位人员应对交接、库存变化和开具情况进行登记。车站下发报销凭证和发票时,应及时在"车站票据及管理卡库存管理台账"上填写相关记录,由值班站长或车站督导员签字确认;车站应根据乘客购买车票面值或 IC 卡的售卡、充值水单开具报销凭证或发票,同时收回水单,不得虚开凭证。车站上交发票存根时,应按面值分箱封装,并在相应的管理台账上及时记录。

站区票务管理室与车站间报销凭证、发票的配发、接收及上交管理流程如图 5-4 所示。车站间报销凭证及发票调配管理流程如图 5-5 所示。

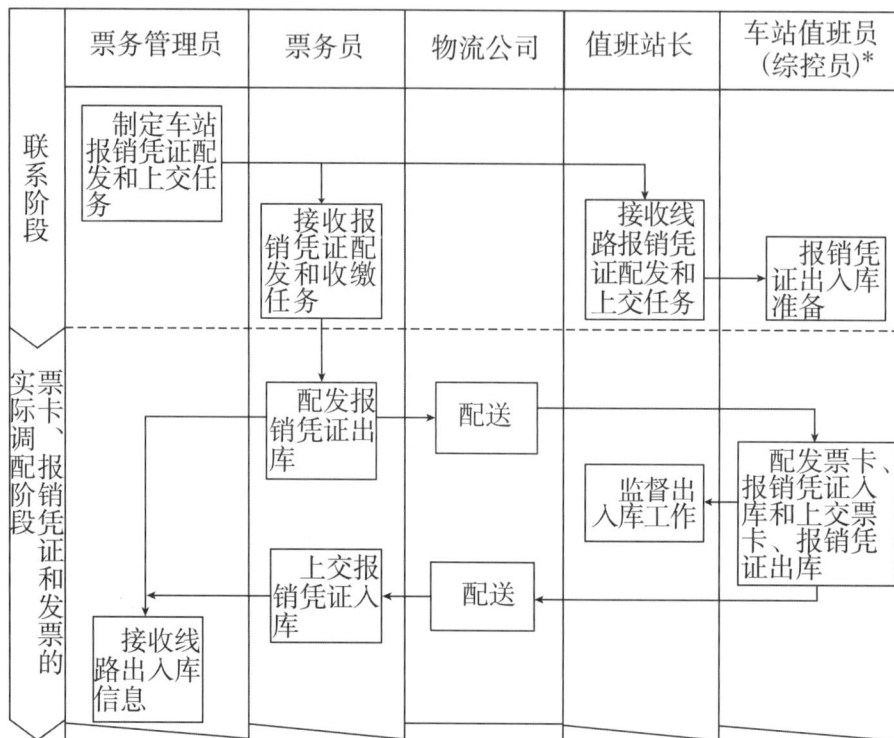

图 5-4　站区票务管理室与车站间报销凭证、发票的配发、接收及上交管理流程

城市轨道交通运营企业所使用的票据有定额发票和手写发票两种,因定额发票方便、快捷,故使用最为频繁。

1. 定额发票

定额发票的发放、管理主要由车站站长及票款员负责,由票务人员申领。一般来说,票务人员领用定额发票须凭原发票存根与之调换,并做好登记等管理工作。在交易时,"一卡通定额发票"由票务员按交易金额主动提供给乘客。购票时,站务员应按票面金额主动提供"车票报销凭证"给乘客;出站时,如乘客需"车票报销凭证",站务员可按其乘坐的距离,给予其相应票价的单程票发票。若乘客事后索取"一卡通"发票,站务员原则上不应给予,并告知乘客可在各地铁站充值(购卡)时主动索取。

　·图表中票务管理员为站区级票务管理员,票务员为站区级票务员;北京地铁车站综合控制员(简称综控员)分为:行车综控岗,客运综控岗和 AFC 综合作业员。一般其他城市称综合控制员为车站值班员(行车值班员和客运值班员)。

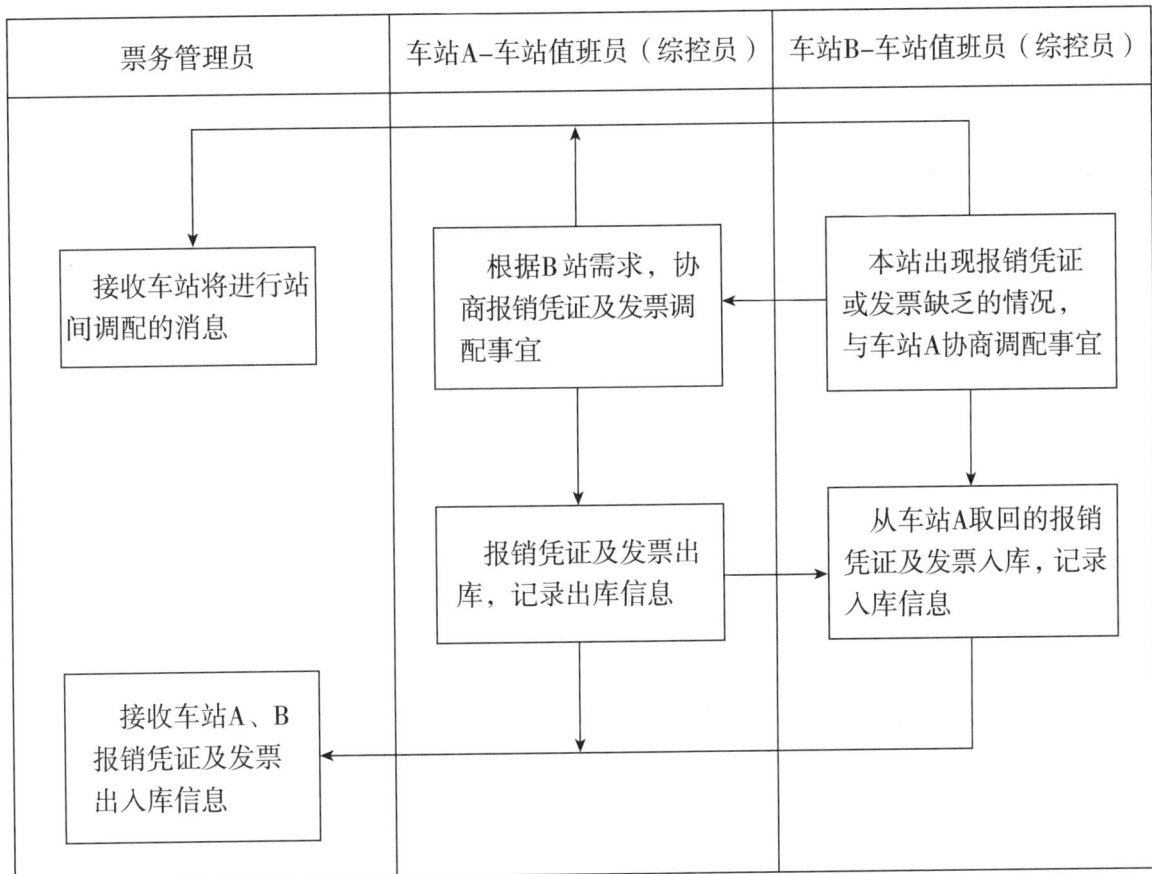

图 5-5　车站间报销凭证及发票调配管理流程

一般城市轨道交通运营企业使用的定额发票及车票报销凭证见表 5-1。

定额发票及车票报销凭证　　　　　　　　　　　　表 5-1

发票类别	面　值
"一卡通"充值定额发票	10 元、50 元、100 元、200 元、500 元
车票报销凭证	1 元、2 元、3 元、4 元、5 元、6 元、7 元、8 元、9 元

"一卡通"储值票充值定额发票的一般管理规定：

(1)储值票发售与充值使用的发票为普通 IC 卡充值发票,由"·卡通"公司提供。

(2)发票应由专人负责妥善保管,不得丢失。

(3)站区票务员负责站区发票的换领工作。

(4)换领发票应按下列规定办理：

①站区票务员凭发票存根进行换领；

②换领发票时,应认真核对发票种类、数量,确认无误后,双方签字确认；

③换领发票后,票务员应及时在站区"发票领用交接台账"上登记；

④站区票务员对于收回的发票存根,应填写"发票回收单",并以 300 本为一箱,按面值分箱进行封装、送交。

(5)发票的交接、库存及使用管理,按下列要求办理：

①车站领用发票时,由车站值班员(综控员)填写车站"发票领用交接台账",站区票务员填写站区"发票领用交接台账",核对无误后,双方签字确认;

②车站发票下发时,车站值班员(综控员)填写车站"发票领用交接台账",票务员填写"发票交接登记簿",核对无误后,双方在车站"发票领用交接台账"上签字确认;

③发票使用时,票务员应根据发票的开具情况填写"发票交接登记";

④交接班时,车站值班员(综控员)和票务员均应进行发票的交接,填写相应台账。

(6)票务员应根据 IC 卡充值金额如实开具发票,不得虚开发票。在交给乘客发票的同时,应在机打水单上注明"已开发票"。

(7)车站值班员(综控员)应按下列规定办理车站发票换领及存根回收工作:

①整本发票使用完毕后,票务员应将发票存根上交车站值班员(综控员),车站值班员(综控员)负责更换新的发票,双方核对无误后在"发票交接登记簿"上签字确认;

②车站值班员(综控员)将发票存根上交站区票务员,站区票务员负责为其更换新的发票,双方核对无误后在车站"发票领用交接台账"上签字确认。

单程票报销凭证的一般管理规定如下:

(1)单程票报销凭证由各站区票务员负责领用、发放。

(2)单程票报销凭证的领用、发放应填记"报销凭证 IC 卡领发登记台账"。

(3)各站区的单程票报销凭证库存由站区票务员负责管理,各车站的单程票报销凭证库存由车站值班员(综控员)负责管理。

(4)运营时间内,各站的客服中心应放置单程票报销凭证,以方便乘客索取。

(5)由售、补票员负责为购票后有报销需求的乘客发放单程票报销凭证。

(6)岗位上的单程票报销凭证由售、补票岗负责对口交接。

2. 手写发票

手写发票由车站站长负责管理,领用手写发票须凭原发票存根联到客运主管部门调换,并做好交接工作。开票人员需要按照手写发票的具体填写要求正确、真实、如数填写,做到填写内容完整,大小写金额一致。手写发票如需作废,应在四联一起写上"作废"字样,不可撕下丢弃(已撕下发票也应重新贴上)。车站对用完的发票应保证整本发票联号,不得缺号、缺张。发票作为票卡报销凭证,不得开具与票卡销售无关的报销内容。由于手写发票使用不便,城市轨道交通运营企业较少使用手写发票。

三 台账管理

城市轨道交通运营企业的票务工作纷繁复杂,每天都需要整理当天的票务工作,填写相应的台账报表。票务报表是记录车站现金交接、收益汇总、车票交接、发售、站存的原始台账,也是作为结算部门对站务员进行收益结算的原始依据,在车站票务工作中起着非常重要的作用。

1. 报表的种类

由票务员或值班站长填写的相关报表主要有"票务员日营收结算单""钱箱清点报告(自动售票机日营收结算单)""车站营收日报表""自动检票机回收记录单""单程票(应急票)储耗日报表""票卡收发柜存账""编码室票卡、物品收发台账""票务员票款、卡差异明细""乘客事务处理单"。以下简要介绍几种。

（1）票务员日营收结算单。

"票务员日营收结算单"是票务员在结算过程中最常用的报表。当值班员给票务员配发车票、票据、备用金或追加车票、备用金,值班员预收款或与站务员结账时,需要填写票务员结算单,以便记录票务员售票的现金变动情况,从而核算票务员实际票款收入。票务员结算单主要包括票务员和值班员班次、自动售票机设备号、配备备用金金额以及各类车票配出张数、回收张数、发售张数、实收金额等内容。车票发售张数根据配出张数与回收张数的差额计算填写,实收金额根据票务员回票务管理室后清点所有的现金所得金额减去所配备的备用金金额后填写,作为站务员实际收益结算的依据。售票过程中出现的一些异常现象可在备注栏说明。表5-2为某地铁票务员日营收结算单。

（2）钱箱清点报告。

"钱箱清点报告"由车站值班员（综控员）在每次更换完TVM钱箱进行钱箱清点时填写,用于记录TVM钱箱收益,每天所有TVM钱箱实点金额扣除车站补币金额就是车站当日TVM票款收益。值班员需要填写的主要内容有自动售票机编号、钱箱号码、机器金额、实点金额、差额、清点人员等。钱箱清点报告见表5-3。

（3）车站营收日报表。

"车站营收日报表"由每班值班员根据钱箱清点报告、票务员结算单、TVM打印的补币单等记录填写,用于体现车站每日的运营收入情况。值班员需逐项填写钱箱票款、钱箱差额、补币金额、BOM票款、乘客事务差额等来计算TVM收入和票务员收入,形成车站营收总金额,并记录票款解行情况。

（4）乘客事务处理单。

"乘客事务处理单"一般用于TVM少找零、卡币、卡票、发售无效票等特殊情况,需在半自动售票机上进行相关乘客事务处理时填写,用于记录票务员进行的有关乘客事务的处理情况,与票务员结算单一起构成票务员收益结算的依据。"乘客事务处理单"包括票务员班次、具体事件详情、处理结果、涉及金额等内容,分为现金事务栏和非现金事务栏。现金事务栏主要是发生TVM少找零、卡币、卡票、发售无效票等乘客事务时,票务员需在BOM上进行涉及现金的操作,如不收取乘客现金,但在BOM上为乘客发一定面额的车票或退还一定金额的现金时填写;非现金事务栏则主要是在进行不涉及现金的操作时填写。

2.现金结算报表的使用流程

票务工作中,现金结算报表的使用流程如图5-6所示。

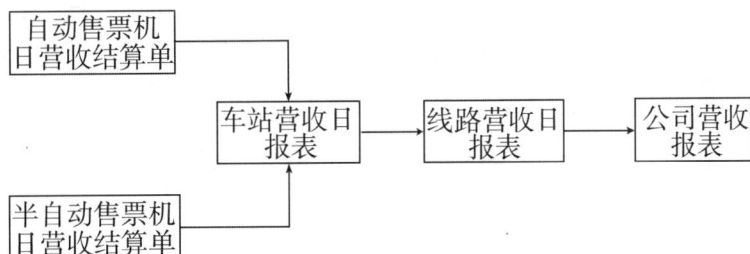

图5-6　现金结算报表的使用流程

票务员日营收结算单

表 5-2

No:

年　月　日

A站

时间	从 12:00 至 22:00	配备备用金金额（元）	中途可追加
BOM 编号		值班员签名	

项目／票种	配出张数	回收张数	出售 张数	出售 遗失	押金（元）	金额（元）	配出与回收差	项目／票种	配出张数	回收张数	出售 张数	出售 金额（元）
IC卡 储值票 — 普通储值票								单程票 — 普通单程票				
学生储值票								单程福利票				
老年人储值票												
储值福利票												
小计金额（元）								小计金额（元）				

实收总额	小计金额（元）（根据站务员回票务管理室后清点所有所有的现金所得额减去所配备的备用金金额填写）
备注	（售票过程中出现的一些异常情况可在此进行备注说明）
票务员	值班员
票务员员工号	值班员员工号

（第一联——票务分部　第二联——车站）

钱箱清点报告

表 5-3

No:

年　　月　　日

单位:元

A 站

自动售票机号码	清点硬币				自动售票机号码	清点硬币			
	钱箱号码	机器金额	实点金额	差额(+/-)		钱箱号码	机器金额	实点金额	差额(+/-)
合计					合计				
钱箱总数					钱箱总数				

清点时间　　　　员工号

签章

清点人员

值班员

清点人员

备注:
(清点钱箱过程中发现假币等异常情况时,可在此处进行备注说明)

(第一联——票务分部　第二联——车站)

3. 报表的填写及保管

车站在报表的填写、保管等方面都需严格执行相关收益安全管理规定,避免因报表填写不规范和保管不当而对票务收益安全造成影响。车站的报表有车票管理和现金管理两类。目前,城市轨道交通运营企业通常使用的报表包括"票务员日营收结算单""乘客事务处理单""钱箱清点报告""车站营收日报表""车站售票""存票日报""车票上交单""现金缴款单"等。其中,"票务员日营收结算单""乘客事务处理单"主要由票务员填写,"钱箱清点报告""车站营收日报表""车站售票""存票日报""车票上交单""现金缴款单"由车站值班员(综控员)填写。

报表的填写必须真实、准确、完整、及时,即报表的填写必须如实反映票务情况,不得捏造事实、弄虚作假,必须按报表所列事项填写,确保所填数据真实可靠,并且必须在规定期限内填制完毕,按规定时间上交结算部门,不得无故拖延。报表必须用蓝色或黑色笔填写,字迹清晰、工整,不得潦草。

因票务报表是作为车站现金交接、收益汇总、车票交接、发售与站存的原始台账及站务员收益计算的原始依据,一经相关当事人填写完毕,原则上不得更改。当报表填写发生错误且确需更改时,应通知相关当事人确认,按规定当面进行更改。必须用画线更正法进行更改,即在报表中错误的文字或数字上画一红线,以示注销,然后在该处盖上更改人员名字修正章或者签字以示负责;不得刮擦、挖补、涂抹或用化学药水更改字迹。

报表需在一定期限内留存,以备结算部门、审计部门提取相关数据。车站应定期按报表分类,整理并装订报表,检查报表是否完整;并设立专门的报表保管室对报表进行统一保管,确保报表的安全,不同的企业对具体的保管期限有不同的要求,一般是按照统计范畴的规定执行,保管期限满后,由所属部门统一注销、销毁,严禁私自将报表注销、销毁,以防泄露商业机密。

任务5.4　车站自动售检票系统现金管理

城市轨道交通车站现金来源主要有两类,即备用金和票款。备用金是指由上级部门配发给车站,专用于给乘客兑零、找零、自动售票机补币、与银行兑零等的周转资金。票款是指车站通过自动售票机、半自动售票机或临时客服中心人工向乘客发售车票及办理票卡充值、更新等售、补票业务过程中收取的现金。由车站具体负责对备用金及票款进行安全管理。

一　自动售检票系统现金日常管理

1. 现金的管理流程

备用金配发到车站后,主要供车站流通使用。自动售票机及客服中心的票款经车站清点后,应及时存入企业在银行的专用账户。现金的管理流程如图5-7所示。

2. 现金的安全管理

车站备用金及票款收入作为城市轨道交通运营企业现金收益的重要部分,其安全管理直接影响到企业收益安全。以保证现金安全为目的,原则上车站现金只能存放于专门的安全管理区域,主要包括票务管理室、客服中心、临时客服中心和自动售票机。

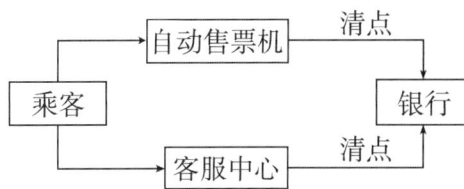

图 5-7　现金的管理流程

票务管理室、客服中心应设有防盗门,并随时保持锁闭状态,门钥匙由专人保管及使用。室内应配置监视设备,能对所有现金操作环节进行实时监视和录像,并留存一定时间段的录像供回放查看。除车站当班票务工作人员及其他指定票务工作人员外,其他人员不得随意进入票务管理室、客服中心,确需进入时,必须得到当班值班站长或以上级别人员的许可,并由当班值班员陪同方可进入。车站须设立台账,记录批准人员和进入人员姓名、进入原因、进入时间以及离开时间等,当班值班员离开票务管理室或站务员离开客服中心时,票务管理室、客服中心内所有人员必须随同离开,不得逗留。除现金交接、钱箱清点之外,其他时间票务管理室内的所有现金只能保管在保险柜、补币箱、待清点钱箱或已锁闭的尾箱内,站务员在处理现金时,应将现金放在乘客接触不到的地方,存放于临时客服中心的现金应做好防盗工作。日常运送现金时,必须将现金放入锁闭的钱箱、票盒或上锁的手推车中,并由两名车站站务员负责运送,以确保运送途中的安全。同时,车站应每月定期对车站备用金的库存情况进行盘点,做到账实相符。

工作人员在对自动售票机等设备进行换票、取币后,相关登录系统的密码应处于退出状态,相关设备门保持关闭并锁闭,票务人员在对自动售票机等设备进行取币操作时,需要携带对讲机,遇到异常情况时,应及时汇报。

3. 票款的收缴及核对

车站所有的票款结算、封包及票款交接工作都必须在编码室监视器下进行。工作人员在结账时要做到正确填写各类报表、解款单、计数单、封口条等。填写过程中要做到字迹清楚、结算准确,不得使用修正液等涂改,必须用画线更正法修改。

票款汇总后进行整理、封扎。封包必须用统一的封包纸袋和布袋按规定封包。每一笔解款单对应一只封包布袋,布袋口必须用绳子双结扎紧,绳结处加贴封口条,封口条加盖2名经办人骑缝章。封口条必须填写日期、站名、金额,金额必须与计数单和解款单金额一致。车站要按规定执行预缴款及封包交接制度,进款要做到收缴正确、账款相符、交接清楚、手续完整。票款的解缴,由银行到各站收取,车站须指定专人做好与银行的基础交接工作,确保现金安全。

票款收缴及核对管理流程如图 5-8 所示。

4. 票款结算

票务员下班后将当天的车票出售、补票收入、公共交通卡售卡、充值等票款情况填写在"票务员票款结算单"上,凭"票务员票款结算单"结交当日票款。车站站长及票款员根据各票务员结账情况和"TVM 日营收结算单"填写"车站营收日报表"。

车站	车站票务管理室	IT部门	财务部	银行
运营结束后,车站清点票款,留出本站备用金				
次日白天,车站工作人员到站区指定地点上交前一日票款				
与银行解行人员交接票款				收取车站上交的票款
	接收车站提交的票款收缴单据,并与系统数据核对		接收车站提交的票款收缴单据	
协助核查数据不一致原因,并反馈结果	如不一致,对原因进行核查	协助核查数据不一致原因,并反馈结果	接收银行提供的对账单	
			接收票务管理室提交的票款实交数与系统数量不一致的原因	

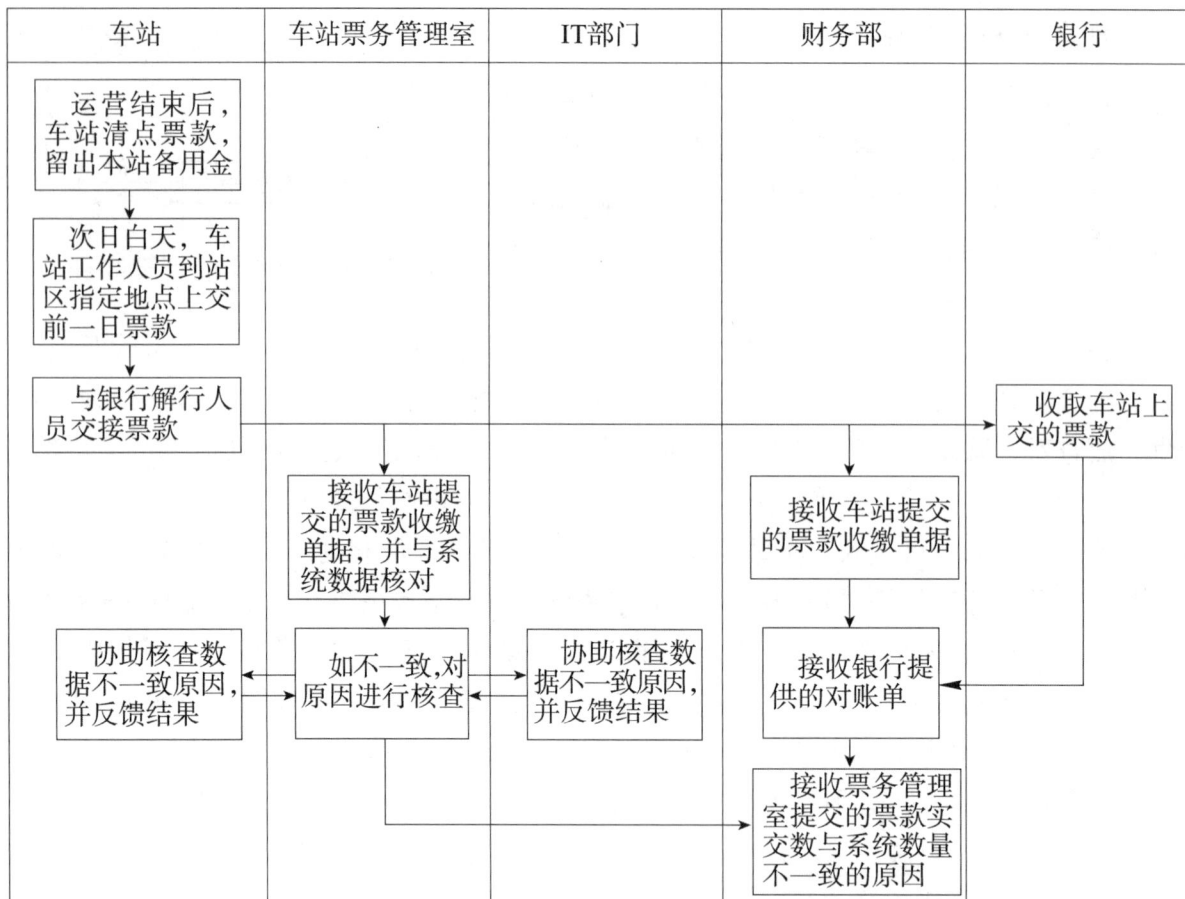

图 5-8 票款收缴及核对管理流程

车站站长、票款员结账后须将当班现金清点准确,并填写解款单(解款单金额与现金必须一致),然后封包,银行每日下午收取当日早班与上日中班票款(注:按照当地城市银行收取票款的不同规定,有些城市是银行当日收取前一日打包并封存的票款)。当班值班员除按现金安全管理相关规定做好对客服中心、票务管理室现金的监控和管理工作外,还负责对自动售票机补币和清点钱箱,负责对票务员配票、结账,计算车站每日运营票款收益,并将票款存入银行专用账户及与银行沟通兑换零钱等工作。

在采用自动售检票系统的城市轨道交通运营企业,车站票款收益主要来源于两个方面:一是由自动售票机出售车票以及对储值票充值所得的收益,二是由票务员在客服中心操作半自动售票机发售、处理车票所得的收益。值班员需在每天运营结束后,将所有自动售票机票款收益和票务员票款收益进行清点规整,计算每日运营总收入,并将其存入企业在银行的专用账户。

(1)自动售票机收益结算管理。

每天运营开始前,车站值班员(综控员)需将一定金额的硬币补充到自动售票机储币箱内,用于乘客购票时提供找零,乘客投入的购票纸币或硬币则通过相应的处理模块存入自动售票机的纸币钱箱和硬币钱箱。每天运营结束后,值班员需对车站所有自动售票机进行结账操作,更换自动售票机内纸币、硬币钱箱,并回收到票务管理室进行清点。

清点所有钱箱票款金额,并扣除值班员为自动售票机补充找零硬币的金额,即为当日自动售票机票款收益。为保证自动售票机票款收益统计的准确性,车站对于补入自动售票机的找零硬币的清点及钱箱票款的清点必须按规范要求进行,以确保准确无误。一般情况下,补币硬币的清点及钱箱的清点工作应由双人在票务管理室监视仪监视状态下共同完成。值班员在清点用于补币的硬币时,每台自动售票机的补币清点数量必须在票务管理室监视系统下进行读数并加封。用于补币的硬币清点完至补币前,应存放在票务管理室监视区域,进行补充硬币操作时必须双人负责。一人操作、一人监控,补充硬币后须做好相应台账记录。清点钱箱时,相应的钱箱、钱袋和点币机必须放在安全区域。整个清点过程中,任何人不得遮挡监视仪,若监视系统发生故障,造成车站无法按程序清点钱箱,应由一名车站值班站长或以上职务人员和车站值班员(综控员)一起清点钱箱,必须逐一清点,每个硬币钱箱的清点数量必须在票务管理室监视系统下进行读数,并将实点数及时记入"钱箱清点报告"对应的实点金额栏,每清点完一个钱箱,应确保钱箱已倒空并无现金遗留在钱箱内。清点钱箱过程中,非紧急情况不得离开票务管理室。

（2）客服中心收益结算管理。

值班员对票务员票款收益的管理主要通过给票务员配票和结账来实现。配票指值班员为票务员配备各种车票、备用金的过程。值班员需在票务员到岗前配置一定数量的车票、备用金,填写票务员结算单,并签名确认,放置到专用售票盒内,待票务员到票务管理室后,监控票务员进行清点,确认所配的各类车票、现金数量与票务员结算单上记录的开窗张数、备用金数量一致后,监督票务员在票务员结算单上签收确认。

结账是指值班员在票务员售票结束后,在票务管理室监视系统下对票务员在客服中心售检票工作中实际收取乘客的现金票款、回收的车票进行清点并记录在相关报表、台账中的过程。报表中记录的实收票款金额将作为结算票务员实收金额与应收金额,确定票务员有无长短款的唯一依据。因此,值班员在与票务员结账时,必须按照相关规定完成,确保报表记录的实收票款金额能如实反映票务员当班期间实际票款收入。

值班员结账的具体程序为:票务员售票结束后,应立即携带本班所有现金、车票回票务管理室,离开客服中心前,应全面检查客服中心有无遗留车票、现金。在运送本班所有现金、车票从客服中心回票务管理室的过程中,须将车票、现金放在上锁的售票盒中,确保运送途中无遗失。结账过程须在票务管理室监视区域进行,首先,由票务员清点所有现金,确认总金额后,由值班员进行清点,达到双人清点、共同确认的目的。双人确认实收总金额后,在监视区域填写票务员结算单的实收总金额栏,因实收总金额栏记录直接影响票务员结算,所以原则上不得更改,当发生填写错误或其他原因需更改实收总金额栏时,当事票务员、值班员需报当班值班站长,由当班值班站长调查核实后才能更改,并由值班站长、值班员、票务员三方共同盖章确认。然后,值班员与票务员共同清点确认回收的各类车票数量,并填写到票务员结算单关窗张数栏。最后,由票务员完成其他辅助类报表的填写,并交值班员。值班员应检查票务员当班的所有报表是否全部交回且填写正确、完整,完成结账程序。

值班员每天需根据钱箱清点报告、票务员结算单等计算当日自动售票机票款收益及票务员客服中心票款收益,填写"车站营收日报表",记录车站每日的运营收入情况,并按"车站营收日报表"的数据将所有票款存入企业在银行的专用账户。

二 自动售检票系统现金交接管理

自动售检票系统的现金交接主要有值班员间的现金交接及车站与银行之间的票款交接等。为保证备用金、票款在交接过程中的安全,车站在进行备用金、票款交接时,应建立交接凭证和统计台账,交接人员依据交接凭证办理交接手续并做好书面交接记录;交接时若发现实点金额与交接凭证有误,交接双方需及时核查更正。对于不能及时查明原因的,应按实点金额进行签收,车站在交接记录本上记录相关情况,并将情况立即报告上级组织调查。

值班员交接班本是车站值班员(综控员)之间交接班的记录凭证。交接班前,交班值班员须详细在值班员交接班本上记录反映票务管理室内所有现金、车票、票务钥匙、工具和器具的数量及状态,并在"交班值班员"栏内签名确认;接班值班员应对照值班员交接班本记录的情况,清点、检查票务管理室内所有现金、车票、票务钥匙、工具和器具的数量及状态与记录是否相符,确认相符后,在"接班值班员"栏内签名确认。

为确保半自动售票机能如实反映站务员当班期间涉及的现金、非现金操作,形成站务员本班次的后台结算数据,站务员上岗时应使用本人 ID 和密码登录半自动售票机进行操作,严禁使用他人密码进行操作。为确保站务员结账时清点的实收金额能如实反映当班期间的票款收益,除给乘客办理业务收取的现金外,严禁票务员收取乘客拾获、车站其他员工拾获后上交的现金,应通知当班值班员按规定收取。为避免票务员将自己的现金、车票与售检票工作中涉及的工作现金、车票混淆,影响实际票款收益结算,票务员在当班期间不得携带个人现金和除员工票以外的车票进入客服中心。客服中心票务员间进行换岗交接时,为避免现金、车票、设备交接不清,应由交班的票务员先检查并确认收好所有的现金、车票,放入上锁的票盒,退出半自动售票机后,方可安排接班的票务员携带现金、车票进入客服中心,并登录半自动售票机。站务员结束本班售票工作后,应立即在半自动售票机上签退,确认退出半自动售票机。携带本班所有现金、车票及各类报表回票务管理室。按照结账程序的要求与值班员结账,并归还客服中心门钥匙。站务员在售检票过程中需要严格执行相关的票务规章制度及设备操作规范,根据实际情况如实收取乘客票款,真实反映当班期间的票款收益,不得蓄意侵占公司票款收益或蓄意导致公司票务收益流失。

1. 自动售检票系统现金交接的一般管理规定

(1)车站票务管理室内的现金交接基本要求。

①纸币:在车站票务管理室监控范围内,双方当面清点确认后交接。

②硬币:在车站票务管理室监控范围内,对已加封的硬币,确认加封正确完好后,整捆交接;对零散硬币按实点数交接。

(2)售票/补票处备用金的交接基本要求:

①交接双方必须当面清点,并在车站"备用金/福利票领用台账"上签字确认。

②不按规定进行清点、确认的,出现的一切不良后果均由接班人负责。

(3)车站值班员(综控员)之间的现金交接:

①接班车站值班员(综控员)应在监控范围内与交班车站值班员(综控员)当面清点车

站票务管理室内所有现金、核对封包数量及金额等,确认无误后进行签收,如实填写"车站值班员(综控员)交接台账"。

②交接清点时若发现现金不符,应立即通知当班值班站长到票务管理室确认;接班人员按实际数进行签收。若差额原因无法当场查明,则短款由交班人补足,长款随当天票款解行,同时站区应于24h内上报票务科和安保科等相关部门进行调查处理。

(4)车站值班员(综控员)与BOM操作员之间的交接。

①结账时的票款交接:车站值班员(综控员)与售、补票员在监控范围内当面进行现金清点按实点数填写"____车站日交款明细",双方签字确认后将现金交车站值班员(综控员)保管。

②预收票款的交接:车站值班员(综控员)向票务员收取预收票款时,双方应当面清点和交接所预收的款项后,车站值班员(综控员)在"____车站日交款明细"上进行签收。

③双方交接清点过程中发现的假钞由BOM操作员负责等额补足。

④BOM操作员应按照机打水单所列款项足额交款,长款上交、短款自负。

2. 车站值班员间的现金交接

车站值班员(综控员)间的现金交接主要是指各班值班员在交接班过程中对车站备用金、票款的交接。交接账实是否相符直接反映车站备用金、票款收益安全情况及值班员差额补交情况,因此,值班员交接过程必须严格按照现金交接管理规定执行。交接前,交班值班员应根据相关原始报表记录核算交接时的票款收入金额及备用金金额,并记录在值班员交接班本和"车站营收日报表"上,作为交接凭证;接班值班员应核算值班员交接班本和"车站营收日报表"上记录是否准确,然后实际清点交接的票款、备用金,确保与值班员交接班本和"车站营收日报表"上记录一致,在值班员交接班本上签名确认。

交班过程中,值班员发现实点金额与值班员交接班本和"车站营收日报表"不一致时,若实点金额比报表金额小,则由交班人员补交相应差额,交接双方在交接台账和"车站营收日报表"上做好记录说明;若实点金额比报表金额大,则多出金额作为其他票款,由接班人员计入营收,交接双方在交接台账和"车站营收日报表"上做好记录,并对账实不一致情况立即组织调查。为避免值班员在交接过程中私自带走交接长款,侵占公司票款收益,车站值班员(综控员)交接过程应在票务管理室监视区域进行,且由值班站长在现场监视,对交接中出现的长、短款情况,监视交接的值班站长需在交接台账和"车站营收日报表"上做好记录说明。

3. 车站与银行之间的票款交接

车站与银行之间的票款交接主要指车站将票款收益存入企业在银行的专用账户的过程,通常称为票款解行。解行操作时要求城市轨道交通运营企业根据车站特点及银行的服务时间确定解行时间,以保证车站能将票款尽可能多地存入银行,尽量减少留存在车站过夜的票款,降低车站收益保管风险。车站票款解行流程如图5-9所示。

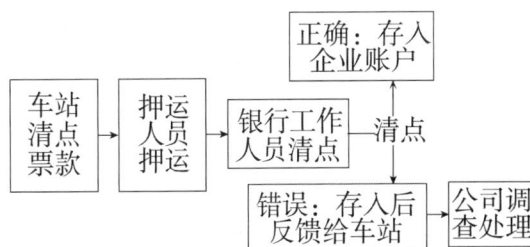

图5-9 车站票款解行流程

各城市轨道交通运营企业的实际情况不同,采用的票款解行方式也不尽相同,目前城市轨道交通运营企业的票款解行方式主要有直接解行和集中站收款两种。相关资源见二维码13。

（1）直接解行。

直接解行是指由车站清点票款,并由车站人员送到银行,银行工作人员与交款人员当面清点票款并当即返还现金送款单的解款方式。这种方式适用于有驻站银行的车站。

票款解行方式

（2）集中站收款。

集中站收款是指由银行或者专门押运公司到车站收取票款,运送到银行,银行工作人员按规定清点票款后于次日返还现金送款单,最终确认送行金额的解款方式。这种方式适用于距离银行较远的车站。此种方式为每日白天运营低峰时段,车站票款清点封包后,由车站交款员及安保人员送至站区交款点,将票款交予银行工作人员。银行须将解行人员资料在安保部备案,由安保部将资料发至各收款点所在车站,以便核对;如有解行人员变动,银行须提前三日将解行人员变动名单在安保部备案,由安保部通知收款点所在车站;银行解行人员抵达收款点后,须到车站综控室由值班站长核对解行人员身份,办理登记手续,领取收款房间钥匙。各车站应于每日8:00前将本日交款人员名单报交款点所在车站,由该站值班站长将名单交收款点保安人员;车站交款人员前往交款点时,须有保安陪同。交款员持证登乘列车驾驶室,在规定时间和地点完成交款;各站交款人员交款时,须与银行解行人员共同核对封包数量、编号以及加封状况,无误后与解行人员办理交接手续;银行解行人员离开时须到车站综控室办理注销手续并交还钥匙。

两种票款解行方式的优缺点见表5-4。

直接解行和集中站收款的优缺点　　　　　　　表5-4

解行方式	直接解行	集中站收款
优点	及时、准确地监控城市轨道交通车站收益票款环节,及时发现解行票款正确与否	具有专门配送机构,提高了运送途中的安全性,减少了城市轨道交通车站解行时间
缺点	票款运送途中的安全性不高,解行时间可能会受其他银行客户影响	银行入账凭证会延迟返还,不能及时发现城市轨道交通车站解行票款的问题,应与银行或专门配送公司签订相关协议,甚至应交付一定费用

三　备用金管理

站区票务管理室负责站区所辖各站客服中心备用金的统计、申领,车站负责客服中心备用金的管理。站区票务管理室将各站首次申请汇总,提交财务部核准,并根据核准金额配发车站。车站客服中心备用金的使用应严格执行财务制度,遵循专款专用的原则。若车站需要对客服中心备用金数额进行调整,须先向站务经理提出申请,批准后转交站区票务管理室汇总,提交财务部核准,并根据核准金额进行调整。

由于各地硬币及零钞的使用及流通情况不同,备用金的获得途径也不同。例如,上海、香港的硬币使用流通情况较好,市民广泛使用硬币,但北京、广州等城市,硬币在市面上流通较少,市民习惯于使用纸币。当前情况下,各城市备用金使用最多的为备用硬币。站区票务管理室负责各车站备用硬币数量的测算和兑换工作的协调,车站负责备用硬币的管理。车站备用硬币应严格执行财务制度,遵循专款专用的原则。车站应在每周规定的时间,以电子邮件或其他规定形式向站区票务管理室提交下周的备用硬币兑换计划。

收益管理员接收到车站上传的"车站备用硬币兑换申请及配发计划单"后,填写"各站备用硬币兑换申请及配发计划汇总表",将车站硬币使用申请通知财务部;如发现申请数量不合理,需与车站协商调整。收益管理员根据财务部确定的硬币实配数量,完成"车站备用硬币兑换申请及配发计划单"的填写,于每周规定时间前以电子邮件或其他规定形式通知车站。"车站备用硬币兑换申请及配发计划单"左半部分由申请车站负责填写,右半部分由站区票务管理室负责填写。在车站硬币兑换计划确定后,站区票务管理室将本表单打印存档。

车站硬币库存的安全范围为:
$$车站库存基数 < 车站硬币库存 < 车站库存基数 \times 80\%$$
车站库存基数是指车站维持运营的基本硬币保有量,为本站单日最高硬币用量的3倍。

车站发现备用硬币数量接近或低于阈值时,应及时向站区票务管理室申请兑换。站区票务管理室定期组织车站进行备用硬币盘点。当发现硬币数量损失并在误差允许范围内时,车站应及时向站区票务管理室申请补足。当发现硬币损失量超出误差允许范围时,公司成立由站务室、财务部、公司级票务管理部门等相关部门组成的联合调查组,对硬币损失情况进行专项调查并最终得出调查报告,提出整改意见。

车站值班员(综控员)在收到银行返还的兑零硬币时,应检查硬币袋上的封签或封捆硬币的扎把带是否完好,同时按封签或封捆硬币的扎把带上的金额在双方的交接登记本上办理交接(应注明交接金额)。若交接时发现封签破损,在不影响车站硬币使用的前提下,车站拒收该硬币,并在双方的交接登记本上注明情况;车站也可当场进行该袋硬币的清点,若出现少币等情况,则按实际清点金额入账,同时向银行书面说明情况,差额由银行补还。车站值班员(综控员)收到兑零返还的兑零硬币后,原则上应在24h内与车站站务员双人在监视仪监视下共同清点,在清点过程中,发现长款、短款或假钞时,值班员应保留该批硬币袋上的封签或封捆硬币的扎把带(有名章部分),同时将封签或封捆硬币的扎把带(有名章部分)用信封加封后返还银行。如为长款,则将长款硬币加封后返还银行;如为短款(出现机币、假币、外币、少币等情况),则由银行补还车站。

车站硬币兑换管理流程,如图5-10所示。

车站	站区票务管理室	财务部	银行
根据运营需求提交车站硬币兑换申请	接收车站硬币兑换申请并汇总提交财务部	否 ← 审核 N3 是	
接收票务收益室硬币兑换安排，做好兑换准备	接收财务部确认信息，通知车站兑换计划		接收财务部兑币信息并提供硬币
交款同时，从车站取出需兑换的纸币			
按兑换计划与银行进行硬币兑换	接收车站提交的与银行硬币兑换单据，并与计划核对	接收车站提供的与银行硬币兑换单据	按兑换安排与车站进行硬币兑换工作
协助核查不一致原因，并反馈结果	如与计划不一致，对原因进行核查	接收银行提供的硬币兑换对账单	
		审核车站与银行的兑币情况	

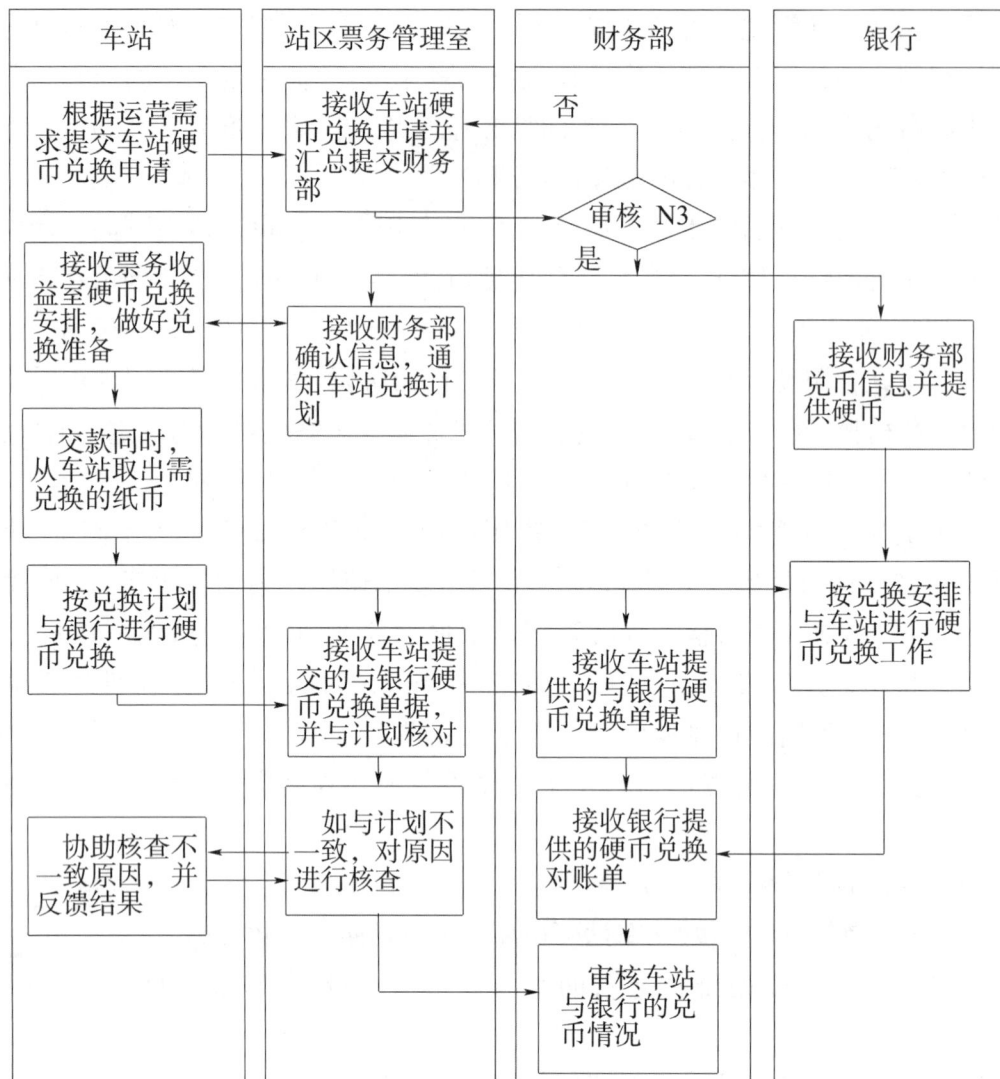

图 5-10　车站硬币兑换管理流程

◦ 知 识 链 接 ◦

北京市地铁运营有限公司关于备用金管理的规定

(1)车站备用金分为半自动售票机操作人员备用金、自动售票机找零备用金。

(2)车站票务备用金的使用应严格执行财务制度、遵循专款专用的原则,不准挪作他用。

(3)各站区票务主管领导为站区车站备用金的领用、配发责任人。

(4)自动售票机找零备用金和其他备用金由车站 AFC 作业岗负责保管和交接,值班站长负责检查、监督。

(5)车站 AFC 作业岗因工作调动或其他原因离开本岗位时,应及时办理备用金缴还或移交手续。

(6)半自动售票机操作人员备用金由 BOM 操作员负责交接、保管,并执行力度交接。

(7)车站票务备用金必须放入专门的储币柜或保险柜加锁进行保管。备用金出入库必须有值班站长和 AFC 作业岗双人在场,值班站长负责交接储币柜外门钥匙,AFC 作业岗负责交接储币柜内门钥匙。

（8）遇重大节假日等特殊运输组织时，经站区主管领导同意，车站间可以临时借用备用金，但使用后必须立即归还。

（9）临时借用车站票务备用金的，应在24h内归还，逾期未归还的按相关财务管理制度处理。

（10）车站票务备用金的清点与交接：交接双方须在车站票务管理室内监控状态下进行。在交接备用金时，须双方当面清点，按规定填写交接台账（"备用金、福利票领用台账""车站AFC作业岗交接台账"），双方签字确认。

（11）各站区必须每半月对车站备用金组织自查一次，并在"车站AFC作业岗交接台账"上做相应记录。票务科、稽查科和安保科将对车站备用金交接、使用、保管情况进行不定期的检查和抽查。

（12）车站备用金在运转过程中原则上不会出现差额，若有差额情况发生，必须立即向票务科、安保科报告。票务科、安保科会同其他相关部门到现场进行调查处理。

（13）领用整捆或整箱的备用找零硬币时，必须双人接收（其中一名为AFC作业岗），确认封条正确完好后，放入储币柜或保险柜。

（14）票款解行。

①解行方式。

a. 银行坐收：1号线、2号线、13号线、八通线由站区票务员到各站收集、汇总后分别送交复兴门、西二旗、四惠东收款点。

b. 封包返纳：10号线、奥运支线由站区票务员到各站收集汇总后封包，银行到各站区上门收取。

②解行时间：每日14：00。

③解行负责人：站区票款员。

④10号线、奥运支线封包解行流程：

a. 核对确认解行人员的身份。

b. 当班站区票款员与解行人员双方共同确认封包数量、金额与"封包明细表"的一致性，同时应确认"站区收入日报"的"解交银行款"与"封包明细表"的金额相符。

c. 核对无误后，与解行人员办理交接手续。

四　假币、错款的处理

在日常票务工作中，难免碰到假币、错款等问题，为了预防此类问题的发生，除了给票务人员配备相应的钞票真伪辨别设备以外，最重要的是提高票务工作人员的整体素质及工作能力，这就要求所有票务工作人员在工作中能够细致谨慎、一丝不苟，正确使用钞票真伪辨别设备，掌握必备的票款收缴、鉴别、计算、找零等技能。

1. 车站客服中心假币、错款处理原则

车站客服中心进行现金交易时，需要使用相关设备辨别钞票真伪，如发现假钞或无法确认真伪的钞票时，应予以拒收。结账、缴款过程中发现收到假币时，若假币无法被车站验钞机正常检出，则相应票款损失由公司承担。若假币能够正常检出，则损失由相应责任人承担。

一般情况下，当出现错款情况时，人工作业遵循"长款上交、短款自负"的处理原则。若

由于设备故障引起错款(如 BOM 车票批处理过程中应发行单程票 20 张,因设备故障实际只发出 10 张,而设备记录发行 20 张),则相应票款损失由公司承担。银行在票款清点过程中发现所收现金与应收票款存在错款时,相应损失由票款包封包人承担。

2. 自动售票机假币、错款处理原则

当设备收到假币时须立即停用,对于 TVM 收取的假币,必须是全过程在监控摄像头下清点,车站须做好相关记录,公司负责承担相应的票款损失。必要时公司将组织调查。

当 TVM 差款额在应收金额的 0.03% 以内时,可由公司承担相应损失。当超出规定范围时,公司成立由财务部、站务室、公司级票务管理站门、设施室等相关部门组成的联合调查组,对事件进行专项调查并提出处理意见。此外,设备所收长款应上交。

3. 鉴别真假人民币的传统做法

除了使用钞票真伪辨别设备来鉴别钞票的真伪外,为了以防万一,票务人员应当掌握鉴别真假人民币的传统四步骤:

"一看"——看钞票的水印是否清晰,有无层次感和立体效果,看安全线(假币常在纸张中夹入一条银白色塑料线,有时两头会露出剪齐的断头)。

"二摸"——用手指反复触摸币面主要图景及"中国人民银行"字样,真币有凹凸感,假币则无。

"三听"——钞票纸张是特殊纸张,挺括耐折,用手抖动会发出清脆的声音。

"四测"——用紫光灯检测无色荧光图纹,用磁性仪检测磁性印记,用放大镜检测图案印刷的接线技术及底纹线条。

鉴别真假人民币的图例,如图 5-11 所示。

图 5-11 鉴别真假人民币的图例

4. 收到可能是假币的处理

收到可能是假币的处理程序如下：

（1）当收到可能是假币时，应请乘客换一张。

（2）如乘客执意不换，应将其币种、编号抄录下来，请乘客确认、签字，并留下身份证上的地址、号码以及联系电话。

（3）向乘客说明此币将送交银行鉴别：如是假币，必须前来支付票款；如不是，会上门道歉并找零。

任务5.5　车站福利票换发管理

福利票是城市轨道交通运营企业免费给持有有效证件的相关人员发放的免费乘车的票卡，如北京、广州、上海等城市都有各种福利票，极大地方便了相关人员（如老人、残疾人等）的交通出行。

一　福利票的换发方法

需要申领福利票的乘客，可持有效证件在车站售票处免费领取福利票卡一张。福利票仅限当日在换领站本人、单次进站使用，但需要申请人本人亲自领取，不得代领。使用福利票卡的乘客应当配合地铁工作人员对证卡核对检查。

乘客进站时使用福利票卡轻触进站闸机读卡区，闸机发出"嘀"声，黄色灯亮，提示刷卡成功，闸门开启，乘客可进站。

此外，持有残疾人证的视力残疾的乘客可以有一名陪同人员免票乘车。

二　可换发福利票的证件

目前，我国有多类人群乘坐城市轨道交通可享受免票政策，相关人员可凭借相关证件换发福利票，如中华人民共和国残疾人证（见图5-12）、中华人民共和国老干部离休荣誉证（见图5-13）、中国人民解放军干部离休荣誉证（见图5-14）、中华人民共和国残疾军人证（见图5-15）、中华人民共和国伤残人民警察证（见图5-16）、中国人民解放军义务兵证（见图5-17）、中国人民武装警察部队义务兵证（见图5-18）、G3侦查证（见图5-19）等。

图5-12　中华人民共和国残疾人证证样

封面及封底 第一面

图5-13 中华人民共和国老干部离休荣誉证证样

封面及封底 第一面

图5-14 中国人民解放军离休干部荣誉证证样

封面及封底 第一面 第二面

图5-15 中华人民共和国残疾军人证证样

封面及封底 第一面 第二面

图5-16 中华人民共和国伤残人民警察证证样

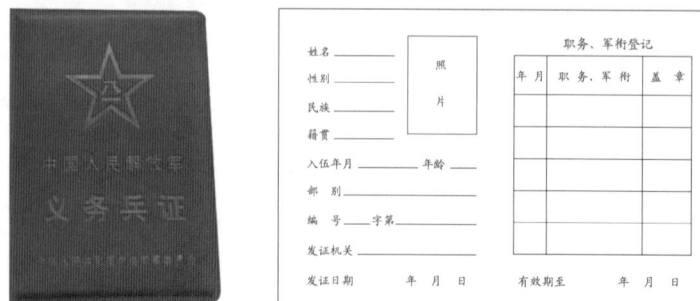

图5-17 中国人民解放军义务兵证(红色)证样

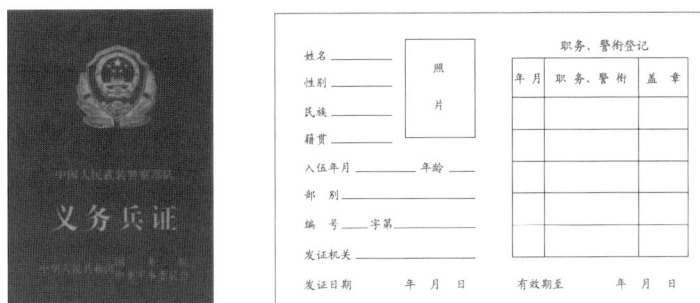

图 5-18　中国人民武装警察部队义务兵证(红色)证样

正面　　　　　　　　　　　　　　背面

图 5-19　G3 侦查证证样

任务5.6　车站票务备品管理

城市轨道交通车站的票务工作流程复杂,手续严格,所需的备品种类繁多,并且需要专人看管,各种备品的申领使用需要做好登记,借出须及时归还。车站中的票务备品主要有各种票务钥匙、验钞机、点卡机、电子计数器、硬币分拣计数机、便携式验票机(Protable Checking Machine,简称 PCM)等,如图 5-20 所示。

图 5-20　便携式验票机

一　票务钥匙管理

票务钥匙指车站在开展票务工作时使用的钥匙,主要有自动售票机维修门钥匙、半自动售补票机维修门钥匙、自动检票机维修门钥匙、钱箱钥匙、票箱钥匙、回收箱钥匙、票柜钥匙、保险柜钥匙、票务管理室监视系统钥匙、票务管理室门钥匙、客服中心防盗门钥匙等。由于票务钥匙的安全管理直接影响车站车票、现金、设备的安全,在日常工作中,车站需严格按要求加强对票务钥匙的管理。

为保证票务钥匙保管有凭证记录,车站需设立专门的台账,以记录钥匙的配发、更换、回收等总体情况,所有的票务钥匙均统一配发、统一管理。车站需定期对所负责保管的所有票务钥匙进行盘点,做到账实相符,当盘点账实不符时,车站应立即组织调查。票务钥匙一般设有备用钥匙,以便在工作人员不慎遗失或损坏钥匙时,车站能使用备用钥匙正常开展票务工作。同时,为了确保当班员工掌握票务钥匙,进入车票、现金安全区域,保证现金、车票管理的安全及处理的独立性,备用钥匙一般情况下不得使用。根据实际工作需要及收益安全管理需要,对于一些直接涉及收益安全的操作环节,需由双人掌握不同钥匙共同完成操作,以达到互相监控的目的。另外,车站在对票务钥匙的保管过程中需注意防止折断、重压,以避免对钥匙造成损坏。

为保证票务钥匙在各岗位之间交接过程中的安全,票务钥匙在保管人之间或在保管人与使用人之间交接时,车站需设置台账记录交接情况,详细记录钥匙名称、数量、交接双方人员姓名、时间、原因等;交接人员需根据书面台账凭证当面清点钥匙种类、数量,确认无误后填写交接台账。若交接时发现钥匙有误,交接双方需及时核查处理,不能及时查明原因的,应立即报告上级组织调查;票务钥匙借出时,借用人应负责钥匙的使用安全和保管,使用完毕应立即归还,并遵循"谁借用、谁归还"的原则,不得随意转借他人使用,每天运营结束后保管人应对所保管的钥匙进行清点,并确认全部归还。

二 票务工具和器具的管理

在日常票务工作中,车站需要进行大量的现金和车票的清点及运送工作,为了提高车站票务工作效率,同时保障现金、车票清点工作的准确性,以及现金、车票及相关票务设备在运送途中的安全性,通常需要使用一些辅助工具和器具完成票务工作,常见的票务工具和器具主要有保险箱(图5-21)、票务手推车(图5-22)、点票机[图5-23a)]、点钞机[图5-23b)]、点币机[图5-23c)]、验钞机(图5-24)、配票箱(图5-25)等。

其中,点钞机主要用于对车站所接收纸币的清点,可对所有面额的纸币进行清点,并能按照预先设置的数量自动停止清点,一般也具有验钞功能,当清点发现伪币时,能终止清点并发出报警提示。

验钞机一般具有多种验钞手段,如荧光检测、红外穿透检测、磁性检测、激光检测等,通过对人民币的纸质、油墨的颜色与厚度、磁性、荧光字等各方面进行检测,达到辨别真伪的目的。

图5-21　保险箱

图5-22　票务手推车

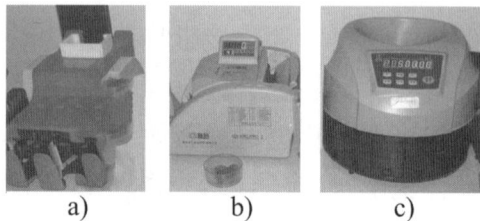

a)　　　　　b)　　　　　c)

图5-23　点票机、点钞机、点币机(由左至右)

点币机和点票机分别用于对硬币及车票进行清点,具有速度较快、准确率高的特点。

票务手推车用于装运各种钱箱、票箱等贵重设备及现金、车票等有价证券,可锁闭,极大限度地保障了设备及有价证券运送的安全性和方便性。

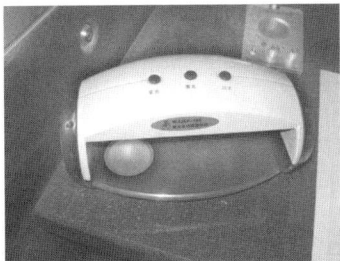

图5-24　验钞机

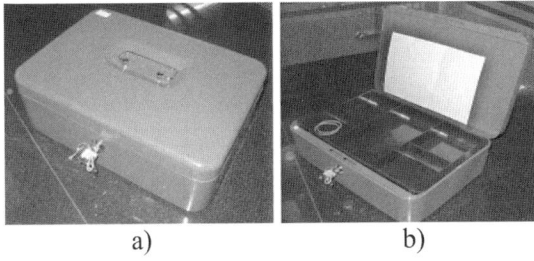

a)　　　　　b)

图5-25　配票箱

配票箱用于票务员日常工作中票卡、备用金、票款的收纳,票务员上岗前由票务管理室领出,下班前将其交还。

票务工具和器具的状态直接影响车站票务工作的安全、效率和质量,车站应按相关规定加强对票务工具和器具的管理,以保持工具和器具数量完整、状态良好。工具和器具配发到站后,车站需设置专门的工具和器具台账,用于记录工具和器具的保管、交接和使用情况,保管人员需根据书面台账凭证定期对所负责保管的所有票务工具和器具进行盘点,清点工具和器具的种类、数量,并检查确认状态是否良好,确保做到账实相符、状态良好。票务管理室内的票务工具和器具由车站当班值班员全权负责保管,客服中心的票务工具和器具由当班站务员全权负责保管,车站在使用工具和器具过程中需注意保持工具和器具的清洁,爱护票务工具和器具,并注意避免其受损。

—————— ○ 知 识 链 接 ○ ——————

北京地铁某运营公司关于票务管理室物品摆放的标准

1.关于操作台的规定

(1)操作台以警戒线标示的示意区为准,范围至少为1200mm×600mm,主要分为清点区、辅助设备放置区、辅助品放置区。

(2)在票务管理室的近景监控摄像头的监控范围为示意区范围内所有物品及在此操作过程。

(3)操作台使用时,仅允许放置与清点工作有关的物品,所有相关物品均放置在划定好的示意区内。

(4)清点区的左右位置主要以车站近景摄像头的方位为准,近景监控摄像头一侧为清点区域。

(5)清点现金时,台面上所有物品不得遮挡钱箱中取钱至清点完毕的全过程,故所有辅助设备放置于示意区内的远离摄像头一侧。

(6)自设备上卸下钱箱拿回票务管理室后,从开箱拿钱开始到该钱箱清点完成全过程必须在操作台上完成。

2.纸币现金清点时物品摆放标准(见图5-26)

(1)清点区为现金放置区域,清点时所有现金必须在此范围内。

（2）钱箱必须放置于操作台的"D"区后,方可开箱取钱,取出所有现金后,放置于"C"区,准备进行现金面额的分拣。

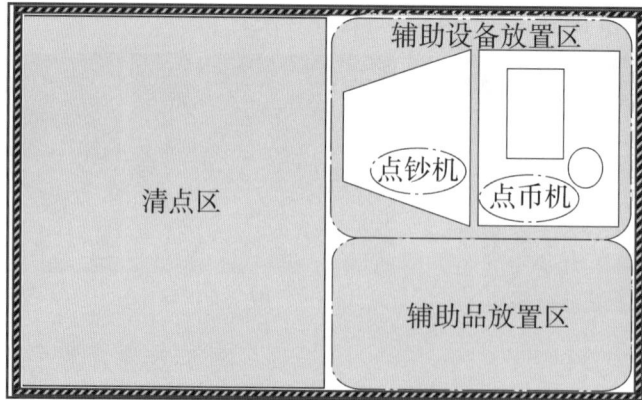

a)纸币现金清点时区域划分

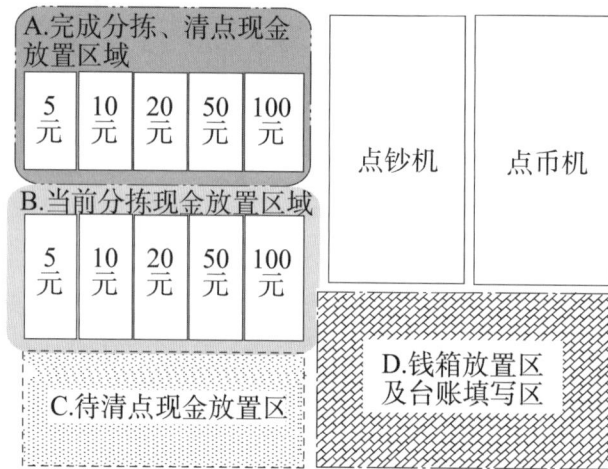

b)纸币现金在各区域的摆放位置

图 5-26　纸币现金清点时物品摆放标准

（3）纸币按 5 元至 100 元面额从小至大放置,每种面额的票盒位置固定,若当前分拣时无该面额纸币,该种面额票盒空置。

（4）清点区域说明:

现金金额显示画框为票盒(18.5cm×9.5cm)。

①"A"区域中为全部清点完毕的现金放置区。

②"B"区域中为当前钱箱现金分拣的放置区域,直至该钱箱内所有现金清点核实无误后,方可按金额一一放入"A"区域的票盒中。

③"C"区域为自钱箱中取出纸币临时放置区域(待清点现金放置区)。

④"D"区域为钱箱放置区域,清点过程中,台账填写在此区域完成。

3. 硬币现金清点时物品摆放标准(见图 5-27)

硬币应在清点区域进行清点,如使用硬币托盘进行清点时,需在"B"清点区域中进行。

4. 票卡清点物品摆放标准(略)

5. 票务管理室内柜子内部摆放要求

（1）仅规定车站备用金、"一卡通"卡、报销凭证、票款、手持机、相关台账的存放要求,剩余备品由站区统一放置标准,站区应结合车站实际情况可适当调整。

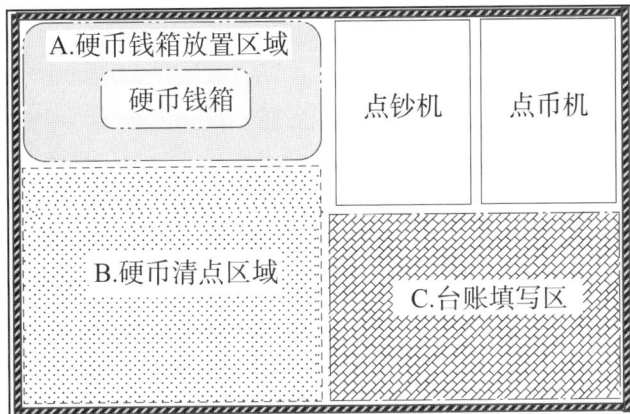

a)硬币现金清点时区域划分

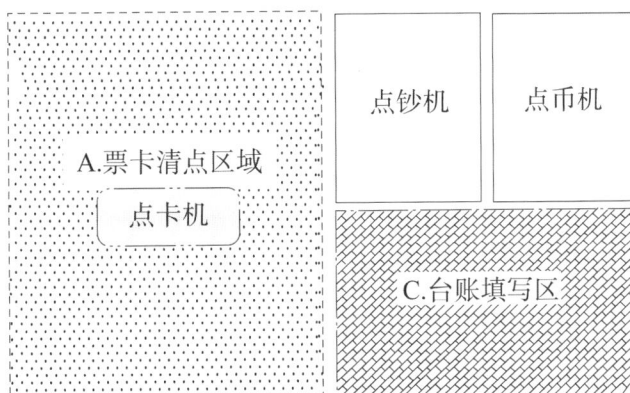

b)硬币现金在各区域的摆放位置

图5-27　硬币现金清点时物品摆放标准

（2）对每个双开门储币柜进行定置定位,增添定位标签。

第一层:整箱包装的硬币整齐码放。

第二层:报销凭证、报销凭证台账、手持机。

①报销凭证:从左至右分别放置单程票发票、"一卡通"充值发票,分面额按小至大、从左至右摆放;对应面额的正式发票放前,发票存根放后。

②报销凭证台账:"发票领用交接台账"。

③手持机:车站所有手持机整齐码放。

第三层:纸币及散装硬币备用金放置区。

①散装硬币备用金:散箱的硬币备用金放置该层最左侧,成卷放置左侧,硬币托盘及其他硬币在右侧。

②纸币备用金:每面额100张一打捆,分面额由小至大分别放置。

③"一卡通"白卡/退卡:整齐码放、区分普通卡白卡/退卡和北京互通卡白卡/退卡。

④相关台账:"补票/加币记录""票务交接记录"。

第四层:票款放置区

①票款:按每日运营班制从左至右放置票款。

②相关台账:"车站日交款明细""钱箱更换记录""TVM钱箱日清点记录"。

③运营中设备内清出问题现金:该层最右侧放置当日运营中工作人员收回的各类问题现金,对每次回收的现金记录设备编号、现金张数、面额、发现时间、相应过程描述、发现人及

交接人。

第五层:应急纸票放置区

①应急纸票:按配发时封装好的整包靠左放置,印有票样的一侧冲外,应急纸票台账放置应急纸票上方。如车站现有包装已破损,需站区重新清点封装,封装后由站区及封装人的骑缝盖章签字。日期章放在应急纸票右侧。

②设备水单:从左至右分别放置 BOM、TVM 结账水单等。

双开门储币柜内部摆放示意图如图5-28所示。

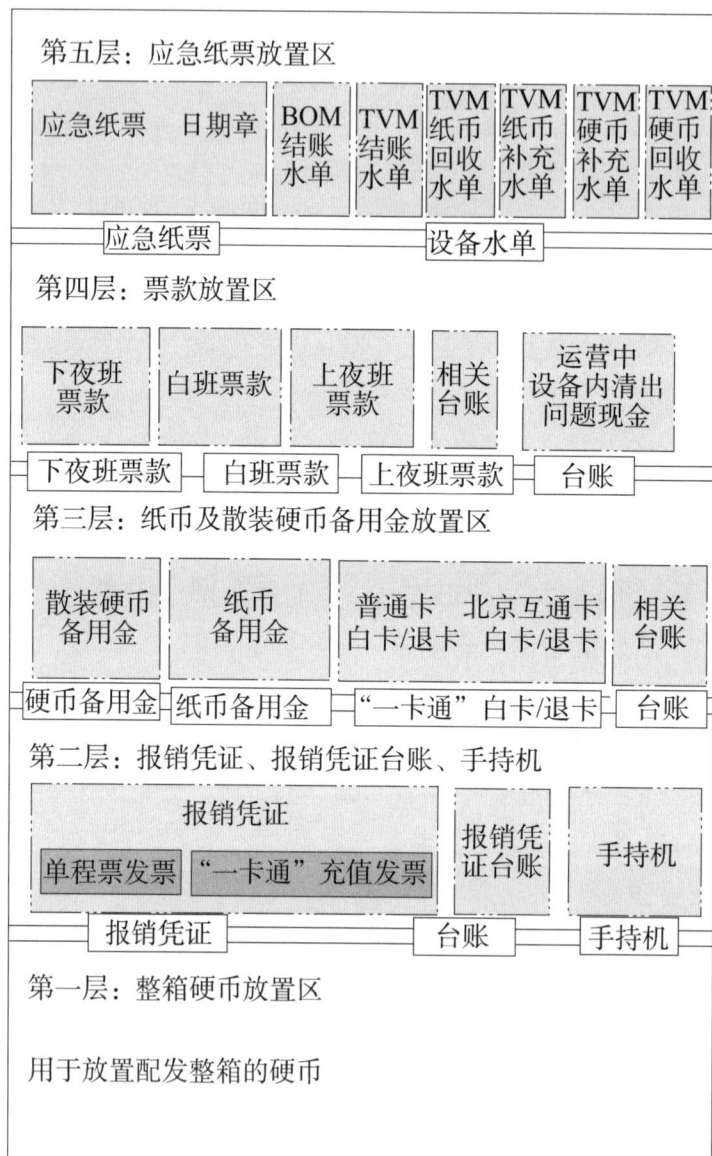

图5-28 双开门储币柜内部摆放示意图

实训任务工单5-1 城市轨道交通车站运营早高峰前至早班交接班各岗位的工作职责

城市轨道交通车站运营早高峰前至早班交接班各岗位的工作职责见本教材配套实训任务工单5-1。

复习与思考

1. 简述票据及台账的种类。

2. 简述票据及台账管理的基本内容及流程。

3. 简述自动售检票系统现金日常管理及交接管理的方法、流程及注意事项。

4. 简述备用金管理的办法及如何正确处理票务工作过程中遇到的假币。

5. 简述福利票有哪些类型。

6. 简述车站票务备品的种类及其简单的使用方法。

7. 对照图5-4,演练票务管理室与车站间报销凭证、发票的配发、接收及上交管理流程。

8. 对照图5-5,演练车站间报销凭证及发票调配管理流程。

9. 对照图5-8,演练票款收缴及核对管理流程。

10. 简述人民币真假的鉴别方法。

11. 模拟收到假币的处理方法。

项目6

正常运营情况下的车站票务作业

教学目标

1. 掌握售检票作业内容及作业程序;
2. 掌握退票规章及作业程序;
3. 掌握钱箱更换及钱箱内现金清点作业;
4. 掌握票款收缴作业。

建议学时

12 学时

教学导入

票务作业作为车站日常工作的重要组成部分,是城市轨道交通运营企业向乘客提供售检票服务、完成收益结算及实现财务管理的重要环节,是企业管理工作的组成部分。票务作业包括:乘客买票、乘车,车站对票款的管理及车票发售、循环使用管理,票务中心对各车站票款、客流数据汇总上传,其他部门对票务工作的支持和监督管理。站务员要完成票务作业,就需要较好地掌握票务政策、售检票模式、车票和现金管理等票务基础知识,熟练运用售检票作业、报表填写和自动售检票系统设备操作等基本业务技能。本项目重点讲述售检票作业和退票的相关规定、钱箱更换及现金的收缴作业等知识。

任务6.1 车站各岗位典型票务作业

一 车站运营开始前各岗位票务作业流程

1.值班站长

(1)组织本班组人员做好运营前的各项准备。

(2)接到各岗位完成各项准备工作的报告后,对自动售检票系统终端设备进行全面检查。

(3)用本人的 ID 及密码登录一台 BOM,由专人负责发售福利票。

（4）签退 BOM。向当天第一个班次的 BOM 操作员发放福利票,并由 BOM 操作员在"备用金/福利票领用台账"上进行登记。

2.车站值班员（综控员）

（1）开站前 30min 打开车站中心计算机系统服务器,用本人的 ID 及密码登录车站中心计算机系统。

（2）检查系统参数并通过车站中心计算机系统远程开启车站自动售检票系统终端设备（BOM、AGM、TVM/AVM、TCM）,将本站设定为"正常模式"。

（3）检查车站中心计算机系统与车站自动售检票系统各终端设备的网络连接状况,确认一切正常后,报告值班站长。

（4）为站务员(售票岗)发放各类车票、IC 卡。

（5）将前日收车后准备好的运营所需现金及票卡装入专用推车,运至 TVM 前。

（6）待设备进入"正常服务"模式后,将票箱及钱箱逐一加入 TVM。

（7）所有准备工作完成后,报告值班站长。

3.站务员（售/补票员）

（1）找本班组车站值班员(综控员)领取车票、IC 卡。

（2）找值班站长领取福利票。

（3）提前 20min 检查所有售/补票设备。

（4）确认打印纸数量是否充足。

（5）具备工作条件后,向值班站长报告。

4.站务员（监/补票员）

（1）找车站值班员(综控员)领取车票。

（2）提前 20min 检查所有补票设备,确认打印纸数量充足。

（3）确认自动检票机处于开启状态。

（4）具备工作条件后,报告值班站长。

车站运营开始前各岗位票务作业流程,如图 6-1 所示。

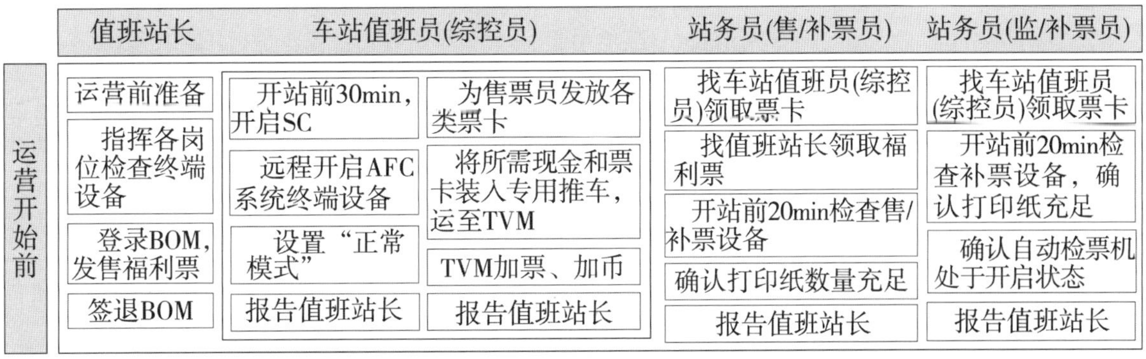

图 6-1　车站运营开始前各岗位票务作业流程

二 车站运营过程中各岗位票务作业流程

1.值班站长

（1）检查、指导和督促各岗位票务作业情况,确保本班组的票务运作规范、顺畅。

（2）监督 TVM/AVM 钱箱的更换及现金清点。

（3）必要时,负责处理与乘客相关的票务纠纷。

（4）进行班组票务巡查工作,跟踪掌握 AFC 设备运转情况。

（5）遇紧急情况指挥各岗位执行车站应急预案。

2.车站值班员(综控员)

（1）通过 SC 监控车站终端设备的运转情况。

（2）发现报警、警告应及时通知相关票务作业人员。

（3）落实值班站长的临时指令,负责信息的上传下达。

（4）巡视车站各类自动售检票系统终端设备运转情况。

（5）负责全部自动售票机钱箱、票箱的更换及现金清点。

（6）给售/补票员发放车票及其他票务备品。

（7）通过票务工作站或 SC 监控车站车票库存情况,根据站区命令进行站区内车票调配。

3.站务员(售/补票员)

（1）进行单程票的发售、储值票("一卡通")的发卡充值作业。

（2）按规定为符合免票条件的乘客换发福利票。

（3）为需要补票的乘客进行补票服务。

（4）更换 BOM 票箱及打印纸。

4.站务员(监/补票员)

（1）进行闸机群的巡视,管理进出站秩序。

（2）引导乘客正确使用售检票设备。

（3）闸机回收票箱满后进行票箱的更换。

（4）为需要补票的乘客进行补票作业。

（5）更换补票 BOM 票箱及打印纸。

车站运营过程中各岗位票务作业流程,如图 6-2 所示。

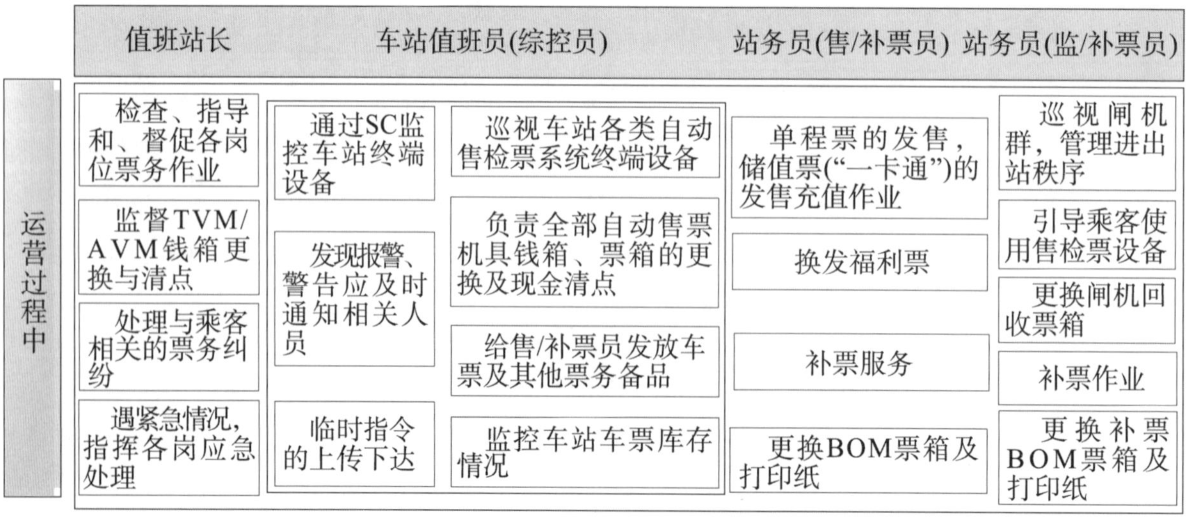

图 6-2　车站运营过程中各岗位票务作业流程

三　车站交接班时各岗位票务作业流程

1. 值班站长

（1）交接终端设备的运转情况。

（2）交接本岗位保管的钥匙。

（3）交接传达上级指示命令及本班未尽事宜。

（4）监督各岗位做好交接，确认本班所有岗位作业已结束。

2. 车站值班员（综控员）

（1）交接终端设备的运转情况。

（2）在值班站长的指挥下确认售/补票岗已交接完毕。

（3）打印报表并上交值班站长。

（4）进行签退作业。

（5）力度交接（交接双方必须当面进行清点并在相关报表、台账上签字、确认）车站所有备用金、库存票卡及票务备品。

（6）收取票务员交回的票款。

（7）作业结束后报告值班站长。

3. 站务员（售/补票员）

（1）力度交接岗上所有备用金、储值票（"一卡通"）、福利票。

（2）在 BOM 上进行签退作业。

（3）交接本岗位设备运转情况及钥匙等岗位备品。

（4）将当班所有票款及 BOM 岗位结算单交给车站值班员（综控员）。

（5）作业结束后报告值班站长。

4. 站务员（监/补票员）

（1）交接闸机运转情况及钥匙。

（2）在补票亭 BOM 签退，将本班所有补票款及岗位结算单交予车站值班员（综控员）。

车站交接班时各岗位票务作业流程，如图 6-3 所示。

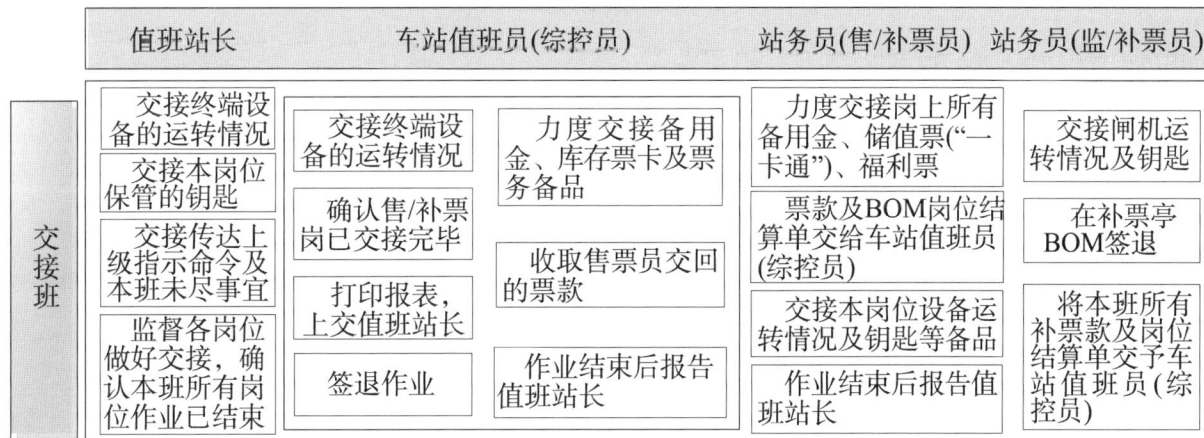

值班站长	车站值班员（综控员）		站务员（售/补票员）	站务员（监/补票员）
交接班	交接终端设备的运转情况	交接终端设备的运转情况	力度交接备用金、库存票卡及票务备品	力度交接岗上所有备用金、储值票（"一卡通"）、福利票	交接闸机运转情况及钥匙
	交接本岗位保管的钥匙	确认售/补票岗已交接完毕	收取售票员交回的票款	票款及BOM岗位结算单交给车站值班员（综控员）	在补票亭BOM签退
	交接传达上级指示命令及本班未尽事宜	打印报表，上交值班站长	作业结束后报告值班站长	交接本岗位设备运转情况及钥匙等备品	将本班所有补票款及岗位结算单交予车站值班员（综控员）
	监督各岗位做好交接，确认本班所有岗位作业已结束	签退作业		作业结束后报告值班站长	

图 6-3　车站交接班时各岗位票务作业流程

四 车站运营结束后各岗位票务作业流程

1. 值班站长

(1)组织人员协助车站值班员(综控员)进行自动机具票箱、钱箱的更换。

(2)所有作业均已完成后指挥车站值班员(综控员)通过车站中心计算机系统关闭车站终端设备,结束本站全天服务。

(3)监督车站值班员(综控员)进行现金清点作业。

(4)监督车站值班员(综控员)结算并封存本站当日全部票款。

(5)核对报表及台账。

(6)帮助车站值班员(综控员)做好次日运营准备。

2. 车站值班员(综控员)

(1)确认车站所有终端设备的结账及签退工作已经完成。

(2)在值班站长的指挥下通过车站中心计算机系统关闭车站终端设备,结束本站全天服务。

(3)打印报表并上交值班站长。

3. 车站值班员(AFC 作业岗)

(1)进行 TVM/AVM 全部票箱、钱箱的更换。

(2)收取票务员交回的票款及剩余福利票。

(3)收取售、补票员及监票员交回的所有废票。

(4)在值班站长的监督下逐一对钱箱内的现金进行清点。

(5)结算并封存本站当日全部票款。

(6)做好次日运营准备。

4. 站务员(售/补票员)

(1)清理废票箱,更换票卡箱。

(2)进行本岗位结算,签退后关机。

(3)将岗位结算单及所有票款、剩余福利票和清理出的全部废票交予车站值班员(综控员)。

(4)加锁保管好票卡。

(5)作业结束后上报值班站长。

5. 站务员(监/补票员)

(1)清理废票箱,更换票卡箱。

(2)进行本岗位结算,签退后关机。

(3)将岗位结算单及岗上所有补票现金及清理出的废票交予车站值班员(综控员)。

(4)确认检票机正常关闭,妥善保管本岗位钥匙及其他备品。

(5)作业结束后上报值班站长。

车站运营结束后各岗位票务作业流程,如图6-4所示。

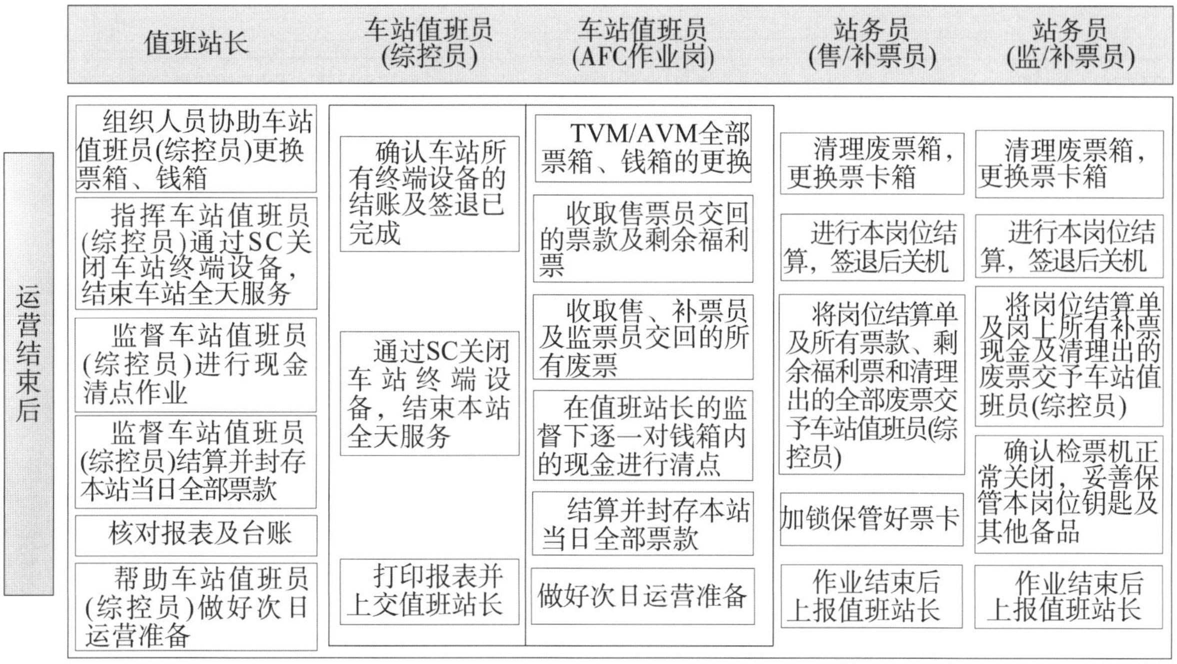

值班站长	车站值班员(综控员)	车站值班员(AFC作业岗)	站务员(售/补票员)	站务员(监/补票员)
运营结束后 组织人员协助车站值班员(综控员)更换票箱、钱箱	确认车站所有终端设备的结账及签退已完成	TVM/AVM全部票箱、钱箱的更换	清理废票箱,更换票卡箱	清理废票箱,更换票卡箱
指挥车站值班员(综控员)通过SC关闭车站终端设备,结束车站全天服务		收取售票员交回的票款及剩余福利票	进行本岗位结算,签退后关机	进行本岗位结算,签退后关机
监督车站值班员(综控员)进行现金清点作业	通过SC关闭车站终端设备,结束本站全天服务	收取售、补票员及监票员交回的所有废票	将岗位结算单及所有票款、剩余福利票和清理出的全部废票交予车站值班员(综控员)	将岗位结算单及岗上所有补票现金及清理出的废票交随予车站值班员(综控员)
监督车站值班员(综控员)结算并封存本站当日全部票款		在值班站长的监督下逐一对钱箱内的现金进行清点		确认检票机正常关闭,妥善保管本岗位钥匙及其他备品
核对报表及台账		结算并封存本站当日全部票款	加锁保管好票卡	
帮助车站值班员(综控员)做好次日运营准备	打印报表并上交值班站长	做好次日运营准备	作业结束后上报值班站长	作业结束后上报值班站长

图6-4　车站运营结束后各岗位票务作业流程

知 识 链 接

北京地铁综控员(AFC作业岗)票务结账作业程序见表6-1。

北京地铁综控员(AFC作业岗)票务结账作业程序　　　表6-1

程序	要　　求	操 作 步 骤	注 意 事 项
TVM结算处理	卸下车站所有TVM钱箱,完成TVM结算处理	进行本地或远程硬币清空,再依次卸下纸币回收箱、纸币找零箱、硬币回收箱、废钞箱,最后结算处理,打印结算水单。关闭维修门,确认设备处于"暂停服务"模式	若操作顺序有误,可能会导致结账数据错误
确认车站票务管理室内摄像头正常工作	点款前,综控员(AFC作业岗)和值班站长对车站票务管理室摄像头的正常开启状态进行确认	关闭室内灯光,摄像头有红色夜视光	中途离开车站票务管理室时,必须将票款入柜并锁好,进出车站票务管理室,须随手锁闭车站票务管理室大门
开启钱箱	钱箱开启钥匙不得带出室外	综控员(AFC作业岗)将钱箱整齐运回车站票务管理室后,所有钱箱均置于摄像监控下	全部取钱、清点过程都在摄像头的近景监控下完成,不得故意遮挡

续上表

程　序	要　求	操作步骤	注意事项
清点票款	将每次需清点的钱箱逐一置于桌面上，逐台设备、逐个钱箱依次进行清点，与钱箱更换水单、结算水单逐一核对	综控员（AFC作业岗）将TVM逐台分类型、分面额清点，每清点完一个钱箱，与水单结算内容核对后，填写"TVM钱箱日清点记录"，再清点下一个钱箱。如存在长款，上交长款并记入"车站长款登记表"	禁止多台多个钱箱票款混合清点或不与水单核对
		纸币钱箱的清点： (1)逐一将纸币钱箱内的纸币取出，确认全部取出，无遗漏。 (2)将纸币按面额分别放置，每种面额纸币撺成一撺，整齐放在桌面上。 (3)将每种面额的纸币逐一清点，使用点钞机清点现金数量，与纸币钱箱更换水单、结算水单一一核对。 (4)如发现纸币有明显的失真特征或可通过验钞机识别为伪钞的，假钞应在摄像头下显示一下，值班站长确认后做好记录，与综控员（AFC作业岗）双方签字确认加封[加封内容为日期、车站名、设备号、伪币种类、金额、数量、值班站长综控员（AFC作业岗）双方签名]，由综控员（AFC作业岗）在当日"TVM钱箱日清点记录"上备注说明，按实际清点数目进行交款。 (5)如发现纸币金额数量与水单记录不符，应再次进行双人确认。经确认，实际清点金额确实与水单不符，如实填写，并在"差额"一栏体现，严禁私自平账。	纸币钱箱清点时，纸币金额与水单记录不符，对以下内容再次确认： (1)纸币钱箱中是否有遗漏纸币。 (2)取款时是否有钱款掉落在室内。 (3)在按面额分拣时是否分拣错误。 (4)是否有纸币卡在点钞机内。 (5)是否有水单混淆。 (6)是否有班组交接的已经取出的卡在TVM里的纸币。 (7)TVM设备中是否存有卡币。 (8)废钞箱是否已检查完毕。 (9)当日设备是否有故障交易，未给乘客正确找零，造成设备长款。 (10)是否在运营时间内更换过钱箱

程序	要　求	操作步骤	注意事项
清点票款	将每次需清点的钱箱逐一置于桌面上，逐台设备、逐个钱箱依次进行清点，与钱箱更换水单、结算水单逐一核对	（6）逐台纸币钱箱清点完毕后，将纸币按各种面额合并，每100张打捆	
		硬币钱箱的清点： （1）逐一将硬币钱箱内的硬币取出，确认全部取出，无遗漏。 （2）使用点币机或硬币托盘清点硬币，将清点结果与硬币钱箱更换水单、结算水单一一核对。严禁不清点仅按水单数量直接记为票款实际收入。 （3）如发现硬币金额数量与水单记录不符，应再次进行双人确认。经确认，实际清点金额确实与水单不符，如实填写，并在"差额"一栏体现，严禁私自平账	硬币钱箱清点时，金额与水单记录不符，对以下内容再次确认： （1）硬币钱箱中是否有遗漏硬币。 （2）取币时是否有硬币掉落在桌上、抽屉里、地上或其他地方。 （3）是否有硬币卡在点币机里。 （4）水单是否拿错。 （5）是否有交接的已取出的卡在TVM里的硬币。 （6）在TVM内再次寻找是否有卡在设备中的硬币。 （7）车站备用金数量是否准确。 （8）当日设备是否有故障交易，未给乘客正确找零，造成设备长款
	站务员将移动款箱带回车站票务管理室逐一清点，并与BOM结账水单核对	（1）末班车后站务员开始车站BOM结账作业，打印结账水单。将水单放入移动款箱中，带至车站票务管理室并锁闭BOM所在的车站服务中心。 （2）综控员（AFC作业岗）在摄像头监视下清点区域进行移动款箱清点作业，确认清点票款与结账水单一致，移动款箱中备品与"岗位结算单"一致。如发现票款金额与水单不符，短款时，人为原因由站务员补齐，设备原因报维修部门进行数据分析。长款时，上交长款并记入"车站长款登记表"	每日双向末班车驶离车站且车站结束运营后方可进行BOM结账作业，禁止单向末班车后结账

续上表

程　序	要　　求	操 作 步 骤	注 意 事 项
汇总票款	将当日 TVM 清点票款、BOM 上夜班票款、车站下夜班票款、车站白班票款与 SC 报表数据进行核对并汇总,实际票款、设备水单及 SC 数据三者中两者存有差异时应调查实际情况。如存在短款,将事件经过、报修单、"短款差异说明"上交站区事务员,站区调查情况并调取车站票务管理室结账录像		
填写账目	严格按照票务台账填写相关要求填写"TVM 钱箱日清点记录""车站日交款明细""票务交接记录""岗位结算单""车站长款登记表"相关台账。运营时间内更换钱箱,应在"钱箱更换记录台账"上如实登记		
票款入柜	将票款放入密码柜,设备钥匙放回钥匙箱		
补充钱箱	进行移动款箱、硬币补充箱、纸币找零箱补充作业并填写"票务交接记录""岗位结算单""补票/加币记录""发票领用交接记录"相关台账。将补充完毕的移动款箱、硬币补充箱、纸币找零箱放入密码柜并锁闭;密码柜空间不足时,硬币补充箱、纸币找零箱可放置于摄像头可视范围内。待次日运营开始前将钱箱安装至设备上,不得提前让钱箱在室外设备内过夜		
离室	离开车站票务管理室,关灯并锁门		
次日交款	次日,由当班的综控员(AFC 作业岗)负责将本站全部票款及设备打印的所有结账水单一并交站区事务员,由事务员按规定保存。如存在长款,事务员在"车站长款登记表"中签字,并登记在"站区长款登记表"中。 从封存票款至站区事务员上门收款,由当班的综控员(AFC 作业岗)负责票款的安全保管,逢交接班时,必须对票款进行力度交接,值班站长负责监督		

任务6.2　车站售检票作业

　　城市轨道交通运营企业根据自身发展阶段及客流情况、设备采购等因素,采用不同的售检票模式,目前主要有人工售检票模式和自动售检票模式,不同的售检票模式会产生不同的售检票作业。

一　车站售票作业

1.纸票发售及检票

　　纸票一般是在人工售检票模式下发售的。目前的城市轨道交通基本均采用自动售检票模式,但特殊情况下也会发售纸票。

在人工售检票模式下,由车站工作人员在售票处向乘客出售纸票,并在进(出)站口设置检票点,持票乘客经工作人员检票后进、出车站。具体检票方式可分为进站检票、出站检票和进出站均需检票3种。

(1)进站检票是指车站只在进站口安排人员检票,出站时不再检票,乘客可以自由出站,适用于单一票价的城市轨道交通系统。

(2)出站检票是指乘客可自由进入付费区乘车,车站只在出站口安排检票人员,对出站乘客进行检票出站,适用于单一票价的城市轨道交通系统。

(3)进出站均需检票则是指车站在进出站口都安排检票人员,对乘客进出付费区都实行检票作业,适用于非单一票价的城市轨道交通系统。

2. 特殊情况下纸票出售

城市轨道交通车站会在以下特殊情况时出售纸票:

(1)车站TVM、BOM全部故障或停电导致车站无法出售IC卡单程票,可由站长经行车调度员授权后决定出售纸票。

(2)在对全线预制票进行合理调配后,且预制票将售完的情况下,乘客经车站员工引导后,TVM能力仍不足时,可由站长经行车调度员授权后根据客流情况决定出售纸票。

(3)大客流情况下票务系统无法应付或其他特殊情况下,可由站长经行车调度员授权后决定出售纸票。

3. 纸票检票操作程序

(1)正常情况下纸票检票操作程序。

①乘客进站时检票人员撕下乘客纸票的副券Ⅰ。

②乘客出站时检票人员核查乘客所持纸票上的站名、日期章以及纸票票价无误后,撕下乘客纸票的副券Ⅱ,对超程使用的1元纸票出站时,车站员工也需撕下相应的副券联。

③若乘客的车票超程,需在客服中心补足相应的车费(乘客携带的行李票超程时,乘客需补交行李相应的超程费用)。

(2)特殊情况下纸票操作程序。

①纸票出售站值班站长向控制中心行车调度员通报出售纸票的信息,行车调度员将出售纸票的车站和时间通知其他车站。

②其他车站接到控制中心行车调度员的"××车站出售纸票"的通知后,安排员工做好持纸票乘客的引导和检票的准备工作;持纸票乘客到达本站时,车站员工打开边门,引导乘客到边门检票。

③车站停止出售纸票后,应立即向控制中心行车调度员汇报停止出售纸票时间;行车调度员通知其他车站。

4. 运营开始前的作业准备

在运营开始前,由当班车站值班员负责登录车站中心计算机系统、检查系统参数版本并通过车站中心计算机监控台开启车站终端设备(BOM、AGM、TVM、AVM、TCM),检测车站中心计算机与各终端设备的网络连接情况。

当班车站值班员(综控员)负责通过 SC 监控器监视各终端设备运行状态。基本要求为：

（1）按照值班站长的指示进行车站各种 AFC 终端设备的设置。

（2）根据值班站长的指示，向 LC 提出设置降级模式的申请。

（3）根据 LC 命令进行模式设置，并及时报告值班站长。

（4）在通信中断时，负责通过电话将本站设置降级模式的具体情况及时报告 LC；同时在接收到 LC 关于其他车站设置为降级模式的通知后及时在 SC 上进行模式记录，并报告值班站长。

5. 普通单程票发售

车站发售普通单程票主要通过两种途径：自动售票机自助购买普通单程票和人工使用半自动售票机发售普通单程票。

（1）自动售票机自助购买普通单程票（相关资源见二维码14）。

利用自动售票机自助购买普通单程票的流程如下：

①选择购票张数，如图 6-5a）所示。

②投入对应数量的 1 元硬币或 5 元、10 元的纸币，如图 6-5b）所示。

③点击"确定"或"取消"。

④若点击"确定"，在下方出票口处取出票卡及找零硬币。

⑤若点击"取消"，投入的钱币退回，返回主界面。

二维码14
使用TVM自助购买
普通单程票流程

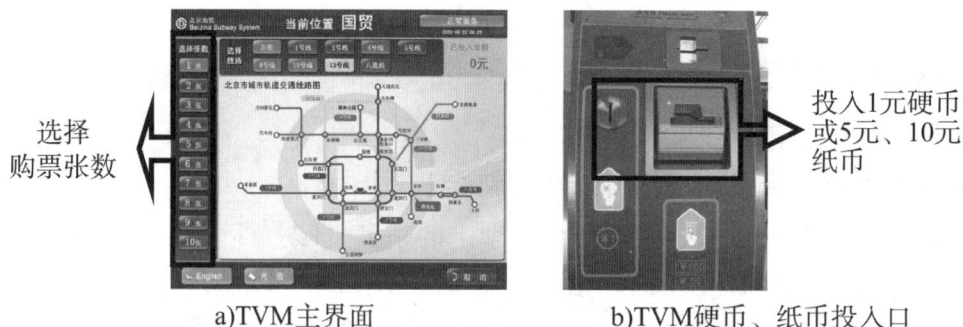

选择购票张数

a)TVM主界面

投入1元硬币或5元、10元纸币

b)TVM硬币、纸币投入口

图 6-5　自动售票机自助购买普通单程票

（2）人工使用半自动售票机发售普通单程票。

半自动售票机发售普通单程票是指在自动售检票模式下，由车站在客服中心半自动售票机上根据乘客的需要向乘客出售单程票。

在日常工作中，半自动售票机发售车票要求站务员熟练掌握半自动售票机的操作方法，以便迅速、准确地为乘客提供车票发售、充值等服务。自动售检票系统为每个操作员都设定了唯一的操作员号（ID）和密码，任何人使用设备时，必须首先使用操作员号和密码登录设备，这样才能进入设备的操作界面进行操作。

①BOM 登录操作。

打开半自动售票机电源，系统启动后，半自动售票机主程序自动以全屏方式运行。此时，操作界面中各功能模块（如"分析车票"和"数据查询"等）的功能按钮均处于未激活状态，需要点击"班次登录"按钮，输入班次操作员号和密码进入程序主界面后（见图 6-6），这些按钮才会根据该操作员的权限被激活，操作员可按系统允许的功能操作。

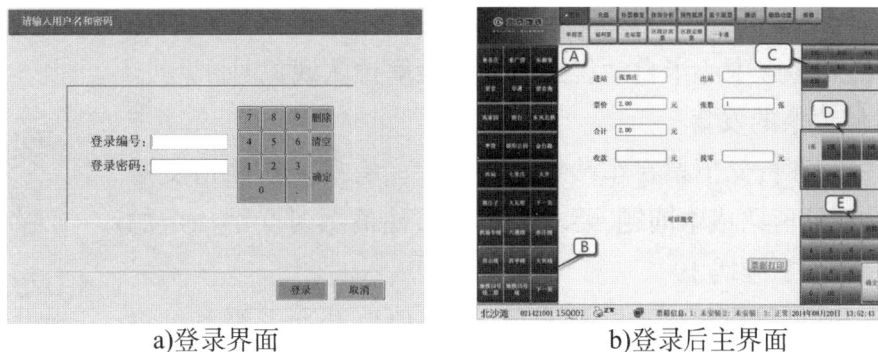

a)登录界面　　　　　　　　　　　　b)登录后主界面

图6-6　半自动售票机登录及主界面

A-车站区(显示本线路各车站);B-线路区(显示地铁各线路);C-票价选择区(显示常用票价快捷键);D-张数选择区(显示购票张数快捷键);E-数字键区(显示数字操作键)

②发售单程票(相关资源见二维码15、二维码16)。

站务员在确认设备正常后,按有关设备操作规定的票务管理规定办理车票发售业务。站务员发售单程票时,将待发售的单程票放在读卡区,点击"单程票发售"按钮,进入单程票发售界面。售单程票分为两种不同的售卡方式:按金额售单程票和按站点售单程票。其中,按站点发售,选择目的站后,应收金额栏会显示到该站的票价,然后在实收金额栏输入实际收到的金额,并点击"发售"按钮,半自动售票机开始发售单程票。其界面如图6-7所示。

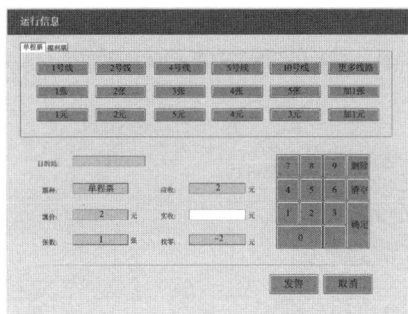

图6-7　单程票发售界面

二维码15 BOM手动发票

二维码16 BOM无法发售单程票故障处理

③签退。

点击主界面"操作员"模块后,选择"签退"进入签退界面,输入对应操作员号的密码,点击"签退"即完成BOM签退作业。其界面如图6-8所示。

(3)预制单程票的发售。

预制单程票是车票主管部门提前制作并配发到车站,以应对设备故障或大客流时乘客购票困难的问题。预制单程票属于预赋值票,在车站客服中心通过人工出售,它的特点是已赋值,具有较长的使用期限,可以在沿线各车站进站乘车。相关资源见二维码17、二维码18。

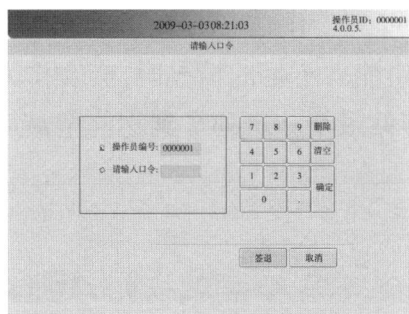

二维码17 BOM自动发票

二维码18 BOM手动发票

图6-8　BOM签退界面

预制单程票的发售应具备以下条件:客流较大时,车站站厅等待购票的乘客持续增多时,自动售票机和客服中心半自动售票机无法缓解排队现象时。

(4)地铁储值票的发售。

车站正常运营时,储值票在车站售票处发售。有些城市轨道交通运营企业考虑到储值票成本问题,要求乘客购买储值票时交纳一定的押金。相关资源见二维码19。

半自动售票机的使
用:开通储值卡

①储值票发售:是指第一次发售充值,即储值票开卡。票务员将要发售的储值票放在储值票读卡区,单击主界面的储值票按钮,在储值票操作中单击储值票发卡,储值票发卡时,须向乘客收取20元押金。其界面如图6-9所示。

②储值票充值操作:票务员为乘客办理储值票充值时,将储值票放在读卡区,单击储值票按钮,进入储值票操作界面。其界面如图6-10所示。相关资源见二维码20、二维码21。

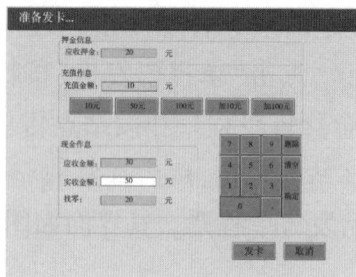

图6-9　储值票发卡操作界面

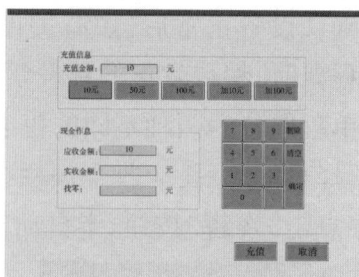

图6-10　储值票充值操作界面

储值票充值

半自动售票机的使
用:储值卡充值

③储值票退卡:乘客在将储值票退卡时,票务员将要退的储值票放在储值票读卡区,单击主界面的储值票按钮,在储值票操作中单击储值票退卡。储值票退卡时,在检查储值票完好后,须向乘客返还20元押金。其界面如图6-11所示。

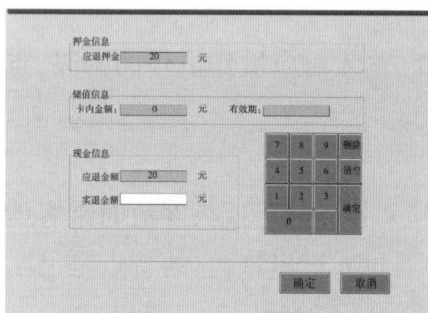

图6-11　储值票退卡界面

二 售检票作业标准及程序

通常情况下,售票工作在各车站的客服中心进行。但当车站出现大客流或自动、半自动售票机故障,售票能力不足的情况时,会安排人员在临时客服中心人工出售单程票。售票时间一般安排在车站最早一班列车到达前至最后一班列车开出后。票务员售检票作业标准及程序如下。

1. 售票前的准备工作

票务员到车站值班员(综控员)处报到,领取备用金、车票、票据等,按实际数量在票务员结算单上签收交接。领取客服中心钥匙,同时做好相关登记。

2. 开窗售票

(1)售票作业前必须使用自己的操作员号和密码登录。

(2)售票作业时必须按照"一问、二收、三唱、四操作、五找零"的程序进行(见表6-2)。

售票作业程序　　　　表6-2

步骤	程序	内　　容
1	问	问清乘客欲购买车票张数或问清乘客欲充值金额
2	收	收取乘客的票款
3	唱	唱收票款金额,重复乘客要求的购票张数和车票类型;如未听清乘客的要求,应主动礼貌地询问
4	操作	检验钞票真伪,如钞票为伪钞,则要求乘客另换张钞票;在BOM上选择相应功能键,处理车票
5	找零	清楚说出找零金额和车票张数,将车票和找零一起礼貌地交给乘客

(3)车票在交给乘客之前,必须使用半自动售票机进行分析,请乘客通过乘客显示屏或打印单据确认车票有效性。

(4)为乘客发售/充值车票后,随车票配发等额报销凭证、发票。

(5)若车票、备用金不足,票务员必须及时通知车站值班员(综控员),要求补充,并在"值班员交接班记录"、票务员结算单等相关台账上注明,做好交接工作。

(6)票务员暂时离岗时必须按规定进行"暂停"作业,否则由此引发的一切不良后果均由离岗者本人自行承担。

3. 售票结束

(1)票务员交班时(临时顶岗或他人顶班时也要进行此项操作)必须按规定进行BOM签退,否则由此引发的一切不良后果均由离岗者本人自行承担。进行BOM签退前,交接双方须注意观察并记住设备提示的当前票卡数量,以便接班人员登录时准确输入车票数,防止人为造成车票库存差异。

(2)票务员清理现场,携带本人所有现金,以及在处理乘客事务处理中收取的车票、报表、单据和个人领用但未售完的车票,回票务管理室。

(3)票务员清点个人票款后,交予客运值班员,在纸质的票务员结算单上核对票款数目,签字确认。

──────────────◆ 知 识 链 接 ◆──────────────

半自动售票机更新车票

半自动售票机除能完成单程票的发售外,还可以实现车票分析、车票充值和车票更新等功能。

1. 车票分析

车票分析是指通过半自动售票机分析车票的信息。票务员在接到乘客提供的车票后,首先必须进行车票分析,并根据分析结果进行后续处理。首先选择是付费区操作还是非付费区操作,将要分析的车票放在读卡区,点击"分析车票"按钮,就能在车票状态栏看到票卡当前的状态,如车票票卡号、种类、最近一次进出站的车站、进出站时间、车票余额等信息,同时在分析结果栏显示出系统对票卡单程票状态进行分析的结果。

2. 车票充值

票务员为乘客办理储值票充值时,应将储值票放在读卡区,点击"分析车票"按钮,对于不超过余额上限的储值票可以进行充值,"充值"按钮会被激活,点击"充值"按钮,出现充值界面,在充值金额栏输入对应的充值金额并点击"确定"后,开始充值处理,处理完成后在分析结果栏显示"充值成功"字样。

3. 车票更新

车票更新是指对乘客手持的不能正常通过闸机的车票,根据车票分析的结果进行相应的处理,更改车票信息至符合闸机正常进出要求的操作。

三　车站检票作业

1. 自动检票机检票作业

(1)进站检票机工作流程。

①使用一张非接触式 IC 卡进入读卡区范围。

②读写器对车票进行有效性检查。

③若为有效票,则自动将进站站名、进站时间和设备号等信息写入车票中,然后打开扇门,检测到乘客通过后关闭扇门并返回开始状态。

④若为无效票(车票无效条件:过期、次序错误、余额不足、黑名单车票、非本市发行的IC 卡等),则提示车票无效或报警,并维持扇门关闭状态,禁止通行。

(2)出站检票机工作流程。

①使用一张非接触式 IC 卡进入读卡区范围。

②检查车票有效性和车费。

③若为如下有效票情况,则扇门打开,检测到乘客通过后关闭扇门并返回开始状态:

a. 对单程票、福利票、出站票自动写入注销信息并回收。

b. 对定值票、储值票、计次票等扣除相应乘车费用和乘次。

c. 对员工票、车站工作票等免费车票写入相应记录。

④若为无效票或费用不够,则提示无效或欠费,并维持扇门关闭状态,禁止通行。

(3)双向检票机工作流程。

①双向检票机具备进站检票机和出站检票机两种功能。

②双向检票机可设置为进站检票机状态、出站检票机状态、进/出站检票机状态。

③当检票机处于进站状态时,设备自动执行进站检票机的工作流程;当检票机处于出站状态时,设备自动执行出站检票机的工作流程。

2. 自动检票机票箱的更换

更换自动检票机票箱时,打开自动检票机的维修门后,按维护面板显示要求输入正确的操作员号和密码,成功登录后,选择运营服务中的更换票箱操作,在更换票箱操作中选择取下票箱,当票箱电动机完全降下后,双手取出票箱,如图6-12 所示。相关资源见二维码22。

图 6-12　自动检票机
维护面板

（1）拆卸票箱。

拆卸票箱的方法与安装方法一样，要按顺序进行，在完成当前动作之前不能进行下一个动作。其具体工作过程如下：

①开启维修门，操作维护面板。

更换 A 票箱的维护面板操作流程（位于左侧维修门上）：输入操作员号及密码；选择"卸下 A 票箱"；操作结束要签退；当选择"卸下 A 票箱"后，A 票箱指示灯由"常亮"变为"闪烁"，如图 6-13 所示。

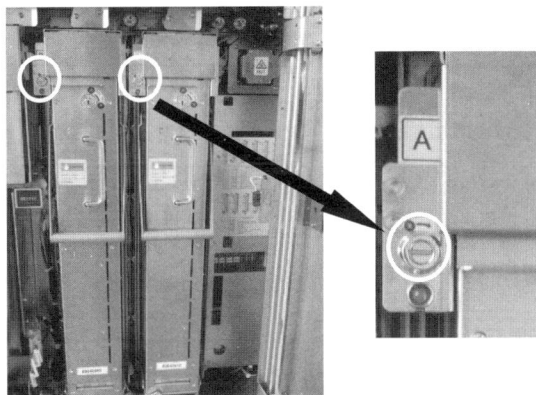

图 6-13　A 票箱指示灯

②推回对应票箱盖板并将锁打至"关"的位置。推回及拉出票箱盖操作如图 6-14 所示，插入钥匙，顺时针扳动至"开"的位置，逆时针扳动至"关"的位置。

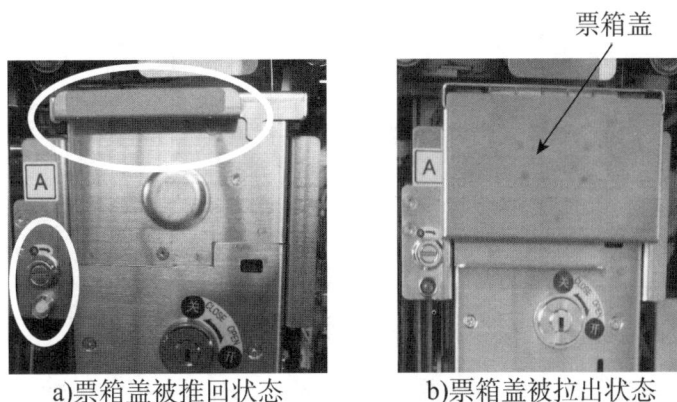

a)票箱盖被推回状态　　　　　b)票箱盖被拉出状态

图 6-14　A 票箱的盖板操作

③向下拨动"拨动开关"，使托槽下降。拨动开关位于票箱的底端，向上拨动是使托槽上

升,向下拨动是使其下降。如图 6-15 所示。

④逆时针拨回"杠杆",双手取下票箱。如图 6-16 所示。

图 6-15　卸下票箱的"拨动开关"操作

图 6-16　双手取下 A 票箱操作

将装满单程票的票箱拆卸下后,换上空的票箱。

(2)安装票箱。

安装票箱要按顺序进行,在完成当前动作之前不能进行下一个动作,如图 6-17 所示。其具体工作过程如下:

①利用票箱前面的把手,以水平方向把票箱小心地安装在 ID 连接器上。

②检测票箱安装到位(检查票箱 ID)。

③向上拨动"拨动开关",即将拨动开关打到"ON"位。

④托槽移动机构带动托盘向上移动。

⑤检测车票最高位置:当检测到车票最高位置到达指定的位置时,托槽停止移动。

⑥将票箱顶部工作锁打至"开"位(顶盖板锁机构松开)。

⑦固定托槽的机构松开,打开票箱盖板。

⑧回收或售票模块初始化。

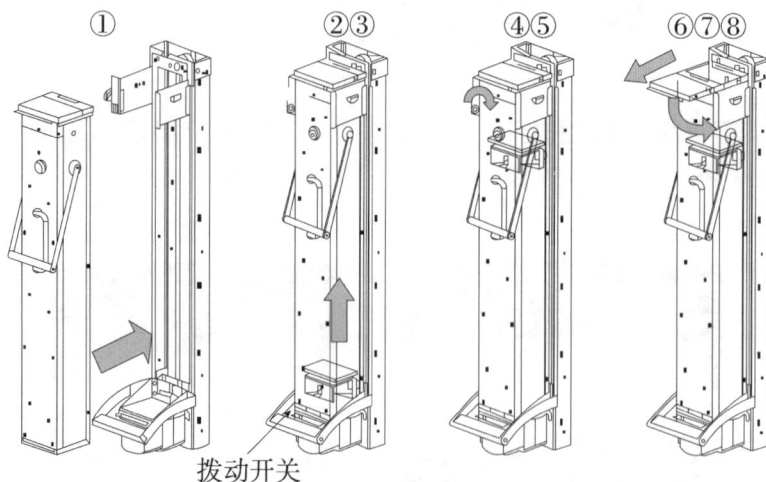

图 6-17　安装票箱的整体操作流程示意图

票箱安装完毕后,在维护面板中选择安装票箱,退出维护面板并注销,关好维修门。

设备读到不同的票箱 ID 后计数器清零,完成票箱更换工作,随后站务员将换出的票箱运回票务管理室进行清点。

更换票箱的安全注意事项

（1）运营安全。

①更换自动检票机票箱时，尽量考虑在非运营时间或客流较少的运营时间进行。

②更换时注意安放警示标志，隔离闸机，不要让乘客围观。

（2）设备安全。

①按照规定的操作流程执行，禁止野蛮操作。

②卸下和安装票箱时尽量用双手，并避免碰到票箱和设备。

（3）人员安全。

①采用合适的人力抬举方式，避免受伤。

②更换票箱时是带电作业，注意不要触电。

3. 出站闸机卡票的处理

在车站运营过程中，出站闸机的车票回收模块通常会出现卡票的问题。卡票现象经常发生在票箱顶部的传送带区域。相关资源见二维码23。

卡票的应急操作如下：

（1）打开右侧维修门，拉出车票回收模块。

（2）从票卡卡住的位置左手边最近的绿色转盘开始，按照出卡方向旋转，依次旋转各转盘，直至票卡移至方便取出的位置，如图6-18所示。

二维码23

自动检票机故障
票务作业——卡票

图6-18　自动检票机处理
卡票的操作流程

4. 便携式验票机的使用

便携式验票机具有验票和检票功能。操作员可以在付费区或非付费区通过切换费区完成验票、进站检票、出站检票功能。在操作员使用便携式验票机进行检票作业时，应用本人ID和密码登录，使用结束后必须及时签退。便携式验票机的使用和归还应进行签名登记。

如图6-19所示，便携式验票机主要由插卡槽、接触/非接触型IC卡读写器（天线）、LCD图形显示器、键盘、USB和充电器等组成。

便携式验票机的使用方法如下：

（1）开机。按"POWER"键，听到"嘀"的一声。

（2）关机。较长时间按住"POWER"键，直至听到"嘀嘀"的声音。

（3）登录。选择"F1"键或"F2"键，进入登录界面；输入操作员号和密码后，按"ENTER"

键;如果没有操作员号,则直接按"ENTER"键登录。

(4)电池使用。界面的右上角有当前电池容量状态。

(5)车票处理。可以将车票插入"插卡槽",也可以直接将车票置于"天线"上方;注意工作区域选择。如图6-20所示。

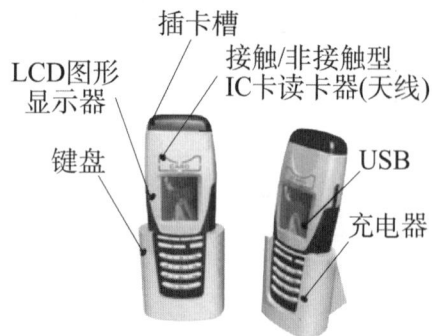

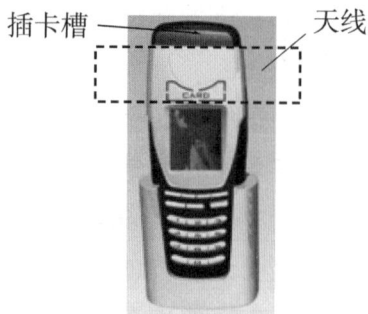

图6-19　便携式验票机结构　　图6-20　便携式验票机车票处理位置

①启动主程序:按"F1"键进入登录界面,登录后进入维护主界面(见图6-21)。

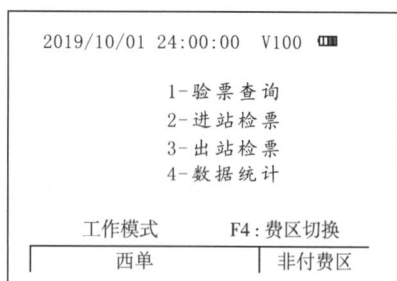

图6-21　便携式验票机登录
　　　　　后主界面

②工作区域选择:按"F4"键可实现当前工作区域的切换。

③退出主程序:在主界面下,按"CLEAR"键进入退出确认界面,按"ENTER"键退出主程序。

④验票查询:验票功能主要是查看设备的基本信息、卡上的交易历史以及对车票的有效性进行分析;在主界面下,按"1"键,进行验票查询。

注意:在验票前首先要确认所在的工作区域,因为不同区域的验票结果可能完全不同。

⑤进站检票:进站检票功能相当于进闸机的功能;在主界面下,按"2"键,进行进站检票。

注意:进站检票只能在"非付费区"进行。

⑥出站检票:出站检票功能相当于出闸机的功能;在主界面下,按"3"键,进行出站检票。

注意:出站检票只能在"付费区"进行。

⑦数据统计:数据统计功能是统计设备本地保存的交易数量信息;在主界面下,按"4"键。

(6)数据通信。数据通信功能是指便携式验票机与车站设备监控系统(SEMS)之间的通信功能,包括时钟同步、参数同步、数据上传、软件同步等。界面显示设备工作状态为"通信模式",则已建立通信。

任务6.3　车站退票作业

城市轨道交通供乘客使用的IC卡车票是有价证券,乘客一经购买,正常情况下是不允许退票的,但在特殊情况下,也可办理退票。不同的城市轨道交通运营企业能否进行退票及退票时的限制条件各不相同。根据退票的责任不同,可分为乘客责任退票及城市轨道交通运营企业责任退票。

一　乘客责任退票

乘客责任退票是指由于乘客自身原因造成购买单程票后不能及时乘坐,或者储值票存有余额但不再继续使用时产生退票,以及无效票产生退票的情形。

1. 单程票退款

对于已售出单程票的退款,不同的城市轨道交通运营企业有不同的规定,有的规定:单程票一经售出,若不属城市轨道运营企业的责任一律不予退款(如成都地铁);有的规定:单程票售出当天,卡内信息可以读取、未曾用于乘坐地铁,在规定的时限内(如广州地铁要求在购票后30min内),乘客要求退票时,采用半自动售票机办理退款业务,填写"退款票处理记录表",将车票票价全部退还给乘客,并由车站值班员(综控员)审查确认,超过系统规定的时间,则不予退款。相关资源见二维码24。

二维码24

半自动售票机的使用
——单程票退票退款

2. 储值票退款

储值票在使用过程中,如还存有余额,但乘客不再需要储值票,要求退款时按以下情况分别办理(相关资源见二维码25):

储值票未损坏,卡内信息能查询到余额,采用半自动售票机办理退款业务,应填写"退款票处理记录表",将车票余额及押金退还给乘客,并由客运值班员审查确认;若储值票由于持卡人保管不善出现卡折叠、断裂、涂鸦、粘贴异物、缺边、缺角、打孔或人为原因造成票面图案脱色或漆的储值票,虽然卡内信息能查询到余额,但不可循环使用的车票,押金不退,只退还余额。

二维码25

半自动售票机的使用
——储值票退票退款

若储值票不能更新处理或不能查询到余额,按无效票办理退款业务。

为了保证储值票退款的安全、准确,中央计算机系统还可设置退款的条件、使用次数限制、余额限制等,以确保退票处理有足够的安全性,防止欺骗行为的发生。

3. 无效票退款

无效票是指经 BOM 检验无法更新且系统无法读取数据的车票。

(1)即时退款。

若半自动售票机能查询到车票余额,应按上述规定办理相应退款,并回收无效票。

(2)非即时退款。

若半自动售票机不能查询到车票余值,应回收无效票,并填写"无效车票处理申请表",请乘客在 10 个工作日内,凭车票处理申请表收据到指定的车站办理退款。

二 城市轨道交通运营企业责任退票

当车站发生不可预料的事情,如列车故障、行车安全事故等造成乘客不能按时乘车,乘客提出退票要求时,在任何车站,持单程票的乘客可在当日,也可在规定的日期内(如成都地铁要求在10日内)办理单程票退票,填写"退款票处理记录表";使用储值票的乘客可在下次进站时给予免费更新。

三 退票作业程序

当乘客要求退票时,站厅巡查岗站务应引导乘客去客服中心办理。票务员应根据需要先分析车票状态,确认车票能否办理退款,并根据退票的相关规定为乘客办理退票业务。

知 识 链 接

储值票替换

当乘客由于自身原因造成车票不能使用时,票务员应对车票进行分析后,对于符合系统设置参数的车票可允许替换。在进行替换处理时,在被替换的车票上写入有关替换信息,但车票的原有信息不能被修改或抹除,车票上的所有余值/乘车次数及优惠信息应完全转入新的车票。

任务6.4 车站自动售票机钱箱更换及钱箱内现金清点作业

售票终端设备中涉及现金交易的自助设备主要有自动充值机(Automatic Value-added Machine,简称AVM)、自动售票机和自动充值售票一体机。在车站的日常票务作业中或运营结束后需要回收设备内的钱箱,以便清点和票款解行。设备钱箱主要有自动充值机纸币钱箱、自动售票机纸币钱箱和硬币钱箱。

一 售票终端设备更换钱箱、现金清点与加币作业管理规定

1. 售票终端设备更换钱箱管理规定

售票终端设备的钱箱分为纸币钱箱和硬币钱箱,由车站值班员(综控员)负责更换。钱箱更换的管理规定如下:

(1)更换纸币钱箱、硬币钱箱的操作由车站值班员(综控员)和值班站长共同完成。车站值班员(综控员)负责具体操作,值班站长负责监督和安全保护。

(2)各站必须结合本站具体情况制定更换钱箱的作业线路。

(3)更换纸币钱箱、硬币钱箱过程中打开自动售票机维修门时必须输入操作员本人的ID及密码,并逐台进行设备操作,严禁同时操作多台设备。

（4）更换钱箱完毕后，须收好设备打印单据，以备对账时使用。

（5）锁闭维修门后，应先确认售票终端设备已恢复正常服务，再立即将钱箱送返车站票务管理室进行清点。

（6）更换钱箱的注意事项：

①每日运营结束后，必须更换所有投入服务的自动售票机的钱箱。

②更换钱箱的工作须在车站中心计算机设置的设备服务结束时间之前全部完成。

③对于作业过程中，设备自动打印的水单必须签字后收好，以备对账时使用。

2. 售票终端设备现金清点的管理规定

（1）售票终端设备的钱箱更换后，必须立即将钱箱运回车站票务管理室，方可进行清点。

（2）钱箱清点工作由当班车站值班员（综控员）和值班站长双方负责，值班站长负责监督，车站值班员（综控员）负责清点。

（3）进行钱箱内现金的清点作业时，必须在站区指定的视频监控范围内进行，纸币钱箱与硬币钱箱应分开并逐一进行清点。

（4）在清点过程中，若发现钱款有明显的失真特征或可通过验钞机识别为伪钞的，值班站长确认后做好记录，与车站值班员（综控员）双方签字确认加封［加封内容为日期、车站名、设备号、伪币种类、金额、数量、值班站长与车站值班员（综控员）双方签名］，然后，由车站值班员（综控员）在当日"TVM/AVM 钱箱日清点记录"上备注说明，按实际清点数目交款。

（5）清点结果由车站值班员（综控员）负责填写相关台账：

①运营时间内更换钱箱，在"钱箱更换记录台账"上如实登记，并由值班站长负责签认。

②运营结束后回收所有钱箱，现金清点结果应登记在"TVM/AVM 钱箱日清点记录"的"实点金额"栏中，同时认真核对设备打印的 TVM/AVM 结算单与实际清点的现金数量是否一致，由车站值班员（综控员）和值班站长双方签字确认。

（6）发生钱箱清点票款与设备打印结算单不符时：

①调取录像资料，若可以证明清点钱箱的全程操作是在规定的监控范围内，且经检查自动售票机未存在异常，则损失由城市轨道交通运营企业承担。

②若不能证明清点钱箱的全程操作是在规定的监控范围内，则损失由点钞者个人承担。

③若可以证明清点钱箱的全程操作是在规定的监控范围内，经检查自动售票机存在异常，则由相关部门进行妥善处理。

（7）车站备用金换零工作必须在钱箱清点作业完毕后方可进行。换零时，当班车站值班员（综控员）和值班站长必须双方在场，由车站值班员（综控员）负责兑换，值班站长负责监督确认。

（8）完成钱箱清点、备用金换零工作后，车站值班员（综控员）负责计算本站当日全部票款，填写"××车站日交款明细"，将备用金以外的全部票款放入柜内加锁保管。

（9）次日，由当班的车站值班员（综控员）负责将全部票款及设备打印的所有结账水单一并交站区票务员。

（10）从封存票款至站区票务员上门收款，由当班的车站值班员（综控员）负责票款的安全保管，逢交接班时，必须对票款进行力度交接，值班站长负责监督。

3. 售票终端设备加币作业的管理规定

(1)自动售票机找零器的加币工作由车站值班员(综控员)和值班站长共同完成。车站值班员(综控员)负责具体操作,值班站长负责监督和安全保护。

(2)进行加币作业前,车站值班员(综控员)和值班站长应在车站票务管理室监控状态下进行现金的出库、清点及放入补币钱箱等操作。

(3)各站必须结合本站具体情况制定自动售票机加币的固定线路。

(4)打开自动售票机维修门,进行自动售票机加币作业前,必须确认乘客交易已经完成,再输入操作员本人 ID 及密码登录。

(5)完成加币作业后,车站值班员(综控员)负责确认自动售票机已恢复正常服务状态。

(6)携带机打水单和加币后已空的钱箱返回车站票务管理室,核对水单与实际操作的一致性,并如实填写"TVM 补票加币记录",双方签字确认。

(7)水单打印补币数量与实际补币数量不一致时,应在"TVM 补票加币记录"台账的"备注"栏进行登记,并及时报告站区进行妥善处置。

(8)车站值班员(综控员)在自动售票机出币/出票口或其他地方拾获现金,应如实在"车站值班员(综控员)交接台账"的"备注"栏进行登记。

(9)自动售票机加币的时机:

①运营开始前。

②运营期间,当车站中心计算机系统上自动售票机设备状态显示找零器将空时。

③非人为设置情况下,自动售票机处于无找零模式时。

(10)更换找零器的注意事项:

①自动售票机的加币工作必须在车站中心计算机设置的系统服务结束时间之前全部完成。

②每日末班车后,必须进行自动售票机结账,清空找零器。

二 售票终端设备钱箱更换流程

钱箱更换作业一般是由客运值班员负责安排更换售票终端设备钱箱。若在运营时间更换钱箱,须设置"暂停服务"牌。更换完成后,须确认自动售票机已恢复正常服务状态后,再撤除"暂停服务"牌,并立即将钱箱送返车站票务管理室。

1. 更换钱箱的时间

(1)车站中心计算机提示自动售票机钱箱将满时。

(2)自动售票机显示屏出现"只收硬币"或"只收纸币"时。

(3)各站结合本站具体情况制定的更换钱箱的固定时间。

(4)本站最后一列载客列车开出后的规定时间内。

2. 自动售票机硬币钱箱更换操作(图 6-22 ~ 图 6-24)

(1)打开维修门。

(2)在维护面板上登录。

(3)在维护面板上选择"补充硬币"。

(4)将待更换钱箱的前盖板手动推回箱体。

（5）用钥匙将取箱锁扳至开位。

（6）双手取下硬币钱箱,并取出钱箱内硬币装入指定容器。相关资源见二维码26。

图6-22　自动售票机硬币钱箱

图6-23　自动售票机硬币钱箱推回盖板操作

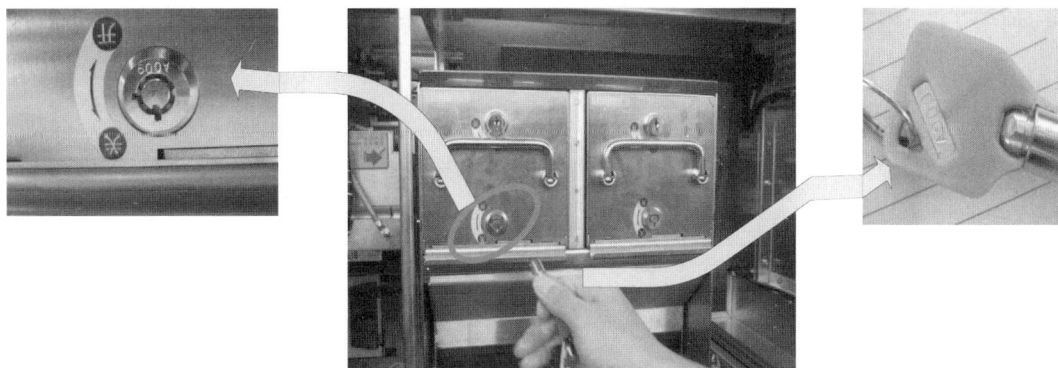

图6-24　自动售票机硬币钱箱锁闭

3. 自动售票机纸币钱箱更换操作(图6-25、图6-26)

（1）打开维修门。

（2）拉动纸币模块下端"拉出把手"。

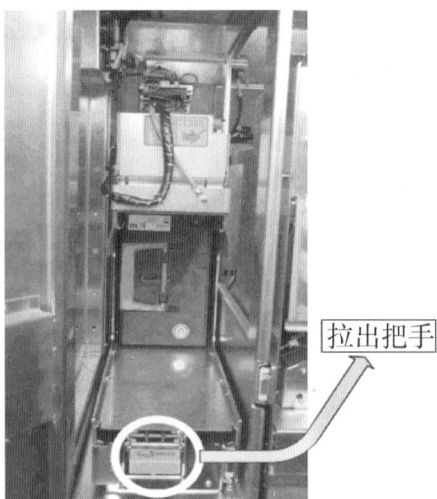

图6-25　自动售票机纸币模块示意图　　图6-26　自动售票机纸币钱箱开锁操作

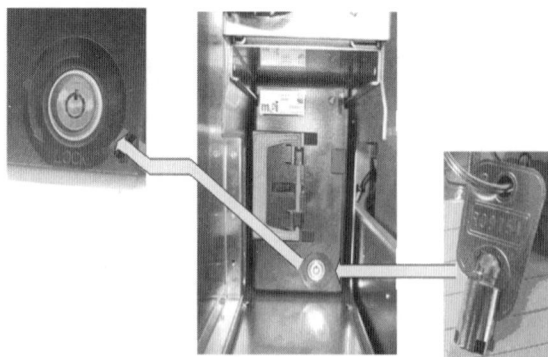

（3）用钥匙将锁位扳至"开"状态。

（4）拉出纸币钱箱把手，双手将纸币箱取下。

（5）按照规定取出纸币钱箱内的纸币，装入指定容器，再装回自动售票机或直接安装更新的纸币钱箱。相关资源见二维码27。

4. 更换钱箱的注意事项

（1）更换钱箱的工作必须在车站中心计算机设置的系统运营结束时间之前全部完成。

（2）每日运营结束后，必须更换所有投入服务的自动售票机的钱箱。

（3）每日实际运营结束后更换钱箱，须将找零器和副找零器内的所有硬币回收至硬币钱箱。

（4）更换钱箱时需两人进行操作：一人负责具体操作，一人负责更换钱箱操作的监控和安全工作。

（5）打开自动售票机维修门及取出钱箱时必须报车控室，在得到车控室在车站中心计算机上下达的命令后，用员工号和个人密码登录。

（6）根据需要准备一定数量的空钱箱，以便更换时作替换用。

（7）从设备上取下钱箱后要立即放入运营小车并上锁，并按操作规程要求装上空钱箱。

（8）钱箱更换完毕后，设备后门要及时上锁。

（9）须两人将运营小车推回车站票务管理室，并选择安全路线，且任何一人都不可擅自离开。

三　钱箱清点工作

钱箱清点是收益管理的重要环节，应严格把控。一般情况下，钱箱的清点工作需要由两人在车站票务管理室共同完成。

清点出的所有钱箱票款金额，并扣除值班员为自动售票机补充找零硬币的金额，就是

二维码27

自动售票机更换
纸币钱箱

当日自动售票机票款收益。为保证自动售票机票款收益统计的准确性,车站对于补入自动售票机的找零硬币的清点及钱箱票款的清点必须按规范要求进行,以确保准确无误。一般情况下,硬币的清点及钱箱的清点工作须由两人在票务管理室监视仪监视状态下共同完成。值班员在清点用于补币的硬币时,每台自动售票机的补币清点数量必须在票务管理室监视系统下进行读数并加封。用于补币的硬币清点完至补币前,须存放在票务管理室监视区域。进行补充硬币操作时必须两人负责(一人操作、一人监控),补充硬币后须做好相应的台账记录。清点钱箱时,相应的钱箱、钱袋和点币机必须放在安全区域。整个清点过程中,任何人不得遮挡监视仪,若监视系统发生故障而造成车站无法按程序清点钱箱,须由一名车站值班站长或以上职务人员和车站值班员(综控员)两人一起清点钱箱,必须逐一清点,每个硬币钱箱的清点数量必须在票务管理室监视系统下进行读数,并将实点数及时记入“钱箱清点报告”对应的“实点金额”栏,每清点完一个钱箱,须确保钱箱已倒空并无现金遗留在钱箱内。清点钱箱过程中,非紧急情况不得离开票务管理室。

钱箱清点工作的作业标准如下:

(1)钱箱清点要在车站票务管理室进行。

(2)清点钱箱时,相应的钱箱、钱袋和点币机必须放在安全区域。

(3)在有监控设备的条件下,所有清点工作都要在摄像头有效的范围内进行。

(4)钱箱清点工作至少要确保两人在场,并互相监督(一人负责清点、一人负责监督)。

(5)纸币钱箱和硬币钱箱要分开并逐一清点。

(6)钱箱清点和数据录入、台账填写要规范,并按解行的要求进行封存。

在清点过程中,若发现假币、机币等异常情况,需要在“钱箱清点报告”备注栏注明,假币、机币用票务专用信封加封后随报表上交票务管理室。在整个清点过程中,任何人不得遮挡监视仪,若监视系统发生故障而造成车站无法按程序清点钱箱,须由一名车站值班站长或以上职务人员和车站值班员(综控员)两人一起清点钱箱,必须逐一清点。钱箱清点过程中,非紧急情况下不得离开票务管理室。

任务6.5　车站票款收缴作业

车站的票款是车站现金的重要组成部分,应严格执行财务管理规定,严禁坐支票款,票款和备用金要分区管理。

车站票款主要有自动售票机售票收入、自动充值机储值票充值收入、客服中心半自动售票机售票和充值收入、临时售票亭售票收入等。对于车站的票款收入,要求每日运营结束后进行清点、登记、系统录入、封装和解行。相关资源见二维码28。

二维码28

票款收缴作业

1. 票款封装

车站当日要解行的票款由值班员一人在监视仪状态下清点,清点完

毕由车站值班站长复核并确认金额后,由值班员填写现金交款单,注明交款金额、企业账户等信息,与票款一起装入尾箱,并由两人共同加封尾箱。

2. 票款解行

票款解行是指车站与银行之间的票款交接,即车站将票款收益存在银行的专用账户的过程。票款收入一般要求每日按时解行,不得在车站过夜保管,解行方式由各城市轨道交通运营企业视情况而定。

(1)解行方式。

目前,城市轨道交通运营企业的票款解行方式主要有直接解行和打包返纳两种。

直接解行是指由车站清点票款,并由车站人员送到银行,银行工作人员与交款人员当面清点票款并当即返还现金送款单的解款方式。这种方式适合有驻站银行的车站。

打包返纳是指由银行或者专门押运公司到车站收取票款,运送到银行,银行工作人员按规定清点票款后于次日返还现金送款单,最终确认送行金额的解款方式。这种方式适用于距离银行地理位置较远的城市轨道交通车站。

(2)解行时间。

城市轨道交通运营企业应根据车站特点及银行服务时间确定解行时间,以保证车站能将票款尽可能多地存入银行,尽量减少存在车站过夜的票款,降低车站收益保管风险。

二维码29

票款解行操作程序

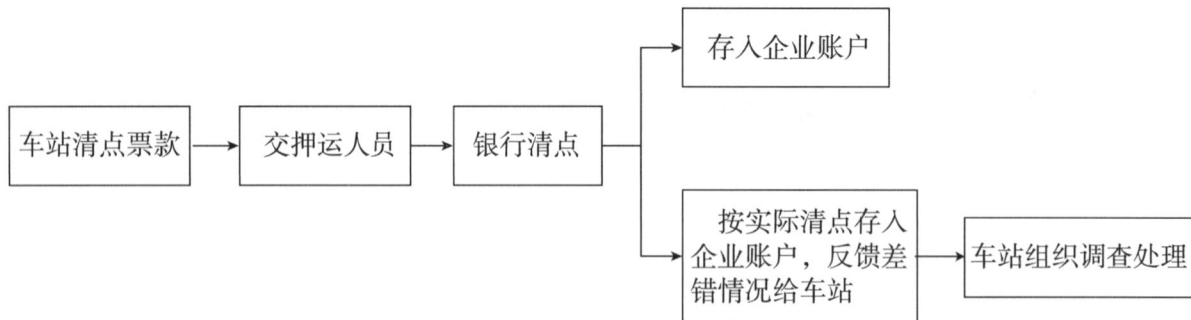

(3)解行操作程序(相关资源见二维码29)。

车站当日需要解行的票款由值班员一人在监视仪监视状态下清点,清点完毕由车站值班站长复核并确认金额后,由值班员填写交款单,注明交款金额、企业交款账户等信息,与加封好的票款一起送交银行,银行在清点完收到的票款并确认无误后,存入指定账户。

当银行在清点车站解行的票款过程中,发现长款、短款或假钞(假钞不计入实际清点金额,发现假钞时按短款处理)时,按实际清点金额入账,并将差错情况反馈给相关车站,车站组织调查处理。车站票款解行的流程如图6-27所示。

图6-27 车站票款解行流程

任务6.6 车站乘客票务事务处理作业

乘客票务事务处理是指乘客在乘坐轨道交通工具的过程中,因自身原因或其他特殊原因造成无法正常进出车站时引起的票务事务处理。在实行计程票制的城市轨道交通运营企业,常见的乘客票务事务处理主要有车票超程、超时、无效、丢失、进出次序错误以及自动售票机卡币、卡票、找零不足和充值不成功等。本任务根据不同的票务事务产生的原因来分别叙述处理办法。

一 车票超程

1. 车票超程的定义

车票超程是指按路程计价时,付费区乘客所持车票余额不够支付按标准计算所得的起点站至终点站之间的单程车费,车票不能正常通过出站闸机的情况。

2. 车票超程的处理办法

(1)单程票超程。

付费区乘客所持单程票超程时,票务员向乘客收取所欠车费后,在半自动售票机上操作更新车票,乘客持票出站。

(2)储值票超程。

付费区乘客所持储值票超程时,票务员向乘客收取充值金额,在半自动售票机上对车票进行充值操作后,乘客持票刷卡出站。

二 车票超时

1. 车票超时的定义

车票超时是指乘客验票进入付费区后,在付费区逗留时间过长,导致车票使用时间超过了系统规定的有效时间,车票不能正常通过出闸机的情况。

2. 车票超时的处理办法

(1)乘客所持单程票超时。

付费区乘客所持单程票超时时,票务员向乘客收取超时补款(各城市轨道交通运营企业自行规定)后,在半自动售票机上操作更新车票,乘客持票出站。

(2)乘客所持储值票超时。

付费区乘客所持储值票超时时,若车票进站日期显示是当天进站,则向乘客收取超时补款后在半自动售票机上操作更新车票,乘客持票刷卡出站;若车票进站日期显示不是当天进站,则扣除上次乘车费用(一般是最小车程费),输入进站码更新车票,乘客持票刷卡出站。

三 车票无效和车票丢失的处理办法

1. 车票无效的定义

车票无效是指车票在使用过程中,城市轨道交通设备原因或乘客自身人为原因造成车票异常,无法正常通过进、出闸机,且无法通过半自动售票机进行更新处理的情况。

2. 车票无效的处理办法

车票无效票的处理按付费区和非付费区分别处理。相关资源见二维码30。

（1）非付费区。

当非付费区乘客持无效车票要求乘车时,票务员需判断造成车票无效的是乘客自身人为原因还是轨道交通设备原因,若为乘客自身人为原因,则回收乘客手中的无效车票,并请乘客重新购票乘车;若为轨道交通设备原因,如自动售票机发售的无效车票,则回收无效车票,按规定办理乘客事务处理单,在半自动售票机上给乘客免费发售一张等值的普通单程票。

（2）付费区。

当付费区乘客持无效车票不能出站时,票务员通过判断,若为乘客自身人为原因,则回收无效车票,并请乘客按规定补款后,在半自动售票机上发售有效车票供乘客出闸;若为轨道交通设备原因,则回收无效车票,并在半自动售票机上给乘客免费发售有效车票,以供乘客出站。

3. 车票丢失的处理办法

乘客在乘车过程中,由于自身原因导致车票丢失而无法出站时,乘客应补缴出站车站在线网中的最高票价。

四 车票进出次序错误

1. 车票进出次序错误的定义

车票进出次序错误是指车票所处付费区或非付费区模式与乘客实际所在的区域不一致的情况。

2. 车票进出次序错误的处理办法

车票进出次序错误按非付费区和付费区分别处理。

（1）非付费区。

其主要表现为两种形式:一种是乘客在非付费区,但乘客车票显示已在进站闸机验过车票,显示为付费区模式,不能再次验票进站,这种情况一般是由于乘客持票在进闸机验票后未及时进闸所致;另一种是乘客在付费区,但所持车票没有进闸记录,显示仍为非付费区模式,车票不能正常通过出站闸机,这种情况一般是乘客进闸时没有成功验票,与其他乘客一起并闸进站或没有经进站闸机验票,直接从其他地方进入付费区所致。

当乘客在非付费区时,票务员在半自动售票机非付费区模式下分析车票,若车票上次验票时与当前时间之差在系统允许的更新时间范围内,则半自动售票机显示该票可以更新,票务员按"更新"按钮更新车票信息,乘客可持车票正常进站;若车票上次验票时间与当前时间之差已超出系统允许的更新时间范围,需要根据各城市轨道交通运营企业的票务政策与规定进行相应处理。

（2）付费区。

当乘客在付费区时,票务员在半自动售票机付费区模式下分析车票,根据半自动售票机分析显示单程票发售车站名,输入进站车站进行更新。

五 自动售票机卡币、卡票或找零不足

1. 自动售票机卡币

(1)自动售票机卡币的定义。

卡币主要指乘客在自动售票机上投币购票时,因自动售票机自身原因或乘客所投纸币(硬币)边缘变形、粘有胶带物等原因,导致纸币(硬币)被卡在自动售票机的某个部位,且自动售票机不再接收纸币(硬币)的情况。

(2)自动售票机卡币的处理办法。

当乘客反映自动售票机卡币时,车站值班员(综控员)首先要检查自动售票机投币口是否有纸币(硬币)堵塞或显示屏是否显示卡币故障代码,确认是否发生卡币情况。如显示屏显示卡币故障代码,则应按车站规定办理乘客事务处理单,以多退少补的原则给卡币的乘客发售相应面值的车票,同时报专业维修人员进行处理;如检查投币口无纸币(硬币)堵塞,显示屏未显示卡币故障代码,则由车站值班员(综控员)与另一车站员工共同打开自动售票机维修门,查看自动售票机的最近交易记录,并根据查询情况进行处理。如自动售票机显示正常且没有与乘客反映购票情况一致的交易记录,则表示没有卡币情况发生,由值班员负责向乘客做好解释工作。

2. 自动售票机卡票

(1)自动售票机卡票的定义。

卡票主要是指自动售票机在给乘客发售单程票的过程中,因自动售票机自身原因或单程票边缘变形、变厚等原因,单程票被卡在自动售票机的某个部位,且自动售票机自动进入"暂停服务"模式的情况。

(2)自动售票机卡票的处理办法。

当乘客反映卡票时,车站值班员(综控员)首先要查看显示屏是否显示卡票故障代码,确认是否发生卡票情况。如显示屏显示卡票故障代码,则应按车站规定办理乘客事务处理单,并在半自动售票机处按乘客需求重新发售一张车票或者办理退票手续,同时报专业维修人员进行处理;如显示屏未显示卡票故障代码,则由车站值班员(综控员)与另一车站员工共同打开自动售票机维修门,查看自动售票机的最近交易记录,并根据查询情况进行处理。如自动售票机显示正常且没有与乘客反映购票情况一致的交易记录,则表示没有卡票情况发生,由车站值班员(综控员)负责向乘客做好解释工作。

3. 自动售票机找零不足

(1)自动售票机找零不足的定义。

找零不足是指当乘客投入自动售票机的现金金额大于实际购票金额,因自动售票机自身原因或找零硬币边缘变形、粘有胶带物等原因,找零硬币被卡在自动售票机的某个部位,自动售票机停止找零,造成乘客找零金额不够的情况。

(2)自动售票机找零不足的处理办法。

当乘客反映自动售票机找零不足时,车站值班员首先要检查自动售票机显示屏是否显示

找零不足故障代码,确认是否发生找零不足的情况。如自动售票机显示屏有显示找零不足故障代码,则填写"乘客事务处理单",注明找零不足的处理情况,在半自动售票机上给乘客退还相应款额,同时报专业维修人员进行处理。如自动售票机显示屏没有显示找零不足故障代码,则询问乘客购票情况,由车站值班员(综控员)和另一名车站员工共同打开自动售票机维修门,查看自动售票机的最近交易记录,确认是否与乘客反映的购票情况一致。若情况一致,则填写"乘客事务处理单",注明找零不足的处理情况,在半自动售票机上给乘客退还相应款额,同时报专业维修人员进行处理;若自动售票机显示正常且没有与乘客反映购票情况一致的交易记录,则表示没有发生找零不足,由车站值班员(综控员)负责向乘客做好解释工作。

六　自动售票机充值不成功

1. 自动售票机充值不成功的定义

充值不成功是指乘客在自动售票机上投币充值时,因自动售票机自身原因或其他原因,自动售票机收取乘客投入的充值金额后,并不能充进票卡余额(未将充值金额信息写入票卡)的情况。

2. 自动售票机充值不成功的处理办法

当乘客反映自动售票机充值不成功时,车站值班员(综控员)与值班站长共同打开自动售票机维修门,查看最近交易记录,确认是否有与乘客反映一致的充值交易记录,若没有与乘客反映一致的充值交易记录,则应立即通知专业维修人员到现场处理,确认自动售票机是否发生已收款但充值不成功的情况,车站值班员(综控员)根据维修人员判断结果进行乘客事务处理;若有与乘客反映相符的充值交易记录,在半自动售票机上分析车票,根据查询情况,核实是否确有发生自动售票机已收款但充值不成功的情况。

若半自动售票机分析车票显示已成功充值,则请乘客通过显示屏确认车票成功充值,并确认车票充值前后余额,做好解释工作后将票卡交还乘客。

若半自动售票机分析车票余额及历史交易记录均显示没有该次充值,则表示自动售票机确实发生已收款但充值不成功的情况,车站值班员(综控员)按规定应办理"乘客事务处理单",注明充值不成功的处理情况,根据乘客需要在半自动售票机上给乘客办理等额充值或退还给乘客充值金额。

🚈 实训任务工单6-1　使用自动售票机完成购票/充值、更换票箱操作

使用自动售票机完成购票/充值、更换票箱操作见本教材配套实训任务工单6-1。

🚈 实训任务工单6-2　使用自动售票机完成更换硬/纸币钱箱作业

使用自动售票机完成更换硬/纸币钱箱作业见本教材配套实训任务工单6-2。

🚇 实训任务工单6-3　使用自动检票机完成更换票箱作业

使用自动检票机完成更换票箱作业见本教材配套实训任务工单6-3。

🚇 实训任务工单6-4　使用半自动售票机完成储值卡发售、充值和退卡等作业

使用半自动售票机完成储值卡发售、充值和退卡等作业见本教材配套实训任务工单6-4。

◎ 复习与思考

1. 简述票务员售票作业标准及程序。

2. 储值票退款时,请简述哪些情况不予办理退款业务。

3. 简述票款解行操作程序。

4. 乘客车票进出次序错误时,应如何处理?

5. 售票员发售纸票。

某年5月1日上午10时30分,某市地铁 AFC 系统设备大面积故障,此时自动售票机和半自动售票机80%故障,该站应如何应对?

要求:

(1)每一学生都能叙述处理流程。

(2)在实训场地将学生分组分岗位,按处理流程来模拟现实情境的处理。

6. 票务员登录半自动售票机发售单程票。

某年10月2日下午5时45分,某市地铁迎来客流高峰,自动售票机无法满足乘客的购票需求,值班站长通知你登录空闲的半自动售票机进行售票作业。

要求:

(1)每一学生都能描述登录半自动售票机并发售单程车票的流程。

(2)在实训场地将学生分组分岗位按处理流程来模拟现实情境的处理。

7. 单程票退款。

某年5月8日上午10时30分,某市地铁站一名乘客在自动售票机上购买了一张单程票,当日上午10时45分,该乘客由于自身原因,找到该站一名站务人员要求退票,若你是站务员,你该如何应对?

要求:

(1)每一学生都能叙述单程票处理流程。

(2)在实训场地将学生分组分岗位,按处理流程来模拟现实情境的处理。

项目7

非正常运营情况下的车站票务作业

教学目标

1. 掌握售票类设备故障时的票务处理方法；
2. 掌握检票类设备故障时的票务处理方法；
3. 掌握降级运营模式下的票务应急处理方法。

建议学时

8学时

教学导入

正常情况下,自动售检票设备都是在正常运营模式下运行的。当在运营过程中出现自动售检票系统终端设备发生故障或能力不足或出现其他系统设备故障、火灾等紧急情况以及出现列车延误、清客、越站等特殊情况时,车站各岗位人员要在值班站长的全面指挥下,完成车站的票务运作。站务人员要完成特殊情况下的票务工作,必须掌握售票类设备故障、检票类设备故障以及降级运营模式下的票务应急处理办法。

任务7.1 掌握自动售检票系统正常与降级处理模式

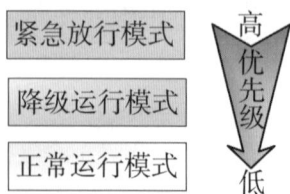

图7-1 自动售检票系统运行模式优先级

所谓"模式"即指在不同状况、条件下,为达到某些特定效果所采用的方式方法。票务模式管理就是针对车站不同的运营状况、条件所做出的相应操作行为的选择和实施,包括正常运行模式、降级运行模式和紧急放行模式。模式执行优先权由高到低依次为紧急放行模式、降级运行模式、正常运行模式。如图7-1所示。

一 正常运行模式

通常情况下,自动售检票系统在正常运行模式下自动运行。正常模式主要包括正常服务状态、关闭状态、暂停服务状态、设备故障状态、测试(维修)状态及离线运行状态等。相关资源见二维码31。

1. 正常服务状态、关闭状态、暂停服务状态

在每日自动售检票系统运行开始时,自动售检票系统可根据时间表设置,自动将各车站终端设备(TVM、BOM、AGM、TCM)设置为正常服务状态;每日运营结束时,系统也同样按顺序关闭终端设备,将其设置为关闭状态。同样,运营操作人员可以通过车站中心计算机将车站终端设备设置为正常服务状态或关闭状态。

当设备由于钱箱满、票箱满、票箱空等原因或设备门被非法打开时系统会自动进入暂停服务状态,在此状态下,终端设备不会对车票做出任何处理。

2. 设备故障状态

在自动售检票终端发生故障时,设备将自动进入设备故障状态,并自动向车站上一级报告(如终端设备故障,向车站中心计算机报告故障信息;车站中心计算机故障,向中央计算机报告故障信息);故障消除后,设备再自动向上一级系统报告后自动进入正常服务模式或关闭模式。车站中心计算机和中央计算机系统会保存相关的故障和维护信息并形成相应的报表。

3. 测试(维修)状态

通过本地控制,车站维护人员可将车站终端设备设置为维修状态,对终端设备进行测试及维护。在维修状态下,所有车站终端设备不能进行车票及现金的处理,但在特定命令下可以使用测试车票。车站终端设备的乘客显示屏或状态显示器会显示"暂停服务"及相关的维修信息。

维修人员及管理人员经登录后才能进入维修状态。通过维修界面输入命令,对主要的部件和模块进行测试。

4. 离线运行状态

车站设备能在本机上保存相关的参数设置,并由车站中心计算机系统定期更新。当车站终端设备与车站中心计算机之间、车站中心计算机和中央计算机之间、中央计算机模块间的网络通信中断或无网络连接时,设备可在离线下运行。

离线运行状态信息储存情况

在离线运行状态下,车站终端设备应能保存不少于7天的运行数据(包括交易数据、寄存器数据、设备运行状态信息等),车站中心计算机能保存不少于30天的业务数据,线路层计算机能保存不少于6个月的业务数据等。当网络恢复正常时,可自动检测未上传/下载的信息数据,并自动上传/下载相关数据。

二 降级运行模式

降级是指针对不同的运营状况、条件所做出的相应操作行为的选择和实施,一般包括列车故障模式、进出站免检模式、时间免检模式、日期免检模式、超程免检模式和其他模式等。

降级模式的设置可通过中央计算机设置,也可以通过车站中心计算机系统将车站终端设备设置为相应的降级模式,并做好相关记录,以车站中心计算机设置优先。

设置为相应降级模式后,设备的表现如下:

(1)中央计算机工作站上要明显地显示出该车站名称及模式,如字体或颜色闪烁等,以便监控。

(2)设置了该模式的车站中心计算机系统应在显著的位置,用明确的文字或符号显示所设置的模式,并用明确的文字或符号显示车站内已进入该模式的设备。

(3)在收到车站中心计算机系统下达的命令后,车站终端设备按模式要求进入相应的状态,按模式要求对车票进行处理。

1.列车故障模式

当出现列车运营故障,部分车站暂时中止运营服务时,暂停服务的车站需根据相关规定设置列车故障模式。在此模式下,对车票的处理如下:

(1)对本站进站的单程票及乘次票不扣除车费或乘次,单程票不回收,并写入此模式的标志信息。

(2)对本站进站的其他类型车票不扣除任何费用,并写入出站码和此模式的标志信息。

(3)对其他车站进站的单程票及乘次票不扣除车费或乘次,单程票不回收,并写入此模式的标志信息。

(4)对其他车站进站的其他类型车票不扣除任何费用,并写入出站码和此模式的标志信息。

模式结束后,所有车站的检票机对车票的处理如下:

(1)若单程票或乘次票具有列车故障模式信息,并在规定时间段内(系统设置),则应允许在任何车站进站使用,出站时根据实际车费进行检查,车费不足时应到补票机进行超程更新处理。

(2)储值票等其他车票正常使用和扣费。

列车故障处理程序如图7-2所示。

2.进出站免检模式

当车站的进站闸机全部故障,无法立即修复或车站出现大客流冲击,允许乘客不通过进站闸机进站。在此模式下,对车票的处理如下:

(1)在设置此模式的车站,所有进站闸机开放,不检验任何车票,乘客可以直接进站。

(2)无进站信息的车票在其他车站或本站出站时,由出站检票机根据清分系统、线路中心计算机下载的设置信息,其进站地点为此次进站车站,并按该免检模式进出扣费,对余额不足的车票要到客服中心进行超程更新处理。

（3）若有大于两个车站设置该模式，出站检票机按扣费最低的车费进行扣费。

（4）如果所有车站都设置为该模式，则对所有车票都不检查进出站次序，储值票将扣除最短程车费，乘次票被扣除一个乘次，单程票不检查车票余值，只回收。

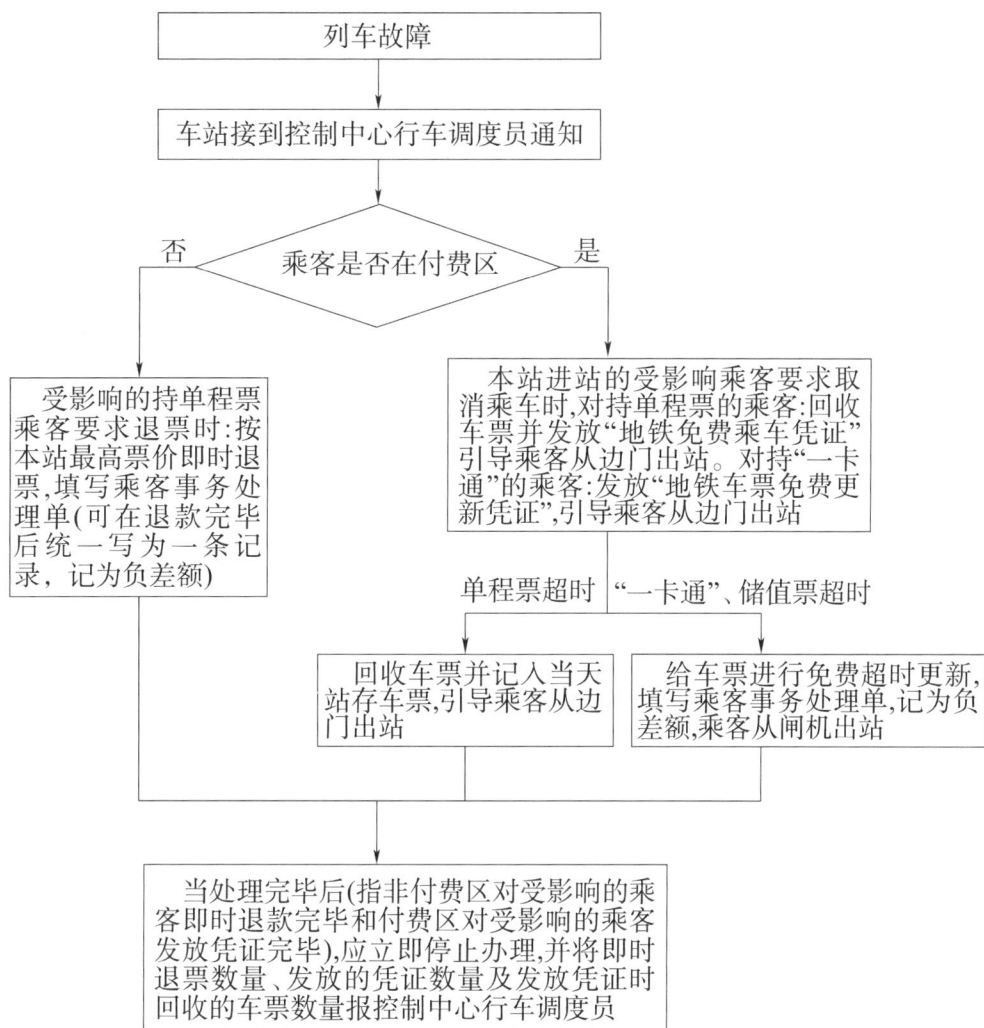

图 7-2　列车故障处理程序

车站进出站免检的组织

车站值班站长安排车站员工打开边门，引导乘客凭票从边门进站，并上报控制中心行车调度员，由行车调度员通知其他车站，其他车站做好对乘客车票进行出站更新的准备工作。其他车站安排员工引导持单程票、储值票、"一卡通"的乘客到客服中心更新车票（按相应情况扣费），若车票超程则按规定收取超程费用后更新车票，乘客从闸机出站，持老人免费卡的乘客从边门出站。

3.时间免检模式

由于列车延误或时钟错误等地铁原因导致乘客手中的车票超时无法出站，应及时设置时间免检模式。

设置此模式的车站,出站检票机对所有车票不检查车票上次的进站时间,但仍要检查车票的票值、进站码、日期等,所有车票按正常票价扣费。

4. 日期免检模式

由于运营企业原因导致乘客手中车票过期,根据运营工作的需要及相关规定的要求可设置日期免检模式。

设置此模式的出站检票机对所有的车票不检查车票上的有效日期,但是仍要检查车票的其他信息,如进站码、车票票值、时间等信息,所有车票按正常票价扣费。

5. 超程免检模式

某个车站因为事故或者故障而关闭,导致列车越过该站后才停车(跳停),可根据相关规定设置超程免检模式。

设置此模式的出站检票机不检查车票的余值,但是仍要检查车票的其他信息,如进站码、日期、时间等信息,储值票扣最低票价,乘次票扣一个乘车,单程票回收。

―――――――――――――――― ◦ 知 识 链 接 ◦ ――――――――――――――――

各种降级运行模式的设置原则

(1)列车故障模式的设置原则:地铁发生运营故障,需在某站进行清客时设置该模式;列车晚点,要求退票的乘客超过10人时设置该模式。

(2)进出站免检模式的设置原则:车站的进站闸机全部故障且无法立即修复或者由于车站出现大客流乘客拥挤,大量由本站进站的乘客未过进站闸机,此时设置该模式。

(3)时间免检模式的设置原则:由于列车延误或时钟错误等地铁原因导致乘客手中的车票超时设置该模式。

(4)日期免检模式的设置原则:由于地铁原因导致乘客手中车票过期时设置该模式。

(5)超程免检模式的设置原则:在接到行车调度员有关"列车越站"的通知时设置该模式。

―――――――――――――――― ◦ 知 识 链 接 ◦ ――――――――――――――――

列车"跳停"后的处理

(1)当列车越站时,控制中心行车调度员应及时通知列车越站后运行前方的第一个车站。车站接到控制中心行车调度员的通知后,安排车站员工引导乘客出站。

(2)对越站列车上受影响的乘客:

①单程票超程——回收车票并记入当天站存车票,引导乘客从边门出站。

②储值票、"一卡通"超程——给车票进行免费超程更新,填写"乘客事务处理单",记为负差额,乘客从闸机出站。

③在付费区持票乘客强烈要求退票时，值班站长及以上级别员工确认车票与当天发生特殊情况的时间相符，单程票按车票实际票价即时退票，填写乘客事务处理单，记为负差额；储值票则转到非付费区模式下免费更新后给乘客发放免费出站票出站，填写乘客事务处理单，记为负差额。

④除以上情况外的其他车票按规定办理。

6. 其他模式

除上述五种模式之外，有时候会出现如下模式组合：

（1）超程免检模式＋时间免检模式（相互独立运作，出站检票机扣费方式按照超程免检下的扣费方式处理）。

（2）超程免检模式＋日期免检模式（相互独立运作，出站检票机扣费方式按照超程免检下的扣费方式处理）。

（3）超程免检模式＋进出站免检模式（相互独立运作，出站检票机扣费方式按照超程免检下的扣费方式处理）。

（4）时间免检模式＋日期免检模式（相互独立运作）。

（5）时间免检模式＋进出站免检模式（相互独立运作）。

（6）日期免检模式＋进出站免检模式（相互独立运作）。

（7）超程免检模式＋时间免检模式＋日期免检模式（相互独立运作，出站检票机扣费方式按照超程免检下的扣费方式处理）。

（8）超程免检模式＋日期免检模式＋进出站免检模式（相互独立运作，出站检票机扣费方式按照超程免检下的扣费方式处理）。

（9）时间免检模式＋日期免检模式＋进出站免检模式（相互独立运作）。

（10）超程免检模式＋时间免检模式＋日期免检模式＋进出站免检模式（相互独立运作，出站检票机扣费方式按照超程免检下的扣费方式处理）。

在组合模式下，车票的处理按照模式的并集方式处理，即各个模式情况均单独作用。

三 紧急放行模式

当运营过程中发生地震、火灾等紧急情况，需要乘客紧急撤离车站时，车站现场拍打紧急按钮，自动售检票系统进入紧急放行模式。进入紧急放行模式后，所有售票类设备停止售票充值业务，TVM/AVM自动进入"暂停服务"状态、半自动售票机自动返回登录界面、闸机处于全开状态，顶棚导向标志处于禁止放行状态，乘客出站不检票。紧急放行模式具有最高级的模式执行优先权。

设置此模式时，半自动售票机可正常运作，但操作员显示屏上显示紧急状态的信息，自动售票机处于暂停服务状态。检票机都处于"常开"状态，保证乘客无阻碍离开付费区。另外，所有检票机不对车票进行写处理，如有车票放于读写器上，不对车票进行写操作，轨道交通专用票不回收。

一 自动售票机故障

1. 部分自动售票机故障或能力不足的处理

自动售票机能力不足是指当车站出现突发大客流等特殊情况时,由于现有的自动售票机数量有限,不能满足乘客购票需要,导致大量乘客在车站非付费区滞留并等候购票的情况。

当站内部分自动售票机故障时,若为职责范围内的故障情况,客运值班员或车站值班员(综控员)应进行简单故障处理;若非职责范围内或无法处理的设备故障,应及时向相关部门报修,并做好报修记录。站内站务人员对乘客做好引导宣传工作。若无法满足乘客需求,视客流情况,值班站长可下令适当加开半自动售票机,安排票务员在半自动售票机上出售单程票,以加大售票能力。

部分自动售票机故障的处理流程如图7-3所示。

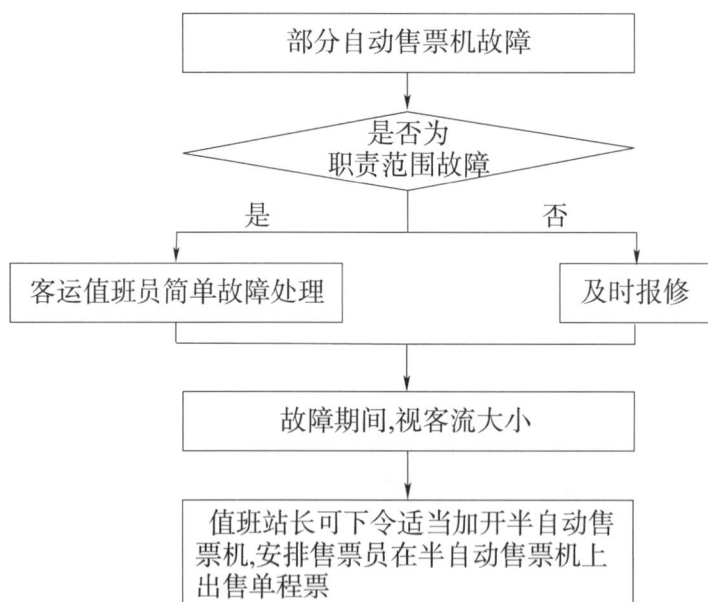

图7-3 部分自动售票机故障的处理流程

2. 全部自动售票机故障

当车站全部自动售票机故障时,客运值班员或车站值班员(综控员)应立即通知值班站长,向相关维修部门报修,做好记录,并到站厅进行宣传疏导工作。

全部自动售票机故障时,值班站长安排票务员在半自动售票机上出售单程票;根据客流情况,当半自动售票机售票不能满足乘客购票需求时,值班站长需要报中心站站长确定是否出售预制票或纸票,并报告控制中心的行车调度员,由行车调度员通知其他车站做好给乘客检票的准备工作;同时安排人员引导持纸票的乘客从应急通道进站;车站在设备恢复正常或客流有效缓解后恢复正常运作,值班站长决定停止售卖纸票并上报控制中心的行车调度员。全部自动售票机故障的处理流程如图7-4所示。

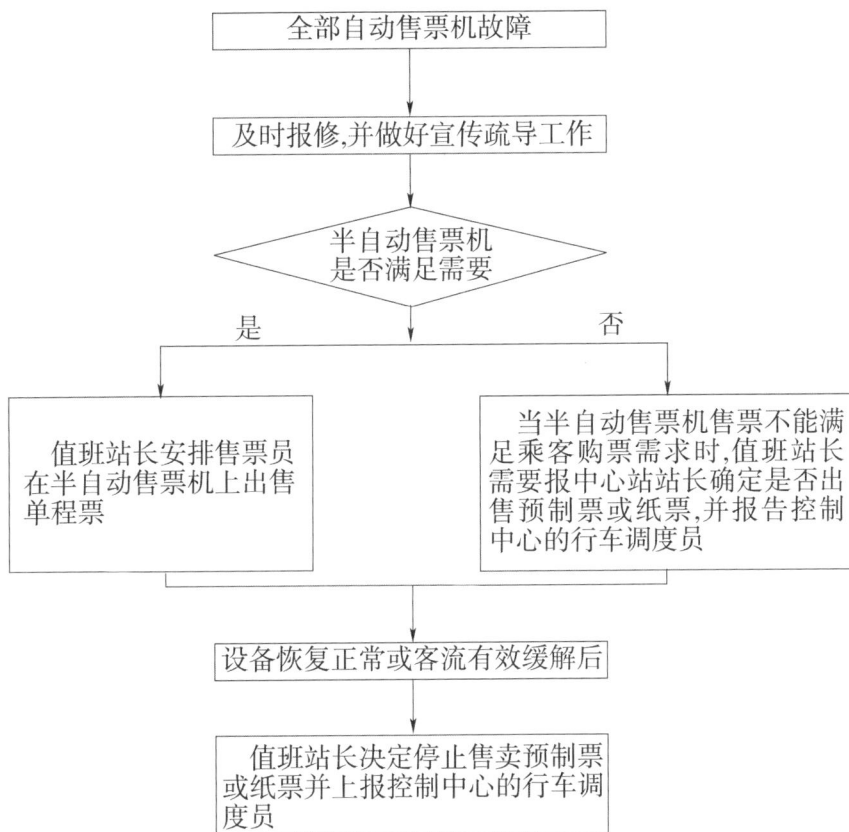

图7-4 全部自动售票机故障的处理流程

二 半自动售票机故障

当车站半自动售票机故障时,乘客所持车票不能在半自动售票机上进行分析处理操作,当乘客不能正常进、出闸机时,车站应根据各自半自动售票机的功能不同而予以不同的处理。

1. 部分半自动售票机故障

若只有部分半自动售票机发生故障,票务员应通知客运值班员进行故障处理,在售票窗口摆放"设备故障,暂停服务"提示牌,同时,客运值班员应安排人员引导乘客至自动售票机购票充值或到其他客服中心(半自动售票机正常的客服中心)办理相关票务业务。客运值班员无法处理的设备故障,应通知相关维修部门,并做好报修记录。

若车站客服中心内有其他空闲半自动售票机,票务员可在故障半自动售票机上退出后,登录空闲半自动售票机进行票务作业。部分半自动售票机故障的处理流程如图7-5所示。

2. 全部半自动售票机故障

当全部半自动售票机发生故障时,会影响车站内售票充值的能力以及乘客票务处理的能力。此时,票务员应及时通知值班站长,值班站长应通知中心站站长并报告现场情况,由中心站站长逐级向公司汇报,再由中心站站长根据客流情况下令发售预制票来缓解车站的售票压力,票务员应按地铁票价表发售预制票;同时开启车站所有可用自动售票设备。

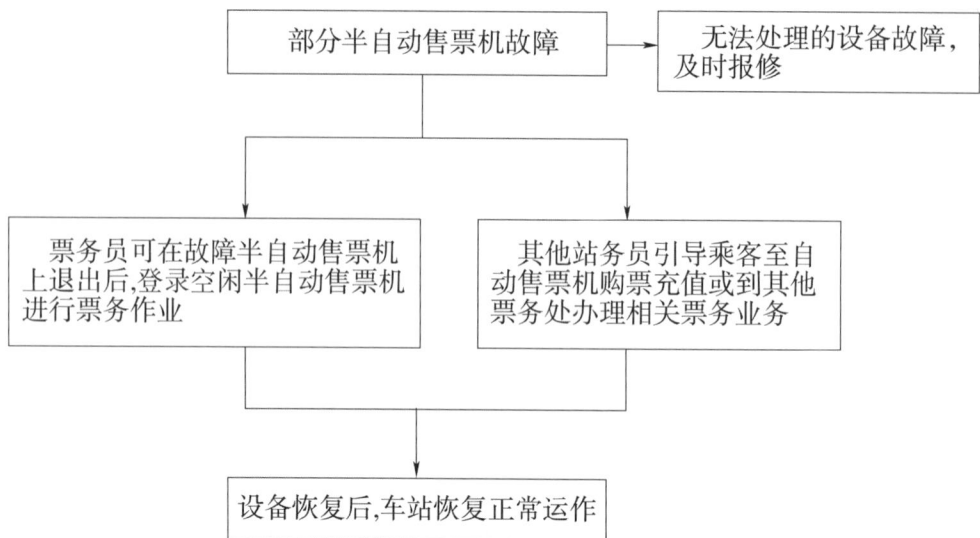

图7-5　部分半自动售票机故障的处理流程

当全部半自动售票机故障时,对于乘客票务处理需视乘客是否在付费区进行处理。

(1)乘客在非付费区。

当全部半自动售票机发生故障,乘客在非付费区时,引导其从边门进站,并告知将在出站时由出站的车站进行车票处理。

(2)乘客在付费区。

当全部半自动售票机发生故障,乘客在付费区时,对持单程票的乘客,由票务员回收其单程票并引导其从边门出站;对持储值票的乘客,由票务员进行车票处理后刷卡出站。

全部半自动售票机故障的处理流程如图7-6所示。

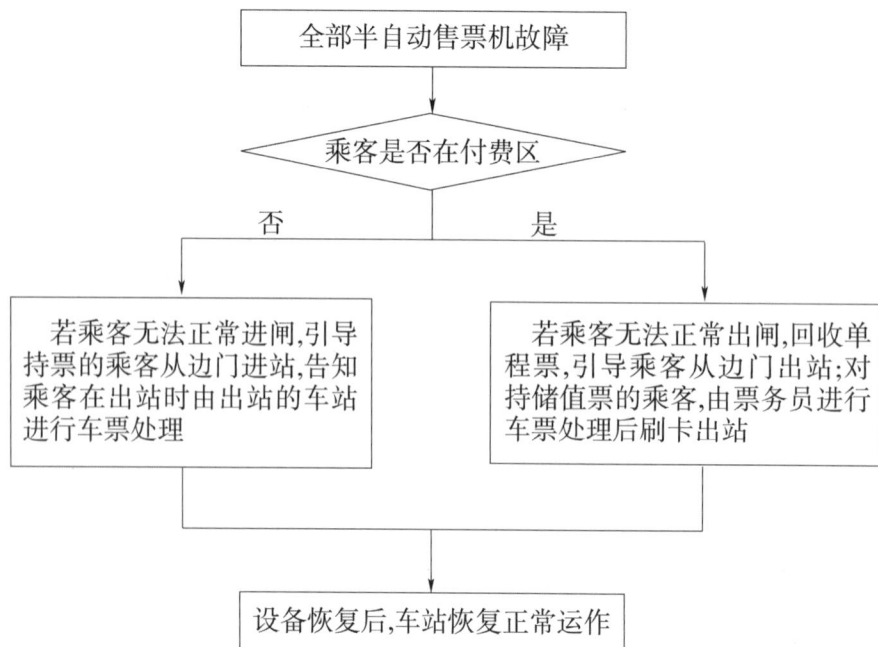

图7-6　全部半自动售票机故障的处理流程

三　全部售票类设备故障

当车站发生自动售票机和半自动售票机全部故障时,将无法出售单程票,乘客所持车票也不能在半自动售票机上进行分析、处理操作。此时,客运值班员应立即向值班站长汇报车站设备情况,并向公司相关维修部门报修,做好报修记录。值班站长应立即将车站现场运营处置情况上报中心站站长,并由中心站站长逐级上报公司,由中心站站长根据客流情况下令发售预制票。

1. 预制票的发售

若车站客运组织安全有序且运力允许,车站站存预制票可以满足发售需求,经值班站长下令,车站发售预制票。

(1)故障发生站的票务处置。

①车站通过调度电话通知控制中心行车调度员,由行车调度员告知线路内其他车站做好应对准备。

②客运值班员至票务管理室,将封存预制票配发给各票务员,做好相关台账报表记录。

③客运值班员配发好预制票后,至站厅进行宣传疏导工作。

④票务员领取预制票,在车站客服中心内依照票价表发售预制单程票。

⑤车站工作人员应做好宣传引导工作,组织乘客有序进出车站。

⑥车站通过广播、提示牌、人工宣传等方式提醒乘客暂停充值业务,引导乘客购买预制单程票。

(2)故障发生影响站的票务处置。

当其他车站被告之线路内某车站发售预制票时,值班站长应立即告之站内所有票务工作人员,如有无进站标记且无购售站信息的预制票,按发售预制票车站进行相应补票作业,非当日乘坐回收原票卡,按过期票进行相应补票作业。

当部分设备恢复正常后,值班站长应根据客流情况决定停止售卖预制票,并上报控制中心调度员。

2. 车票的更新处理

当全部售票设备故障时,对于乘客票务事务处理需视乘客是否在付费区进行处理:

(1)非付费区乘客。

对非付费区乘客,引导持储值票无法正常进入闸机的乘客及持预制票的乘客从应急通道进站,对持储值票不能正常进站的乘客,告知其在出站时由出站的车站进行车票处理。

(2)付费区乘客。

若乘客在付费区而无法正常出闸,引导乘客从应急通道出站。对持储值票的乘客,应告知其在下次乘车时到客服中心处理车票;对持单程票的乘客,应回收其单程票。

全部售票类设备故障的处理流程如图7-7所示。

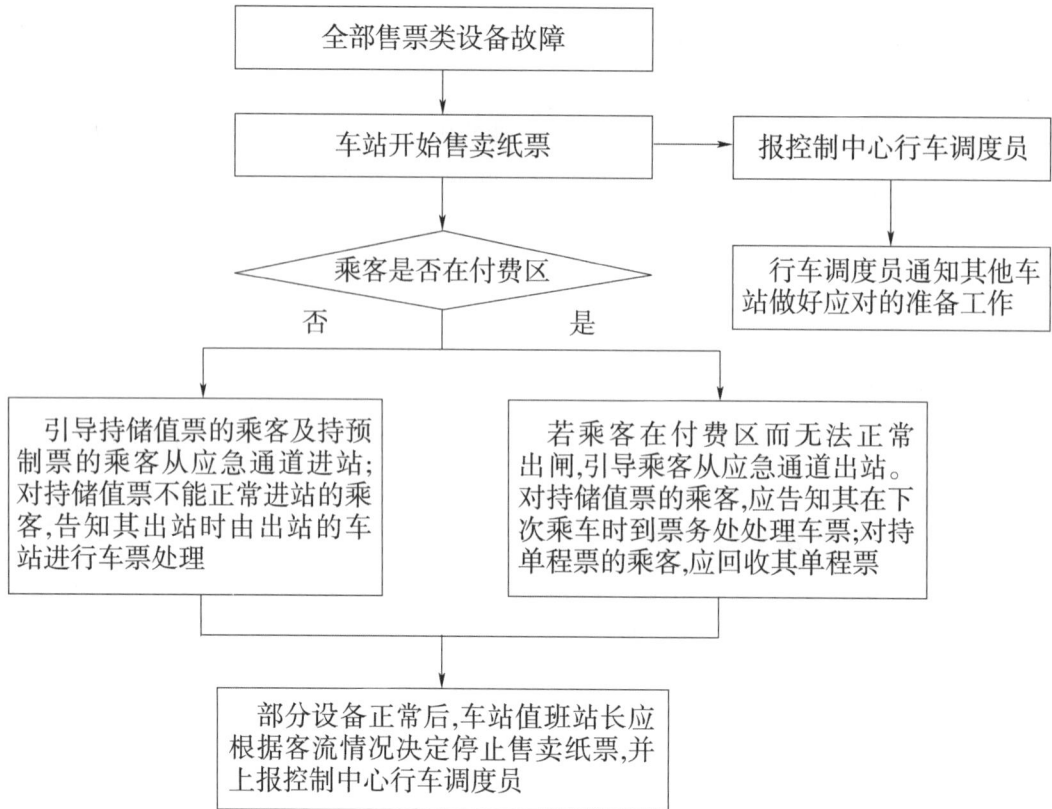

图 7-7　全部售票类设备故障的处理流程

任务 7.3　车站自动检票机故障时的票务作业

一　部分自动检票机故障

客运值班员对职责范围内的故障情况及时进行简单故障处理,若非职责范围内或无法处理的设备故障,应及时向相关部门报修,并做好报修记录。在故障自动检票机(闸机)通道处摆放"设备故障,暂停使用"提示牌,引导乘客选用正常闸机进、出站。若乘客进出速度缓慢,影响客流速度,可视情况将双向站闸机人工设置为所需方向。

1. 部分进站闸机故障

值班站长可视客流情况,下令减缓或减少售票窗口;如有需要,可适当关闭站内自动售票设备及售票窗口,以减小车站进站压力。

2. 部分出站闸机故障

在车站条件允许的情况下,可打开故障闸机通道,组织持回收类车票乘客出站,人工回收车票,宣传引导持非回收类票卡乘客刷卡出站。

若车站70%及以上进、出站闸机故障且无法及时修复,可按突发性进、出站大客流来处理。

二　全部检票类设备故障

1.全部进站闸机故障

全部进站闸机故障是指全部进站闸机停止检票,乘客无法通过进站闸机正常进站。当发生全部进站闸机故障时,值班站长应指挥各岗位按以下程序处理:

(1)故障发生站票务处理。

故障发生站必须及时安排人员引导持票的乘客通过边门进站,同时报控制中心行车调度员,由行车调度员通知其他车站做好给乘客更新车票的准备工作。车站在设备恢复正常或进站闸机客流有效缓解后恢复正常运作,上报控制中心行车调度员。

(2)受影响车站票务处理。

受影响车站在接到行车调度员通知后,安排票务员做好乘客车票更新工作,引导乘客更新车票后通过出站闸机正常出站。

进站闸机能力不足或全部进站闸机故障的处理流程如图 7-8 所示。

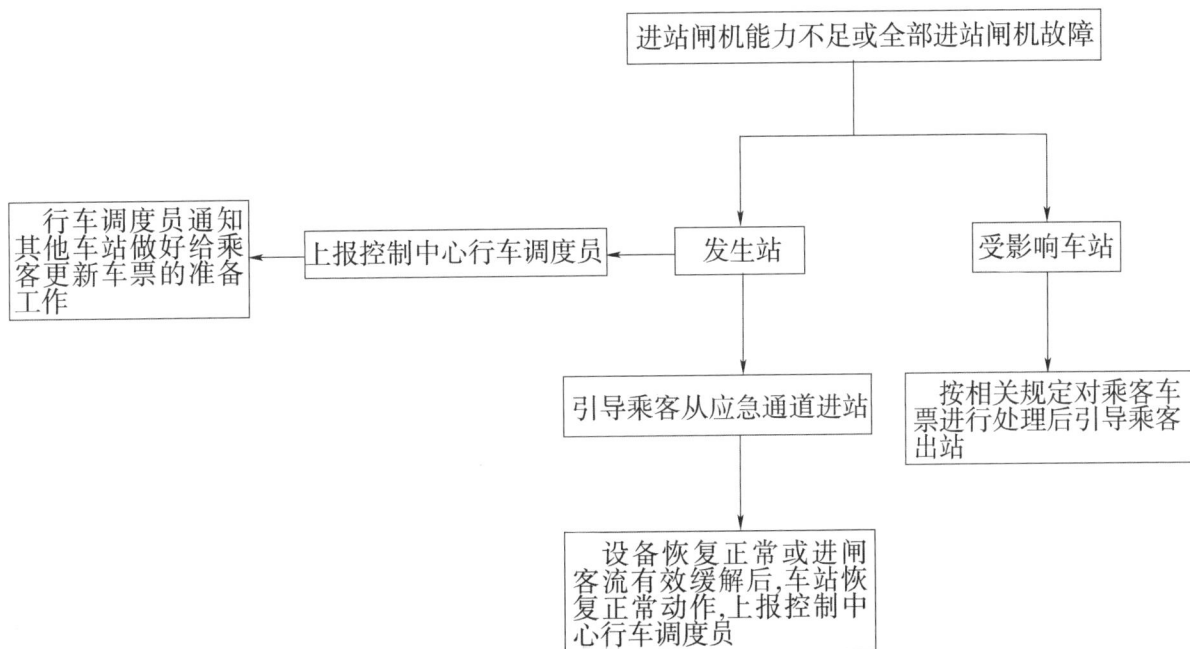

图 7-8　进站闸机能力不足或全部进站闸机故障的处理流程

2.全部出站闸机故障

全部出闸机故障是指全部出站闸机停止检票,乘客无法通过出站闸机正常出站。当发生全部出站闸机故障时,值班站长应指挥各岗位按以下程序处理:

值班站长及时报控制中心行车调度员,通知票务员及站厅巡查站务引导乘客从边门出站,对持单程票的乘客,应回收其单程票并记入当天站存;对持储值票的乘客,应告知其本次车费在下次乘车时到客服中心扣除。车站在设备恢复正常或出闸客流有效缓解后恢复正常运作,并上报控制中心行车调度员。

出站闸机能力不足或全部出站闸机故障的处理流程如图 7-9 所示。

```
┌─────────────────────────────────┐  车站应立即  ┌──────────────────────┐
│ 出站闸机能力不足或全部出站闸机故障 │ ──────────→ │ 报控制中心行车调度员 │
└─────────────────────────────────┘             └──────────────────────┘
           │
   客流较大时 │ 客流可控或设备恢复时
      ↓                              ↓
┌──────────────────────┐      ┌──────────────────────┐
│ 引导乘客从边门出站,对持单 │      │ 设备恢复正常,出闸客流有 │
│ 程票的乘客,应回收其单程票并记 │    │ 效缓解后,车站恢复正常动 │
│ 入当天站存;对持储值票的乘客,应 │    │ 作,并上报控制中心行车调度 │
│ 告知其本次车费在下次乘车时到 │      │ 员 │
│ 票务处扣除 │                      └──────────────────────┘
└──────────────────────┘
```

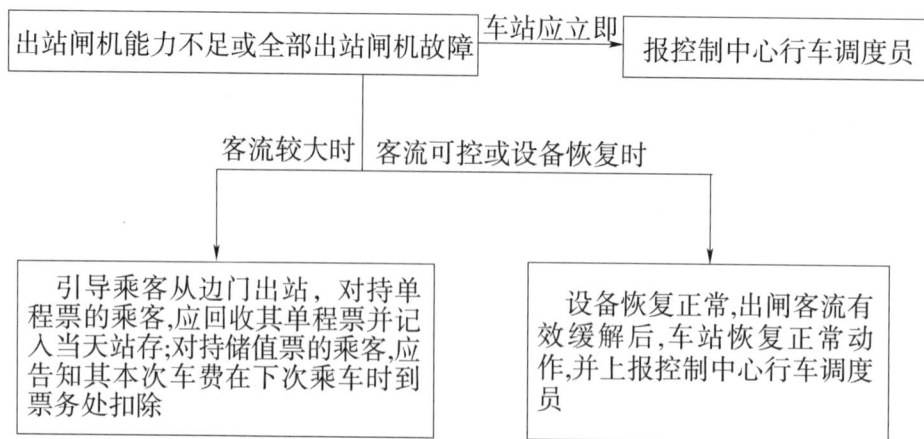

图 7-9　出站闸机能力不足或全部出站闸机故障的处理流程

复习与思考

1. 简述车站全部自动售票机故障时的处理流程。

2. 简述车站部分半自动售票机故障时的处理流程。

3. 简述车站全部出站闸机故障时的处理方法。

4. 简述在何种情况下需设置紧急放行模式。在紧急放行模式下,如何进行票务处理?

5. 半自动售票机故障的处理。

(1)某年4月9日(星期六),某市地铁1号线某站客服中心(票务处)的所有半自动售票机全部发生故障,该站应如何应对? (注:此车站是该市的购物中心。)

(2)某年5月1日,某市地铁1号线某站B出口的半自动售票机发生故障,此时D出口的两台半自动售票机处于正常状态,该站应如何应对? (注:该站只有B、D两个出口。)

要求:

①每一学生都能叙述处理流程。

②在实训场地将学生分组分岗位,按处理流程来模拟现实情境的处理。

6. 自动售票机故障的处理。

某年10月22日,某市地铁1号线某站自动售票机全部故障,该站应如何应对? [注:同年10月22—26日在该市该站附近举行重要会议。]

要求:

(1)每一学生都能叙述处理流程。

(2)在实训场地将学生分组分岗位,按处理流程来模拟现实情境的处理。

7. 全部售票机故障的处理。

某年3月20日,某市地铁1号线某站全部售票类设备发生故障,该站应如何应对? (注:同年3月19—22日在该市该站附近举行交易会。)

要求：

(1)每一学生都能叙述处理流程。

(2)在实训场地将学生分组分岗位,按处理流程来模拟现实情境的处理。

8.部分进、出站闸机故障的处理。

某年3月8日,某市地铁1号线某站一出口处进、出站闸机发生故障,此时,该站应如何组织乘客?(注:该车站共有4个出口,其他3个出口进出站闸机处于正常状态。)

要求：

(1)每一学生都能叙述处理流程。

(2)在实训场地将学生分组分岗位,按处理流程来模拟现实情境的处理。

9.全部进站闸机故障的处理。

某年10月1日,某市地铁1号线某站进站闸机全部故障,该站应如何应对?

要求：

(1)每一学生都能叙述处理流程。

(2)在实训场地将学生分组分岗位,按处理流程来模拟现实情境的处理。

10.全部出站闸机故障的处理。

某年3月22日,某市地铁1号线火车北站全部出站闸机发生故障。该站应如何应对?(注:同年3月19—22日在该市举行交易会。)

要求：

(1)每一学生都能叙述处理流程。

(2)在实训场地将学生分组分岗位,按处理流程来模拟现实情境的处理。

项目 8

票款清分结算与清分方案

随着我国城市化建设步伐的加快,中心城市都在向周边辐射,城市轨道交通作为城市交通的重要交通工具也在快速发展。随着城市轨道交通线路的增加,城市轨道交通网络化建设受到人们的重视。城市轨道交通网络是指交通线路以交织成网的形式覆盖整个城市各个区域,用于最大限度地改善城市交通状况,方便人民群众。城市轨道交通自动售检票系统利用计算机管理购票、检票、计费、收费、统计的全部过程,能够减少票务管理人员,减少人为造成差错,加快售检票速度,提高城市轨道交通系统的运行效率和效益。

随着城市轨道交通工程建设系统规模的不断扩大,我国大多数城市轨道交通将逐步形成网状结构,出现多家运营企业同时运营的局面。从方便乘客、为乘客创造便捷的出行环境的角度出发,轨道交通内部将实现轨道交通专用票和城市公共交通"一卡通"的"一票换乘"。在"一票换乘"的前提下,各个运营企业之间票款如何清分、相应的轨道交通票款清分中心如何建立、单程票如何管理、下级自动售检票系统如何统一建设等一系列问题都必须解决。

在城市轨道交通系统中,解决"一票换乘"的票款清分的部门为城市轨道交通 AFC 清分中心。清分中心作为自动售检票系统最上层的管理中心,在线网自动售检票系统中扮演着非常重要的角色,是城市轨道交通线网自动售检票系统各线路各类数据汇总、处理的唯一中心,可完成自动售检票系统各种运营参数的统一协调管理,是自动售检票系统运行状态监控管理中心及系统各线路之间和对外统一的技术接口,具有自动售检票系统票务客服以及对外信息服务和管理等功能。

任务8.1　票款清分结算概述

随着城市轨道交通网络化运营的发展,对票务收益的清分日益成为运营主体的关注焦点。上海、广州、北京等城市轨道交通已建立了清分中心。清分中心的主要职责是依据城市轨道交通网络中各运营主体的运营贡献进行运营收益分配。

客流量是衡量运营贡献大小的主要依据。影响客流量的因素有很多,包括车站数量、线路里程、站间行车时间、服务质量、换乘站个数、票价政策、便捷程度等。按照不同的计算方式和原则,所得出的各运营主体的贡献大小也不尽相同。因此,城市轨道交通运营收益清分的关键在于制定相对合理的清分规则。

一　清分

清分也叫清算,指清分中心按照一定的清分规则将合法交易数据对应的资金进行清分,并将清分的结果详细列示出来。

票务清分是指把服务接受者上缴的全部收益,按照各服务提供者的贡献进行有效的利益分配。实质上是依据一定原则计算并分配轨道线网中各运营实体的经济贡献,关键是制定相对合理的清分原则。

清分模型由清分主体、清分原则、清分比例三大要素组成。

(1)清分主体:为收益分配的主体。常见的清分主体有运营主体、线路主体、区域主体和发卡主体四类。目前,国内的主流是按线路进行清分,然后按线路所属运营企业进行清算。

(2)清分原则:为路径选择原则,即如何确定乘客选择的乘车路径。常见的清分原则有路径最短原则、时间最少原则、换乘最少原则等。

(3)清分比例:为各清分主体的收益分配比例。当按清分原则确定乘车路径后,就需量化路径中各清分主体所提供的运营服务质量,然后根据"多劳多得"原则进行收益分配。

二　结算与清分规则

结算是指清分中心按照清算结果将资金划拨给相应的收益方账户,完成资金的实际交收。

清分规则是指交易金额、费用如何在不同的利益主体之间进行分配的原则,是清算中心进行交易清分的依据。

清分对账范围包括城市轨道交通系统与市政交通"一卡通"系统的清算对账和城市轨道交通各线路的清分对账。清算分账由城市轨道交通清分管理中心完成,其中与"一卡通"对账由清算管理中心和"一卡通"总中心完成,与各线路对账由清算管理中心和各线路中心或线路集中控制中心完成,并生成相应的对账报告。

三　影响清分的因素和原则

1. 影响清分的因素

影响清分的因素主要可以分为四类,即乘客本身的因素、乘客出行特征因素、城市轨道交通网络因素和运营企业管理因素。

（1）乘客本身的因素。

乘客本身的因素包括年龄、职业、收入水平。

年龄：通常年龄较大的乘客由于身体原因，更希望选择乘次数少且乘坐方便舒适的路径。

职业：职业因素对乘客的路径选择具有一定影响，一般情况下，离退休人员更希望选择换乘次数少且方便舒适的出行路径，这与年龄因素的影响是一致的。另外，学生和工薪阶层更倾向于选择出行时间最短的路径。

收入水平：通常随着收入水平的提高，乘客对于方便、舒适和安全等方面的要求更高，因此，对于收入较高的乘客来说，其更希望选择换乘次数少且方便舒适的路径。

（2）乘客出行特征因素。

乘客出行特征因素包括出行距离、出行目的、出行时间。

出行距离：是指乘客一次城市轨道交通的出行距离。通常，不同的出行距离对乘客选择路径具有一定影响。例如，对于长距离出行来说，乘客一般希望能够通过换乘来节省总的出行时间；而对于短距离出行来说，乘客一般都不希望换乘。

出行目的：出行目的不同，乘客对路径选择也是不同的，如以探亲访友为目的的乘客一般不会太在意出行时间的长短，而更在意出行过程中的方便、舒适等因素；而上班或公务的出行则对时间比较敏感，乘客更希望能够通过换乘来节省总的出行时间。

出行时间：在城市轨道交通系统中，出行时间是影响乘客出行路径选择的最主要因素。出行时间是乘客从出发地至目的地所需的全部时间，包括区间运行时间、中间站停站时间、换乘步行时间、换乘候车时间等。当乘客从出发地至目的地有多条路线可供选择时，通常情况下，出行时间越短的路线被选择的概率越大。一般来说，出行时间与里程是正相关的。但在实际路网中，可能会存在这种情况：两条出行路径中，里程较短的路径旅行时间较长，里程较长的路径旅行时间较短。

（3）城市轨道交通网络因素。

城市轨道交通网络因素包括路网结构、换乘方便性、运营模式、运营时间、出行时间。

路网结构：随着城市轨道交通网络化的形成，线路之间相互交叉衔接，使得路网的连通度大大提高，为乘客在两站之间出行提供了更多的路径选择。这就要求在确定清分规则的时候充分考虑乘客出行路径选择多样性的特点，采用切实有效、接近实际的清分方法，以确保运费在作出经济贡献的各运营主体之间进行合理分配。

换乘方便性：当乘客有多条路径可供选择且各条路径的旅行时间相差不大时，换乘方便性会对乘客的路径选择产生一定的影响，进而影响运费的清分。换乘方便性主要包括换乘次数和换乘时间两个方面。对于换乘次数来说，在各条路径的旅行时间相差不大的情况下，换乘次数越少的路径被选择的概率越大。乘客会在路径的旅行时间和换乘次数之间权衡考虑。换乘时间则包含换乘步行时间和换乘候车时间两部分。在旅行时间相近的多条路径中，乘客倾向于选择换乘时间较少的路径。

运营模式：指线路的共线运营的模式，如北京地铁1号线和八通线共线运营的四惠站到四惠东站,以及上海地铁3号线和4号线的宝山路站到虹桥路站。共线部分的车站都是换乘车站,这对于清分的影响是应该重点考虑的。

运营时间:运营时间作为清分影响因素主要是由于线路或换乘站提供的运营服务时间存在差异而引起的。当某OD(Origin Destination,简称OD,起讫点)之间存在多条乘客的可选路径时,每条路径的运营时间可能不一致。因此,根据各条路径的运营时间,可以得到一天当中的不同时段由不同路径参与该OD的运费清分。

出行时间:是指乘客从城市轨道交通起讫点至城市轨道交通出行终点所需的全部时间,包括乘车时间、换乘时间等。当乘客从出发地至目的地有多条路径可供选择时,一般来说,出行时间越短的路线被选择的概率越大。通常,出行时间与里程是正相关的。但在实际路网中,可能会存在这种情况:两条出行路径中,里程较短的路径出行时间较长,里程较长的路径出行时间较短。

(4)运营企业管理因素。

运营企业管理因素包括票价、安全性、方便性和舒适性、正点率。

票价:一般情况下,乘客会选择票价较低的路径。由于OD之间的票价是确定性,所以票价的影响可以忽略。

安全性:是指运营企业保证乘客使用其城市轨道交通线路的安全程度。

方便性和舒适性:是指乘客在使用城市轨道交通时能享受的一些舒适功能。其基本内容包括是否拥挤、环境是否适宜、是否有空调、车内座椅的舒适程度、站内设施的布局合理程度等。

正点率:是指运营企业在运输组织时,提供给乘客出行的客运产品,即运行列车的准时程度。高的正点率会节省乘客的时间,满足乘客出行对于时间的需求。

2.影响清分的原则

结合城市轨道交通清分管理中心的基于一家运营企业的"统一收费、按比例分成"的思路,影响的清分原则主要有:

(1)与票价政策相关,满足票价政策调整要求。

(2)清分方法应以影响清分的路网结构因素为主,并结合乘客社会经济因素、出行特征和运营企业管理因素。

(3)按照全路网中独立的经营核算实体清分,利益分配应与其经济贡献合理匹配。

任务8.2　认识清分对象与清分收益方

一　清分对象

票务清分系统模型构建中,最重要的是明确收益的清分对象,即清分主体、运营主体、线路主体、区域主体、发卡主体五个主体。一般而言,清分主体即为城市轨道交通网的清分中心;运营主体为城市轨道交通运营企业;线路主体为线路的所有权拥有者;区域主体为线路组成的区域,即为路网中某组成部分的所有权者;发卡主体即为发行储值票或城市轨道交通专用票卡的票卡发行商。

二 清分收益方

城市轨道交通系统中参与清分的收益主体包括票卡发行商、售票代理商、运营企业、清算商。

(1)票卡发行商承担城市轨道交通系统中使用的票卡的发行和管理,具有票卡所有权。票卡的销售和充值资金划入指定账户,由票卡发行商统一管理。票卡发行商包括发行公共交通"一卡通"IC 卡的"一卡通"中心和发行城市轨道交通专用票卡的清算中心。

(2)售票代理商是城市轨道交通网提供售票、售卡、充值和票卡处理服务的。城市轨道交通网内的售票代理商应该是属于运营企业的各售票点。

(3)运营企业是城市轨道交通网内提供运营服务的,收取运费作为其提供服务的收益。例如,北京城市轨道交通网内运营企业主要包括北京市地铁运营有限公司和北京京港地铁有限公司两家。

(4)清算商是为城市轨道交通网内各收益方主体进行清分清算服务的,以收取清算费作为提供清算服务的收益。城市轨道交通网内的清算商是清算中心。对于整个城市市政交通系统来说,还应包括"一卡通"中心。

一定时期内,城市轨道交通网内的全部收入由各种票卡的销售和充值构成。收入的组成可用公式表示:

$$A = B + C + D + E$$

式中:A——城市轨道交通网内的全部收入,元;

B——售票代理费,元;

C——清算费,元;

D——运营企业的运费,元;

E——票卡发行商的票卡收益,元。

运费是以全部收入减去售票代理费、清算费之后剩余部分为基数,以乘客实际的消费额按规则清分的。

票卡收益应是管理票卡销售、充值资金(包括票卡押金)所得收益的全部或一部分,可协议约定或政府指定。

任务8.3 掌握清分方案

城市轨道交通运营收益,是根据清分规则来计算各个收益方的收入,根据收集的城市轨道交通自动售检票系统单程票和"一卡通"所产生的交易和审计数据进行数据清分、对账和结算,进行线路之间的票款清分和数据挖掘,辅助各个业务部门进行分析决策。城市轨道交通主要收益来源形式是单程票的收益和"一卡通"的收益,两者的处理办法如下(相关资源见二维码32）：

（1）单程票运营收益。

清分系统根据当日单程票所有出站扣款记录上的进出站信息，按城市轨道交通路网的统一清分标准计算各个收益方的运营收入。如果是单程票信息收益不全而不能进行清分的可疑消费收益，直接进入待清分的账户。常遇到的信息收益不全的情况有单程票发售收入和出站扣款不一致，或者单程票本身存在可疑的交易。全路网单程票收益计算如下：

全路网单程票收益 = 单程票发售收入 + 单程票各类更新收入

（2）"一卡通"运营收益。

清分系统根据当日"一卡通"所有出站扣款记录上的进出站信息，按城市轨道交通路网的统一清分标准计算各个收益方的运营收入，并且如果有手续费，同样要进行清分。如果"一卡通"信息收益不全而不能进行清分的可疑消费收益，直接进入待清分账户（注："一卡通"待清分账户中的收益没有扣手续费）。如果是不涉及换乘站点的同站进出的运营收益统一计入本站所属收益方，如果是换乘站则按比例将收益划分给该站的所属各收益方。

一　换乘方式与票务清分

随着城市的发展，城市轨道交通的线路交错，逐渐形成路网状，乘客在出行时乘坐地铁所选择的路径相对复杂。如果乘客由一车站换乘至另一车站所经过的路径是唯一确定的话，则每段运营线路的收益将是明确的。如果乘客根据自身需求，包括对时间、走行距离、车厢舒适度、是否拥堵等因素，自主选择不同的路径换乘，综合起来乘客所选择的路径就不唯一。乘客进出站路线如图8-1所示。

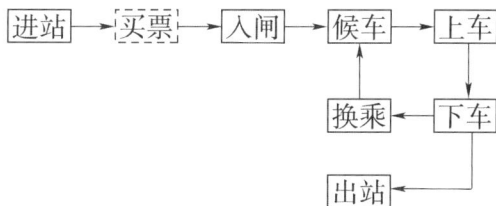

图8-1　乘客进出站路线

1. 换乘方式

在城市轨道交通线路之间发生换乘时，根据是否有进、出检票的过程，换乘方式有无标记换乘和有标记换乘两种模式。

（1）无标记换乘。

无标记换乘模式也叫作无缝换乘模式、一票换乘或多线路联乘。乘客只需在起点站根据目的地购买一张车票后，凭允许进站的单程票或储值票进站，经由不同运营企业经营的线路时，在付费区换乘不再刷卡，便可以直接连续地在不同线路上乘车，此种换乘方式称为无标记换乘。如果乘客在换乘车站无须经历一次进出检票过程，在出站时系统无从知晓乘客的乘车路径，乘客有多条路径可以选择。由于不同的线路可能分属于不同的运营主体，所以运费收入归属不同的路径就会涉及不同运营主体的利益。

无标记换乘的一个显著特点是乘车路径的多样化。目前,上海市采用的运费清分方法是基于乘客路径选择的最短路径清分方法。

(2)有标记换乘。

采用出付费区换乘方法,乘客需要多次购票,即乘客在换乘车站(或通过换乘通道)需经历一次进出检票过程,增加了乘客的不便,降低了整个城市轨道交通系统的吸引力。这种有障碍换乘模式,可以通过辅助手段准确记录乘客的乘车路径,整个乘车路径中所涉及的换乘站点被准确记录下来,不同的运营线路之间独立收费,因此在这些城市的轨道交通中并不涉及清分问题。

例如,东京地铁的换乘模式多种多样。东京的地铁由两家公司负责经营、维护和技术管理,分别为营团地铁和都营地铁,形成了帝都高速交通营团(TRTA)。地铁开拓了多种融资渠道,资本金由日本政府和东京都政府分摊,运营补助金50%以上来自地方公共团体,贷款来自政府的公共基金、运输设备整备事业团的无息贷款以及民间借入金和交通债券等。东京地铁运营模式见表8-1。

东京地铁运营模式　　　　　　　　　　　表8-1

项　目	公私合营模式
线路所有权	政府、地方公共团体
线路经营权	政府、地方公共团体
范例	东京
特点	(1)多方投资共同修建地铁(政府投资、商业贷款民间投资、交通债券等); (2)政府控制运营集团高层人员的任免; (3)成立多方参与的运营管理委员会

东京地铁的换乘模式分为以下3种:

①单程票直接到达目的地。乘客在进站时检票乘车,到达换乘站通过换乘通道至另外的线路乘车,到达目的地出站并由出站检票机回收车票。

②单程票只到换乘站。乘客在进站时检票乘车,到达换乘站要再次购买到达目的地的车票,再次进站到达目的地出站并由出站检票机回收车票。

③单程票到达换乘站但须重新检票。乘客在进站时检票乘车,到达换乘站要通过专用闸机检票并取回单程票出站,再凭借此票换乘另一条线路进站检票乘车,到达目的地出站并由出站检票机回收车票。

2.换乘票务清分

换乘票务清分的目的就是依据清分规则,对票务收入进行及时、公平的清分,使各运营企业能够及时将运营收入入账,同时可提高各收益主体的资金效益。通过清分,可以充分、客观地反映城市轨道交通路网的客流情况,特别是各线路、各车站、各断面和各方向路径的客流情况。

换乘方式不同,清分算法也不同。

(1)无标记换乘的清分。

在路网中,乘客从进站到达出站,经过的路径和运营线路有多种选择。由于路径的不确定性,清分时可以采用路径算法、数理统计算法或模糊算法,确定各运营线路的票款收益。

(2)有标记换乘的清分。

乘客在换乘时记录了乘客的进站交易数据、出站交易数据、路径数据,在自动售检票系统中可以获得换乘交易的一条完整的路径数据,根据路径数据,清分系统能够精确地清分各运营线路的收益,但在换乘站必须在车票上留有换乘标志信息,并经车站中心计算机上传给有关系统集中处理。

由于网络化运营的条件下,线路的归属权可能不同,所以针对客流分配之后的运距分配也会有所不同。在进行换乘时根据车站 OD 路径上的运营模式,会遇到以下几种模式。

①单路径单运营主体:OD 之间只有一条合理的路径,并且该路径只涉及一个运营主体。

②单路径多运营主体:OD 之间只有一条合理的路径,并且该路径涉及多家运营主体。

③多路径单运营主体:OD 之间有多条合理的路径,并且各条路径只涉及一个运营主体。

④多路径多运营主体:OD 之间有多条合理的路径,并且其中有的路径涉及多家运营主体。

二　路网模型描述

城市轨道交通各个车站可看作一个节点,在每条线路上的两个相邻车站之间由列车运行通道连接,这段车站间的通道称为路段,为路径组成的最小单位。若干车站和路段构成一条城市轨道交通线路。若干条城市轨道交通线路构成了整个城市轨道交通路网。

1. 城市轨道交通路网的数学图形描述

(1)节点:普通车站或换乘车站(两线换乘生成两个虚拟节点)。

(2)有向边(arc):两个相邻车站即节点之间有方向的连接弧(两个相邻车站之间分上下行区段)。

(3)边权值:是路段某个或某些特征属性的量化表示。根据不同的最优目标,可以选择不同的路段属性。我们一般用"阻抗"来表示属性,如将路段长度、路段费用、路段通过设计等作为该路段对应弧的权值或称为路段的权重。换乘站内部的边权值用它的节点阻抗来确定,而对于普通车站之间或者普通车站与换乘站之间的边权值用它们之间的路段阻抗加上第一个节点的节点阻抗来确定。

在规定了节点、有向边及边权值之后,便将整个城市轨道交通路网转化为一个带权值的有向图,从而把确定路网上的乘客出行路径选择转换为几何图论中的 K 条短路径搜索。但是路径搜索要注意一个问题:如果起始站是换乘车站,那么同一个换乘站对应的若干车站到任意车站的 K 条短路径的数目和其对应的阻抗应该完全相同。

根据不同的最优目标,可以定义相应的路段权重,反映到图上,就是各条有向边的权。权值是寻径的重要依据,一般有以下几种选取方法:

(1)将出行距离最短作为最优目标,选取路段长度作为路段权重。

（2）将出行时间最短作为最优目标,选取换乘次数或车辆班次的间隔时间作为路段权重。

（3）将出行费用最小作为最优目标,选取该路段上的乘车费用作为路段权重。

对乘客来说,一般关心的核心问题基本上为:两站之间是否能够到达;如果到达,哪条线路路程最快或者换乘次数最少,哪条线路的车体乘坐起来比较舒服而且车辆发车间隔较小,哪条线路的票价更便宜,有折扣优惠,等等。

2.路网模型描述的名词和概念

为便于解释路网换乘清分的解决方法,需要明确以下几个名词和概念。

（1）线路:道路客运线路是指城市轨道交通车辆的运行路线。它以唯一始发点、经过点、唯一终点为路线界线。

（2）路径:从站点 A 出发,到达站点 B 的路线,因为城市轨道交通的网状拓扑中,存在 A 站到 B 站的多条路径。

（3）路段:两个相邻车站之间由通道连接,这段通道称为路段,为路径组成的最小单位。对于跨越多条线路的换乘路径,是以实际换乘点为断点的线段组成,而每条线段属于且仅属于一条线路,此线段即为路段。

（4）换乘次数:遍历路网拓扑时,经过换乘点且发生实际换乘的最大换乘次数。

（5）路网状况信息:包括站与站之间的距离、换乘站的位置、车次间隔时间、换乘站的换乘步行时间、车站客流量。

（6）乘客对各因素考虑的权重:包括乘车时间、换乘步行时间、车厢舒适度、由车次间隔时间引起的候车时间等。

附 录 1

本教材相关缩略语中英对照表

缩写	英 文 解 释	中 文 解 释
4G	The 4th Global System for Mobile Communications	第四代全球移动通信系统
5G	The 5th Global System for Mobile Communications	第五代全球移动通信系统
ACC	Automatic Fare Collection System Clearing Management Center	自动售检票系统清分中心
AE	Assistant Equipment	辅助设备
AFC	Automatic Fare Collectic System	自动售检票系统
AGM	Automatic Gate Machine	自动检票机（闸机）
AVM	Automatic Value-added Machine	自动充值机
BAS	Building Automatic System	环境与设备监控系统
BOM	Booking Office Machine	半自动售票机
CAD	Card Acceptance Device	票卡读取/写入设备
DCU	Door Control Unit	门机控制单元
ECU	Equipment Control Unit	主控制单元
E / S	Encoder / Sorter	编码分拣机
FAS	Five Alarm System	火灾报警系统
GUI	Graphical User Interface	图形用户界面
GSM	Global System for Mobile Communications	全球移动通信系统
IBP	Integrated Backup Panel	综合后备盘
ID	Identity Document	身份标识号码
ISAM	Input Secure Access Module	充值安全认证模块
ISO	International Organization for Standardization	国际标准化组织
LC	Line Center	线路中心计算机系统

续上表

缩写	英文解释	中文解释
M1 卡	Mifare Standard 1K	标准卡(储值票等)
MAC	Media Access Control Address	媒体存取控制位址(电子设备物理地址)
MTP	Maintenance Panel	维护面板
NFC	Near Field Communication	近场通信
PIS	Passenger Information System	乘客信息系统
PCM	Portable Checking Machine	便携式验票机
RFID	Radio Frequency Identification	射频识别,俗称电子标签
SAM	Security Access Module	安全存取模块
SC	Station Center	车站中心计算机系统
SLE	Station level equipment	AFC 系统车站终端设备
SVT	Stored Value Ticket	储值票
TC	Training Center	培训中心计算机系统
TCM	Ticket Check Machine	自动查询机
TCU	Ticket Capture Unit	车票回收模块
TIU	Ticket Issue Unit	车票发售模块
TMS	Ticket Management System	票务管理系统
TVM	Ticket Vending Machine	自动售票机
UL 卡	Mifare Ultra Light Card	轻便型卡（可回收类票,如单程票、往返票等）
UPS	Uninterrupted Power Source	不间断电源

本教材配套视频及动画资源清单

二维码编号	项目-任务	资 源 名 称	资 源 类 别
二维码1	项目1-任务1.2	票卡管理	二维动画
二维码2	项目2-任务2.1	自动售检票系统架构	二维动画
二维码3	项目3-任务3.2	车票结构认知	二维动画
二维码4	项目4-任务4.1	正常刷卡进站	视频
二维码5		正常刷卡出站	视频
二维码6	项目4-任务4.2	TVM显示"只收纸币"故障处理	视频
二维码7		TVM显示"只收硬币"故障处理	视频
二维码8		TVM显示"暂停服务"故障处理	视频
二维码9		TVM乘客购买单程票不找零	视频
二维码10	项目4-任务4.3	BOM票箱更换	视频
二维码11	项目5-任务5.2	车站值班员（综控员）票务管理工作	二维动画
二维码12		站务员票务管理工作	二维动画
二维码13	项目5-任务5.4	票款解行方式	二维动画
二维码14	项目6-任务6.2	使用TVM自助购买普通单程票流程	视频

二维码编号	项目-任务	资 源 名 称	资 源 类 别
二维码 15		BOM 手动发票	视频
二维码 16		BOM 无法发售单程票故障处理	三维动画
二维码 17		BOM 自动发票	视频
二维码 18		BOM 手动发票	视频
二维码 19	项目 6-任务 6.2	半自动售票机的使用:开通储值卡	二维动画
二维码 20		储值票充值	视频
二维码 21		半自动售票机的使用:储值卡充值	二维动画
二维码 22		自动检票机更换票箱	视频
二维码 23		自动检票机故障票务作业——卡票	二维动画
二维码 24	项目 6-任务 6.3	半自动售票机的使用——单程票退票退款	二维动画
二维码 25		半自动售票机的使用——储值票退票退款	二维动画
二维码 26	项目 6-任务 6.4	自动售票机更换硬币钱箱	视频
二维码 27		自动售票机更换纸币钱箱	视频
二维码 28	项目 6-任务 6.5	票款收缴作业	二维动画
二维码 29		票款解行操作程序	二维动画
二维码 30	项目 6-任务 6.6	半自动售票机的使用——补充进站记录	二维动画
二维码 31	项目 7-任务 7.1	正常运行模式	二维动画
二维码 32	项目 8-任务 8.3	票务清分结算方案的选择	二维动画

附 录 3

某城市轨道交通互联网App购票操作指引

第一节　业务开通

第四条　手机 App 票务服务包括手机购票现场取单程票、手机二维码刷闸乘车业务。乘客手机下载"××"App,注册成功后即可使用手机×× 票务业务。

第五条　乘客通过手机号码注册手机××账号,1 个手机号码仅可以注册绑定 1 个账号。

第六条　乘客手机登录×× App 后,选择部分或全部开通手机购票现场取单程票、手机二维码刷闸乘车业务。

第七条　乘客须为每项选择开通的业务绑定一个或多个支付渠道,经审核通过后即可使用。同一时间同一个账号仅允许在一台手机上使用。

第二节　手机购票现场取单程票业务

第八条　手机购票现场取单程票指乘客通过手机 App 预订单程票,在线支付成功后,30 个自然日内须在进站车站取票机(Fetching Add Machine,简称 FAM)凭手机扫二维码或者数字取票码取票。取出的单程票与车站现场购买的单程票使用规则一致,仅限当日在取票站单人、单次进站乘车使用。

第九条　预订取票规则。

(一)乘客使用前需确保手机电量充足且 App 处于账号登录成功状态。

(二)乘客在 App 上预订单程票,可选择始发站到终点站查询票价购票。一张订单可预购 1 ~ 10 张同一行程的单程票,购买不同行程的单程票需另下订单。

(三)乘客对预订信息确认无误后,在线完成付款。App 向乘客推送取票二维码和数字取票码。

(四)乘客付款成功后,须在取票有效期内在规定的进站车站取票,且一次须取出该订单的所有单程票(进站车站相同)。

（五）乘客在 FAM 取票时，须登录 App，打开取票二维码，对准 FAM 上指定区域扫描验证或输入数字取票码验证，验证成功后一次取出该订单的所有单程票（进站车站相同）。如果 FAM 出票失败，App 在线自动退款。

第十条 订单取消规则。

（一）乘客在取票前可通过 App 取消订单，仅可办理按订单退款。订单取消成功后，自动在线退款。

（二）若乘客超过取票有效期（订单后的 30 个自然日）未取票，系统自动取消订单，并在线退款。

第三节　手机二维码刷闸乘车业务

第十一条 开通手机二维码刷闸乘车业务的乘客，使用手机 App 乘车二维码刷闸机进、出站。

第十二条 扫码进出站规则。

（一）乘客使用手机二维码刷闸乘车前，需确保手机时间与北京标准时间同步，手机电量充足且 App 处于账号登录成功状态。仅限一人一码进出站使用。

（二）乘客进、出站前，均须提前打开手机 App 的乘车二维码界面。在进、出站闸机前将打开的手机二维码对准身体右侧闸机的指定扫描区域。闸机验证通过后，扫码成功，闸门开启，乘客通过闸机。

（三）乘客进、出站成功扫码后，App 在线自动支付本次乘车费用。

（四）若无法正常进站，请乘客调整规范扫码姿势，再次尝试或联系手机客服协助处理。

（五）若无法正常出站，请乘客调整规范扫码姿势，再次尝试或联系手机客服协助处理。若仍无法正常出站：

1. 请乘客到车站补票处按照实际行程购买一张出站票，并向车站工作人员索要出站票凭证并妥善保管，作为后续补票凭证。

2. 乘客持出站票出站。

第十三条 App 自助补票规则。

（一）缺少进站记录补票。

1. 如果乘客在城市轨道交通行程中缺少进站扫码记录，出站后 App 会自动推送消息，提醒乘客补票。

2. 乘客须在收到补票通知的 48 小时内，通过 App 在线如实准确补全进站信息。经系统审核通过后，App 在线自动补缴本次行程费用。

3. 若乘客在收到补票通知的 48 小时内未按要求填写信息，将按照本次出站车站的最高票价在线自动扣费。

（二）缺少出站记录补票。

1. 如果乘客在城市轨道交通行程中缺少出站扫码记录，App 会自动推送消息，提醒乘客补票。

2.乘客须在收到补票通知的48小时内,通过App在线如实准确补全出站信息。经系统审核通过后,App在线自动补缴行程费用。如已购买出站票出站的乘客,需及时准确在线提供出站票信息,经系统审核有效后,不再收取补票费用;若系统审核乘客所购出站票票价低于系统匹配行程后的实际票价,与乘客核实信息后App将补扣票款差价。

3.若乘客在48小时内未按要求填写信息,将按照本次进站车站的最高票价在线自动扣费。

(三)出站超时补票。

若乘客在路网付费区停留超时,App将按规定收取超时费,并与本次行程费用一并扣除。

(四)乘客一个自然年内发生不完整记录(单一行程缺少进站/出站扫码信息)不得超过2次,从第3次(含)起将在线自动按照记录车站的最高票价直接补扣费用。

第四节　业务查询、挂失及解挂、更换、注销及发票规则

第十四条　查询规则。

乘客可通过手机App查询90个自然日内的手机购票现场取单程票、手机二维码刷闸乘车信息记录。

第十五条　挂失及解挂规则。

(一)乘客如遇手机遗失或账号异常,应联系手机App客服申请挂失,经审核通过后账号冻结。账号冻结前的资金损失由乘客自行承担。

(二)如乘客需要解挂时,需登录手机App申请解挂,经审核通过后账户恢复正常。

第十六条　更换规则。

乘客若更换App绑定的手机号,需登录App后进行更改,经审核通过后生效。

第十七条　注销规则。

(一)乘客可通过手机App申请注销手机二维码刷闸乘车业务。

(二)乘客申请注销时,该账号若存在进/出站不完整记录的情况,须按照规则完成补票后方可进行注销。

(三)乘客申请注销30个自然日后生效。

第十八条　发票规则。

(一)对于手机二维码刷闸乘车产生的90个自然日内的消费,乘客可登录手机App直接获取电子发票或凭借App的开具发票记录,在路网任意车站售票处领取纸质发票(机场线、西郊线需在本线路车站领取);对于超过90个自然日的消费,乘客需联系App客服热线后,在7个自然日内获取发票。纸质发票和电子发票不可重复领取。

(二)对于手机购票现场取单程票业务,乘客可凭当日有效单程票在车站售/补票处索取纸质发票。

附 录 4

"智能化售票系统与票务服务"课程参考标准

1.课程性质与任务

该课程参考标准适用于城市轨道交通运营服务专业(专业代码:700604)。该课程是城市轨道交通运营服务专业的专业核心课程,是基于工作过程的、校企合作开发的课程。

2.参考学时

72 学时。

3.课程学分

4 学分。

4.课程目标

4.1 总体目标

通过本门课程的学习,学习者应掌握城市轨道交通自动售检票系统、票卡和设备结构等相关知识,能够应用自动售检票系统设备(如自动检票机、自动售票机、半自动售票机、AFC监控设备、AFC辅助设备)完成票务作业和票务管理工作,能够在特殊条件下(如大客流、列车故障、区间或站内火灾等)完成应急票务处理。

4.2 具体目标

4.2.1 知识目标

(1)知道 AFC 自动售检票系统的功能、结构,设备种类和布局。

(2)知道票卡媒介的作用原理,AFC 系统的票卡种类及其功能。

(3)了解自动售检票系统的清分系统和清分规则。

(4)掌握自动检票机、自动售票机、半自动售票机的功能、结构和基本操作。

(5)掌握自动售检票设备的基本故障处理。

(6)理解城市轨道交通车站各岗位票务管理工作内容。

(7)掌握城市轨道交通车站票据与台账,AFC 现金及票务备品的管理。

(8)掌握正常和特殊条件下的售检票作业、退票作业、钱箱更换及现金清点和票款收缴作业流程。

4.2.2 能力目标

(1)学生能根据自动售检票系统要求,运用自动售检票系统设备,完成城市轨道交通车站票务设备开启工作,并做好检查工作。

（2）学生能在正常客流情况下,根据票务作业和票务管理流程,运用 AFC 自动售检票设备,完成使用半自动售票机和自动售票机售票作业,监护自动检票机检票作业,辅助乘客完成购票、进站、出站和票卡异常作业,以及各种票务报表的填写作业。

（3）学生能根据在客流高峰(如早晚客流高峰或节假日客流高峰)或特大客流的特殊票务作业规定,对 AFC 自动售检票设备进行降级作业模式转换,完成对客流的引导,确保乘客安全。

（4）学生能根据城市轨道交通车站正常运营作业自动售检票设备的要求,对设备进行检查和维护,适当开启和关闭部分自动检票机,完成正常情况下对客流的引导工作,为乘客提供良好的运营服务。

（5）学生能够根据城市轨道交通票务间歇/换班的规定,进行票卡、票款和发票等结转作业,闭站后的清票、票务盘点等工作。

4.2.3 素质目标

（1）能够建立安全、准确、高效的城市轨道交通服务意识。

（2）能够在票务作业过程中建立严谨、认真、细致的职业素质。

（3）能够具备为乘客提供优质服务的职业道德。

（4）能够养成耐心细致地解决乘客疑问的成熟服务心理。

5.课程内容与要求

5.1 课程内容与学时分配

序号	单元(模块)名称	主 要 内 容	参 考 学 时	
			理论	实训(实验)
1	城市轨道交通自动售检票系统(AFC)设备开启作业	1.1 自动售检票系统结构 1.2 自动检票机的检查与开启 1.3 自动售票机的检查与开启 1.4 半自动售票机的检查与开启	12	3
2	票务作业前的交接与结转作业	2.1 票务作业前的交接结转作业 2.2 非客流高峰售票问询处售票作业 2.3 非客流高峰售票问询处退票作业 2.4 非客流高峰钱箱更换及钱箱内现金清点作业	18	4

续上表

序号	单元(模块)名称	主 要 内 容	参 考 学 时	
			理论	实训(实验)
2	票务作业前的交接与结转作业	2.5 自动检票机票箱更换及票卡清点作业 2.6 自动售票机和半自动售票机票箱更换及补票作业	18	4
3	自动售票机和半自动售票机票箱更换及补票作业	3.1 大客流条件下AFC设备降级运营模式处理 3.2 运营期间大面积自动售票机故障的处理 3.3 运营期间,站内部分或全部半自动售票机故障的处理 3.4 大客流引起全部AFC售票设备超饱和工作的处理 3.5 部分或全部自动检票机故障的处理	18	2
4	票务管理程序	4.1 AFC系统设备降级模式的恢复 4.2 自动检票机故障处理 4.3 自动售票机故障处理 4.4 半自动售票机故障处理	12	4
5	票务系统恢复过程中的票务作业	5.1 票卡清点 5.2 自动售票机补票、补币操作 5.3 运营结束后,AFC设备的维护	12	2

5.2 课程要求与考核标准

序号	主 要 内 容	学习目的与要求	考 核 标 准
1	城市轨道交通自动售检票系统(AFC)设备开启作业	1.能说明 AFC 系统设备布局 2.能绘制 AFC 系统层次架构 3.能掌握各层次的主要功能及其所起到的作用 4.掌握自动检票机、自动售票机、半自动售票机的内部结构 5.掌握自动检票机、自动售票机、半自动售票机上电作业前的检查流程 6.掌握自动检票机、自动售票机、半自动售票机上电操作	理实一体化,能够掌握60%以上
2	票务作业前的交接与结转作业	1.掌握票据与台账管理程序 2.掌握票务室备品和票务钥匙的保管规定 3.掌握配票票款及发票配发的规定和程序 4.掌握利用半自动售票机售票的流程,即"一收,二唱,三操作,四找零" 5.掌握发售福利票的证件类型和发售流程 6.掌握票款、票卡、发票、现金等报表记录的规定 7.掌握城市轨道交通工作关于退票的规定 8.熟练操作半自动售票机完成车票查询、确认退款和报表记录作业 9.掌握城市轨道交通车站更换钱箱的时间和准备工作 10.熟练操作自动售票机和半自动售票机完成钱箱更换操作 11.熟练掌握更换钱箱时的规定及报表记录作业	理实一体化,能够掌握60%以上

续上表

序号	主 要 内 容	学习目的与要求	考 核 标 准
3	自动售票机和半自动售票机票箱更换及补票作业	1.掌握城市轨道交通车站AFC系统降级模式的种类和降级后的设备表现 2.掌握各种降级模式下乘客票卡的处理 3.熟练操作AFC设备调整为降级模式作业及报表记录作业 4.掌握城市轨道交通车站AFC系统大面积自动售票机故障的表现形式 5.掌握自动售票机故障处理流程图 6.掌握车站运营期间部分或全部自动检票机故障的表现形式 7.理解并应用车站运营期间部分或全部自动检票机故障的处理流程	理实一体化,能够掌握60%以上
4	票务管理程序	1.掌握车站客流正常的条件和恢复AFC系统设备正常运营模式的工作流程 2.理解并应用车站AFC系统设备恢复正常运营模式的方法 3.掌握自动检票机的故障代码的含义 4.掌握自动检票机传送带卡票、扇门无法正常关闭等常见故障的处理方法	理实一体化,能够掌握60%以上

续上表

序号	主 要 内 容	学习目的与要求	考 核 标 准
4	票务管理程序	5.掌握自动售票机的故障代码含义 6.掌握自动售票机开机无显示、只售单程票、只充值、只收硬币或纸币等常见故障的处理方法 7.掌握半自动售票机的故障代码含义 8.掌握半自动售票机无法正常充值、不能正常打印凭条、无法正常出售单程票、操作员显示器无显示等常见故障的处理方法	理实一体化,能够掌握60%以上
5	票务系统恢复过程中的票务作业	1.掌握半自动售票机和自动检票机票卡清票流程 2.掌握清票后,半自动售票机、自动售票机和自动检票机的故障票卡分类和处理处理方法 3.掌握自动售票机运营和非运营时间的补票、补币时机和操作规定 4.掌握运营结束后自动售票机补单程票、补硬币和回收纸币的操作及规定 5.理解 AFC 系统设备应用环境的复杂性和危害性 6.掌握设备维护周期的制定 7.掌握 AFC 系统设备维护的方法	理实一体化,能够掌握60%以上

6.实施建议

6.1 教学设计

本门课程有较多的实操内容,在课程设计中也融入了部分实操内容,建议组织学生每月至少一次利用周末时间到实训中心进行实操训练和实操考核。考核应有实操记录单和成绩单。

6.2　教学方法

本课程应灵活采用多种复合授课方式,充分调动轨道专业学生学习的积极性,应充分利用多媒体、案例教学、模拟演练等方式进行教学。

6.3　评价方法

(1)安排1次单项实训,实训项目有一次考核。

①考核内容是将学生的实训报告加课堂展示相结合。

②单项实训考核如果缺项或不及格,则总成绩不合格。

③单项实训内容包括自动售检票系统终端设备的检查与开启。

(2)安排7次作业展示,分别包括PPT汇报、调研报告展示及识图作业展示等。

6.4　教学设备与学习场景配置

校内参考实训基地条件情况,模拟某城市轨道交通运营企业典型车站进出口的位置来设计,AFC系统终端设备平面布局遵循城市轨道交通车站实际情况设计摆放,各种设备数量的比例遵循城市轨道交通客流运营的客观因素来设置。有专门的理论课程讲解区和实践区,能做到工学结合。

6.5　教材编写与选用

于涛.城市轨道交通票务管理[M].3版.北京:人民交通出版社股份有限公司,2023.

6.6　课程资源开发与利用

主要参考期刊:《都市快轨交通》《地铁与轻轨》。

主要参考网站:

北京市地铁运营有限公司:http://www.bjsubway.com/。

深圳市地铁集团有限公司:http://www.szmc.net/。

北京京港地铁有限公司:http://www.mtr.bj.cn/。

上海申通地铁集团有限公司:http://www.shmetro.com/。

广州地铁集团有限公司:https://www.gzmtr.com/。

成都轨道交通集团有限公司:https://www.chengdurail.com/。

杭州市地铁集团有限责任公司:http://www.hzmetro.com/。

参 考 文 献

［1］中华人民共和国交通运输部.城市轨道交通运营管理规范:GB/T 30012—2013［S］.北京:中国标准出版社,2013.

［2］中国城市轨道交通年度报告课题组.中国城市轨道交通年度报告2009［M］.北京:中国铁道出版社,2010.

［3］魏晓东.城市轨道交通自动化系统与技术［M］.2版.北京:电子工业出版社,2011.

［4］上海申通地铁集团有限公司轨道交通培训中心.城市轨道交通概论［M］.北京:中国铁道出版社,2009.

［5］毛保华,四兵锋,刘智丽.城市轨道交通网络管理及收入分配理论与方法［M］.北京:科学出版社,2007.

［6］人力资源和社会保障部教材办公室,广州市地下铁道总公司.城市轨道交通岗位技能培训教材站务人员［M］.北京:中国劳动和社会保障出版社,2009.

［7］周顺华.城市轨道交通设备系统［M］.北京:人民交通出版社,2009.

［8］刘莉娜.城市轨道交通客运组织［M］.3版.北京:人民交通出版社股份有限公司,2021.

［9］赵时旻.轨道交通自动售检票系统［M］.上海:同济大学出版社,2007.

［10］杨甲,罗钦,徐瑞华.城市轨道交通网络清分方法研究［J］.城市轨道交通研究,2009,12(5):22-25.

［11］金懋.基于规制理论的城市轨道交通票款清分研究［J］.铁道运输与经济,2009,31(5):6-10.

［12］赵峰,张星臣,刘智丽.城市轨道交通系统运费清分方法研究［J］.交通运输系统工程与信息,2007,7(6):85-90.

［13］张彦,史天运,李仕达,等.AFC技术及铁路自动售检票系统研究［J］.中国铁路,2009(3):50-55.

［14］陆春江.城市轨道交通网络"一票通"换乘的票款分配比例模型［J］.现代城市轨道交通,2004(5):33-35,41.

［15］高朝晖,张宁,夏德传,等.轨道交通清结算系统的分析与设计［J］.交通运输工程与信息学报,2008,6(2):37-42.

［16］陈鹏辉.城市轨道交通自动售检票系统的现状与发展趋势［J］.城市轨道交通研究,2009,12(5):10-12.

［17］邓先平,陈凤敏.我国城市轨道交通AFC系统的现状及发展［J］.都市快轨交通,2005,18(3):18-21.

［18］裴瑞江.城市轨道交通客运组织［M］.北京:机械工业出版社,2009.

［19］上海申通地铁集团有限公司轨道交通培训中心.城市轨道交通自动售检票系统［M］.北京:中国铁道出版社,2011.

［20］广州市地下铁道总公司.城市轨道交通自动售检票系统检测技术规程实施指南［M］.北京:中国建筑工业出版社,2015.

［21］中国城市轨道交通协会.城市轨道交通自动售检票检修工［M］.成都:西南交通大学出版社,2018.

［22］中国城市轨道交通协会.城市轨道交通自动售检票检修工［M］.北京:中国铁道出版社,2018.

［23］中华人民共和国住房和城乡建设部.城市轨道交通自动售检票系统工程质量验收标准:GB/T 50381—2018［S］.北京:中国计划出版社,2018.

［24］上海地铁咨询监理科技有限公司.《城市轨道交通自动售检票系统工程质量验收标准》(GB/T 50381—2018)实施指南［M］.北京:中国计划出版社,2020.

中等职业教育改革创新示范教材

城市轨道交通票务管理

（第3版）

实训任务工单

于 涛 主 编

韦英娜 田阿丽 副主编

施建年 主 审

姓 名：_____

班 级：_____

学 号：_____

人民交通出版社股份有限公司

China Communications Press Co.,Ltd.

目录

实训任务工单 1-1 　调查研究城市轨道交通票务系统

任务说明

根据本项目内容,结合你所在城市的轨道交通现状,完成一份城市轨道交通票务系统(或者你所在城市铁路车站的票务系统)调研报告。

任务要求

完成本次社会调查研究,形成的报告最终以 PPT 的形式展示,内容应图文并茂,具有说服力。调研报告可围绕下列主题开展。

1. 介绍你所在城市的轨道交通车站有哪些设备与票务有关。

2. 介绍你所在城市的轨道交通使用的车票。

3. 介绍你所在城市的轨道交通的票价。

任务实施与考核

实训任务	调查研究城市轨道交通票务系统			
任务说明	以 PPT 的形式展示			
班　　级		姓　　名		
学习小组		考核时间		
【考核目标】				
深入理解城市轨道交通票务管理系统的功能、设备种类和车票媒介的作用				
【考核内容】				
考核项目	考核标准		分值	得分
完成情况	按规定时间完成		10	
	选题恰当,主题鲜明		15	
PPT 制作	有主题页		10	
	图文并茂,图片能说明主题		15	
	配有生动的动画		10	

续上表

考核项目	考核标准	分值	得分
报告内容	能反映本地自动售检票系统发展现状	15	
	展示本地自动售检票系统的特点	15	
	报告具有一定的前瞻性	10	
总评成绩			

总结与反思：

任务完成人签字：

日期：　年　月　日

教师评价：

指导教师签字：

日期：　年　月　日

实训任务工单 2-1　城市轨道交通自动售检票系统的认知

任务说明

根据本项目内容,结合你所在城市的轨道交通现状,以小组为单位开展互问互答的演练式训练。

本次实训任务的实训工具要求:《城市轨道交通票务管理(第 3 版)》教材,城市轨道交通自动售检票系统(AFC 系统)实训设备或虚拟模型或者 PPT 图片,城市轨道交通车站教具模型或者虚拟模型。

建议每小组 6~7 人为宜(不宜超过 10 人/小组)。

任务要求

1. 以小组为单位开展互问互答的桌面演练式训练。

2. 桌面演练过程中,演练活动主要是围绕考核表中的问题进行讨论。

演练过程设置:教师为每个小组的监督员,并设置组长 1 名,记录员 1 名。

组长:负责演练实施过程的指挥控制,确保每个学生参与问答的各个环节,并对每个学生的演练过程进行评估;

记录员:负责演练过程的各项文案记录工作,记录每个学生的回答情况,记录演练过程中存在的不足及提出的改进意见;

实训学生:扮演不同的角色,完成桌面演练要求的各项问答任务,互相监督、互相提出改进意见。

3. 演练过程围绕下列主题开展:

(1) 准确描述 AFC 系统的概念。

(2) AFC 系统的架构和终端硬件设备组成。

(3) 乘客进/出站流程与 AFC 系统设备的对应关系。

(4) 你所在城市的轨道交通 AFC 系统的智能化技术应用及未来发展。

任务实施与考核

实训任务	城市轨道交通自动售检票系统的认知		
任务说明	以小组为单位开展互问互答的桌面演练式训练		
班　　级		姓　　名	
学习小组		考核时间	

【考核目标】

1. 对照 AFC 系统实训设备、虚拟模型或者 PPT 图片，准确描述 AFC 系统的概念。

2. 对照 AFC 系统实训设备、虚拟模型或者 PPT 图片，准确描述 AFC 系统的终端硬件设备组成。

3. 对照城市轨道交通车站模型或者虚拟模型，准确描述 AFC 系统在车站的布局与终端设备配置情况。

4. 对照城市轨道交通车站模型或者虚拟模型，准确描述乘客进/出站流程，以及在乘客进/出站流程与 AFC 系统设备的对应关系。

5. 培养良好职业素质，做到设备模型或工具随拿随用，任务完毕后放回指定位置

【考核内容】

考核项目	考核标准	分值	得分
签到	按规定着装	5	
	按要求如实填写实训签到表	5	
AFC 系统的概念	能分别从技术角度和功能角度说明 AFC 系统的概念	10	
AFC 系统的架构和终端硬件设备组成	准确描述 AFC 系统的架构组成	5	
	准确描述互联网 + AFC 系统的架构	5	
	识别终端设备的名称	10	
乘客进/出站流程中与 AFC 系统设备的对应关系	准确描述乘客进站流程	10	
	准确描述乘客出站流程	10	
	说明 AFC 系统设备与乘客进出站对应关系	20	
遵守实训室规定与要求	做到实训设备（模型）或工具随拿随用，任务完毕后放回指定位置，具备良好职业素质	20	
总评成绩			

总结与反思：

任务完成人签字：

日期：　年　月　日

教师评价：

指导教师签字：

日期：　年　月　日

任务说明

随着计算机、网络通信、电子、智能卡等技术的不断发展,城市轨道交通票务系统中,先后出现了磁卡、智能 IC 卡、手机 NFC 与蓝牙刷卡技术及二维码刷卡技术等。根据本项目内容,结合你所在城市的轨道交通票卡使用的现状,以小组为单位开展互问互答的演练式训练。

实训工具要求:《城市轨道交通票务管理(第 3 版)》教材,纸质车票、磁卡车票和非接触式 IC 卡车票教具模型或实物。

建议每小组 6 ~ 7 人为宜(不宜超过 10 人/小组)。

任务要求

1. 以小组为单位开展互问互答的桌面演练式训练。

2. 桌面演练过程中,演练活动主要是围绕考核表中的问题进行讨论。

演练过程设置:教师为每个小组的监督员,并设置演练组长 1 名,记录员 1 名。

组长:负责演练实施过程的指挥控制,确保每个学生参与问答的各个环节,并对每个学生的演练过程进行评估;

记录员:负责演练过程的各项文案记录工作,记录每个学生的回答情况,记录演练过程中存在的不足及提出的改进意见;

实训学生:扮演不同的角色,完成桌面演练要求的各项问答任务,互相监督、互相提出改进意见。

3. 演练过程围绕下列主题开展:

(1)不同票卡所对应的售检票方式。

(2)纸质车票的分类、磁卡车票的结构组成。

(3)智能票卡的分类及其工作原理。

任务实施与考核

实训任务	不同票卡种类及其工作原理的认知		
任务说明	以小组为单位开展互问互答的桌面演练		
班　级		姓　名	
学习小组		考核时间	

	【考核目标】		

1. 对照不同类型的票卡,能准确描述票卡媒介的种类和其所对应的售检票方式。
2. 能准确描述纸质车票的分类、磁卡车票的结构组成。
3. 能准确描述智能票卡的分类、非接触式 IC 卡的工作原理。
4. 能准确描述 NFC、二维码和生物识别支付模式的基本概念、技术特点。
5. 培养良好职业素质,做到设备模型或工具随拿随用,任务完毕后放回指定位置

	【考核内容】		
考核项目	考核标准	分值	得分
签到	规定着装	5	
	按要求如实填写实训签到表	5	
不同票卡所对应的售检票方式	能区分纸质车票、磁卡车票和智能卡车票对应的售检票方式,客流情况的适应性	15	
纸质车票的分类,磁卡车票的结构组成	准确描述纸质车票的分类	5	
	准确描述磁卡车票的结构组成	5	
智能票卡的分类及其工作原理	准确描述智能票卡的3种分类方式	10	
	准确描述接触式 IC 卡的结构组成	10	
	准确描述非接触式 IC 卡的工作原理	15	
	准确描述"互联网＋"模式下的新型票卡及其技术特点	10	
遵守实训室规定与要求	做到实训设备(模型)或工具随拿随用,任务完毕后放回指定位置,具备良好职业素质	20	
总评成绩			

总结与反思:

任务完成人签字:

日期: 年 月 日

教师评价:

指导教师签字:

日期: 年 月 日

实训任务工单 3-2　不同票务政策与票制的认知

任务说明

　　城市轨道交通是一项高投入、高效益的服务型产品,其高效益主要体现在对社会经济的间接推动上,但又可以采取适当的票价政策获得部分收益,因而又不是一项准公共产品。由于不同国家不同地区所采用的扶持政策不同,因此,各地票卡种类也存在很大的差别。根据城市轨道交通的特点,票卡按其使用性质一般分为单程票、储值票、许可票或特种票三大类;按计价方式不同,票卡又分为计次票、计时票、计程票、计时计程票、计时计次票和许可票等六大类。

　　根据本项目内容,结合你所在城市的轨道交通票卡使用的现状,以小组为单位开展互问互答的演练式训练。

　　实训工具要求:《城市轨道交通票务管理(第3版)》教材,纸质车票、磁卡车票和非接触式IC卡车票教具模型或实物。

　　建议每小组6~7人为宜(不宜超过10人/小组)。

任务要求

　　1. 以小组为单位开展互问互答的桌面演练式训练。

　　2. 桌面演练过程中,演练活动主要是围绕考核表中的问题进行讨论。

　　演练过程设置:教师为每个小组的监督员,并设置演练组长1名,记录员1名。

　　组长:负责演练实施过程的指挥控制,确保每个学生参与问答的各个环节,并对每个学生的演练过程进行评估;

　　记录员:负责演练过程的各项文案记录工作,记录每个学生的回答情况,记录演练过程中存在的不足及提出的改进意见;

　　实训学生:扮演不同的角色,完成桌面演练要求的各项问答任务,互相监督、互相提出改进意见。

　　3. 演练过程围绕下列主题开展:

　　(1)票卡票种的定义。

　　(2)单程票、储值票、许可票或特种票的适用范围。

任务实施与考核

实训任务	不同票务政策与票制的认知
任务说明	以小组为单位开展互问互答的桌面演练式训练

班 级		姓 名	
学习小组		考核时间	

【考核目标】

1. 对照不同类型的 AFC 系统票种,能够准确描述票卡票种的定义。

2. 能准确描述单程票、储值票、许可票或特种票的适用范围。

3. 培养良好职业素质,做到设备模型或工具随拿随用,任务完毕后放回指定位置

【考核内容】

考核项目	考核标准	分值	得分
签到	按规定着装	5	
	按要求如实填写实训签到表	5	
票卡票种的定义	能区分9种票种的名称和它们的定义	30	
单程票、储值票、许可票或特种票的适用范围	准确描述单程票的分类和适用范围	15	
	准确描述储值票的分类和适用范围	10	
	准确描述许可票或特种票的分类和适用范围	15	
遵守实训室规定与要求	做到实训设备(模型)或工具随拿随用,任务完毕后放回指定位置,具备良好职业素质	20	
总评成绩			

总结与反思:

任务完成人签字:

日期: 年 月 日

教师评价:

指导教师签字:

日期: 年 月 日

任务说明

自动售票机设于车站非付费区,用于乘客自助式购买地铁单程票和对储值票进行充值。自动售票机摆放位置如实训图1所示。自动售票机结构如实训图2所示。

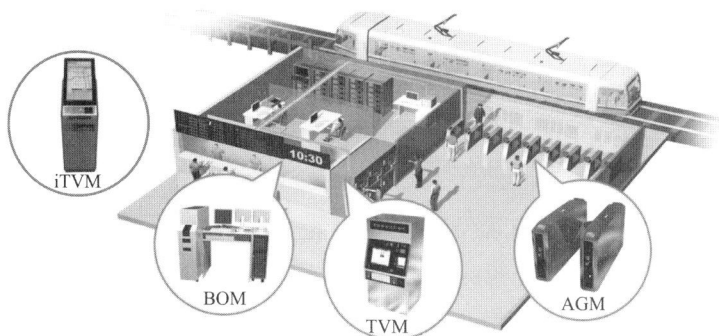

实训图1　自动售检票系统终端设备设置图

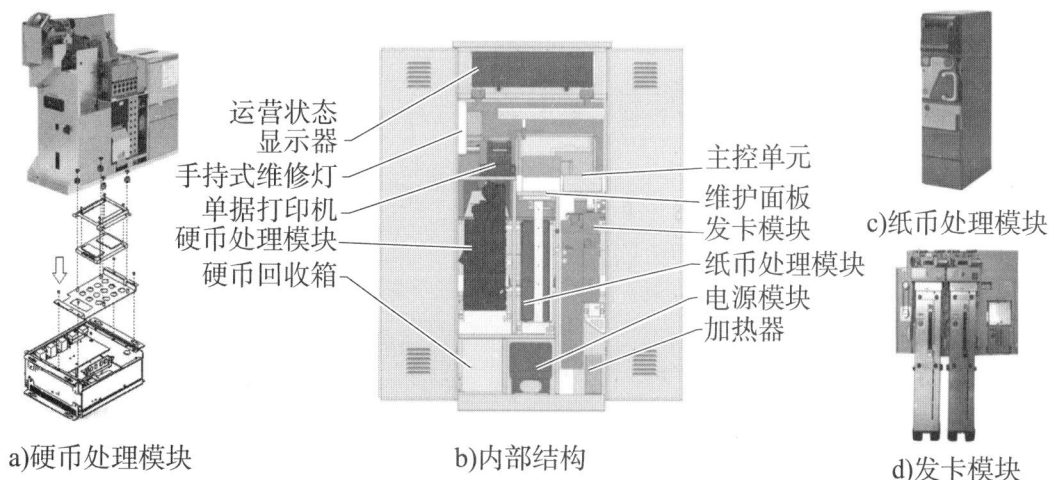

运营状态显示器
手持式维修灯
单据打印机
硬币处理模块
硬币回收箱

主控单元
维护面板
发卡模块
纸币处理模块
电源模块
加热器

c)纸币处理模块

a)硬币处理模块　　　b)内部结构　　　d)发卡模块

实训图2　自动售票机结构

自动售票机的基本功能是通过乘客的自助式操作完成自动售票。自助购票的基本过程包括购票选择、接收购票资金、自动出票及找零等,在必要时还可以打印充值凭证等。自动售票机可接收硬币和纸币购买单程IC票卡,自动售票机也具有对"一卡通"卡和专用储值车票进行充值的功能。同时,自动售票机预留银行卡的数据接口和电气接口及物理空间,方便支付方式的扩展。

在城市轨道交通车站票务管理作业中,相关岗位的要求如下。

(1)车站值班员(综控员):待设备进入"正常服务"模式后,将票箱及钱箱逐一加入自动售票机;负责运营过程中本站全部自动售票机钱箱、票箱的更换及现金清点。

(2)站务员:指导乘客正确使用自动售票机购票和充值。

作为学生应通过设备明确自动售票机的结构和功能。

根据本项目内容,结合你所在城市轨道交通自动售票机使用的现状,以小组为单位开展现场实训演练或互问互答的桌面演练式训练。

实训工具要求:《城市轨道交通票务管理(第3版)》教材,自动售票机或虚拟仿真模型,自动售票机维修门钥匙。

建议每小组6~7人为宜(不宜超过10人/小组)。

任务要求

1. 以小组为单位开展现场实训演练或者互问互答的桌面演练式训练。

2. 在桌面演练过程中,演练活动主要是围绕考核表中的问题进行讨论。

演练过程设置:教师为每个小组的监督员,并设置演练组长1名,记录员1名。

组长:负责演练实施过程的指挥控制,确保每个学生参与问答的各个环节,并对每个学生的演练过程进行评估;

记录员:负责演练过程的各项文案记录工作,记录每个学生的回答情况,记录演练过程中存在的不足及提出的改进意见;

实训学生:扮演不同的角色,完成桌面演练要求的各项问答任务,互相监督、互相提出改进意见。

3. 演练过程围绕下列主题开展:

(1)自动售票机外部结构说明。

(2)开启自动售票机维修门步骤及注意事项。

(3)自动售票机内部结构说明。

(4)自动售票机状态显示器工作模式。

(5)关闭自动售票机机维修门步骤及注意事项。

任务实施与考核

实训任务	自动售票机结构及其功能的认知		
任务说明	以小组为单位开展现场实训演练或者互问互答的桌面演练式训练		
班　　级		姓　　名	
学习小组		考核时间	
【考核目标】			

1. 对照实物,准确说出自动售票机的外部结构、内部结构。

2. 对照实物,理解自动售票机内部各模块的功能。

3. 能够开启维修门,认识自动售票机内部模块和外部结构的联系。

4. 能够整理好 AFC 系统各种设备的票务钥匙。

5. 培养整理好工器具的能力,做到随拿随用,工作完毕后放回指定位置。

6. 能正确对自动售票机进行养护

【考核内容】			
考核项目	考核标准	分值	得分
签到	按规定着装	5	
	按要求如实填写实训签到表	5	
自动售票机外部、内部结构说明	说明外部、内部结构主要结构及其功能	20	
开启自动售票机维修门	识别闸机维修门钥匙	5	
	开启维修门,切忌用力过猛	5	
自动售票机内部结构说明	工控机的位置及其功能	5	
	票卡回收装置的位置与功能	5	
	现金回收模块及其运作主要原理	5	
自动售票机状态显示器工作模式	描述自动售票机状态显示器可显示的工作模式(5种以上)	15	
关闭自动售票机维修门	开闭维修门应轻放轻关	10	
遵守实训室规定与要求	做到实训设备(模型)或工具随拿随用,任务完毕后放回指定位置,具备良好职业素质	20	
总评成绩			

总结与反思:

任务完成人签字:

日期: 年 月 日

教师评价:

指导教师签字:

日期: 年 月 日

实训任务工单 4-2　自动检票机结构的认知

任务说明

自动检票机(又称闸机),是实现乘客自助进出站检票交易(在非付费区和付费区间通行)的设备,对有效车票,检票机通道阻挡解除(门扇开启或释放转杆),允许乘客进出站。自动检票机摆放位置如实训图 1 所示。

在城市轨道交通车站票务管理作业中,相关岗位的要求如下。

(1)车站值班员(综控员):巡视车站各类 AFC 系统终端设备运转情况。

(2)票务员:进行闸机群的巡视,管理进出站秩序;引导乘客正确使用售检票设备。

因此,认识自动检票机的内、外部结构和操作钥匙是完成日常票务作业的基础。在此项实训任务中,要求学生准确识别自动检票机的结构,熟悉操作钥匙的作用。

根据本项目内容,结合你所在城市轨道交通自动检票机使用的现状,以小组为单位开展现场实训演练或互问互答的桌面演练式训练。

实训工具要求:《城市轨道交通票务管理(第 3 版)》教材,扇门式出站闸机(双向闸机)或虚拟仿真模型,闸机维修门和票箱钥匙。

建议每小组 6~7 人为宜(不宜超过 10 人/小组)。

任务要求

1. 以小组为单位开展现场实训演练或者互问互答的桌面演练式训练。

2. 桌面演练过程中,演练活动主要是围绕考核表中的问题进行讨论。

演练过程设置:教师为每个小组的监督员,并设置演练组长 1 名,记录员 1 名。

组长:负责演练实施过程的指挥控制,确保每个学生参与问答的各个环节,并对每个学生的演练过程进行评估;

记录员:负责演练过程的各项文案记录工作,记录每个学生的回答情况,记录演练过程中存在的不足及提出的改进意见;

实训学生:扮演不同的角色,完成桌面演练要求的各项问答任务,互相监督、互相提出改进意见。

3. 演练过程围绕下列主题开展:

(1)准确描述自动检票机外观结构。

(2)正确开启自动检票机维修门。

(3)准确描述自动检票机内部结构模块。

(4)完成关闭自动检票机维修门操作。

实训任务	自动检票机结构的认知		
任务说明	以小组为单位开展现场实训演练或者互问互答的桌面演练式训练		
班　级		姓　名	
学习小组		考核时间	

【考核目标】

1. 对照实物,准确说出闸机的内、外部结构。

2. 对照实物,理解闸机内部各模块的功能。

3. 通过闸机通道,准确描述闸机通行传感器的功能。

4. 能够开启维修门,认识闸机内部模块和外部结构的联系。

5. 能够整理好 AFC 系统各种设备的票务钥匙。

6. 培养整理好工器具的能力,做到随拿随用,工作完毕后放回指定位置。

7. 能正确对闸机进行养护

【考核内容】

考核项目	考核标准	分值	得分
签到	按规定着装	5	
	按要求如实填写实训签到表	5	
口诵闸机外观结构	准确口诵闸机外观结构的各项内容	20	
开启闸机维修门	识别闸机维修门钥匙	10	
	开启维修门,切忌用力过猛	5	
口诵闸机内部结构	说明内部结构主要模块、通行传感器 5 个区域功能	20	
	说明各个模块和外部结构的联系	10	
	说明内部主要模块的功能	10	
关闸机维修门	开关维修门应轻开轻关	5	
遵守实训室规定与要求	做到实训设备(模型)或工具随拿随用,工作完毕后放回指定位置,具备良好的职业素质	10	
总评成绩			

总结与反思:

任务完成人签字:

日期: 年　月　日

教师评价:

指导教师签字:

日期: 年　月　日

任务说明

半自动售票机,通常安装在售/补票房或车站服务中心,采用人工方式完成票务处理、车票发售、充值、车票分析(验票)、退票及其他票务服务。因此,半自动售票机又称为人工售/补票机或票房售/补票机。半自动售票机摆放位置实训图 1 所示。

半自动售票机是在车站中以人工方式为乘客提供服务的售补票设备,放置于车站售票和补票室内。半自动售票机的主要功能包括售票、补票、充值、更新、替换、退票、车票挂失、车票分析、车票处理、车票查询、收益管理、设备操作等。半自动售票机结构组成如实训图 3 所示。

实训图 3　半自动售票机结构组成

在车站的票务作业中,各岗位的工作职责规定如下。

(1)车站值班员(综控员):监控半自动售票机的运转情况。

(2)站务员:

①使用半自动售票机进行单程票的发售,储值票("一卡通")的发卡充值作业。

②按规定,使用半自动售票机为符合免票条件的乘客换发福利票。

③调整半自动售票机为付费区模式或补票模式,为需要补票的乘客进行补票服务。

④更换半自动售票机票箱及打印纸。

⑤力度交接岗上所有备用金、储值票("一卡通")、福利票。

⑥在半自动售票机上进行签退作业。

⑦交接本岗位半自动售票机等设备运转情况及钥匙等岗位备品。

⑧将当班所有票款及半自动售票机售票岗位结算单交给车站值班员(综控员)。

根据本项目内容,结合你所在城市的轨道交通半自动售票机使用的现状,以小组为单位开展现场实训演练或互问互答的桌面演练式训练。

实训工具要求:《城市轨道交通票务管理(第 3 版)》教材,半自动售票机或虚拟仿真模型,半自动售票机维修门钥匙。

建议每小组 6 ~ 7 人为宜(不宜超过 10 人/小组)。

任务要求

1. 以小组为单位开展现场实训演练或者互问互答的桌面演练式训练。

2. 桌面演练过程中,演练活动主要是围绕考核表中的问题进行讨论。

演练过程设置:教师为每个小组的监督员,并设置演练组长 1 名,记录员 1 名。

组长:负责演练实施过程的指挥控制,确保每个学生参与问答的各个环节,并对每个学生的演练过程进行评估;

记录员:负责演练过程的各项文案记录工作,记录每个学生的回答情况,记录演练过程中存在的不足及提出的改进意见;

实训学生:扮演不同的角色,完成桌面演练要求的各项问答任务,互相监督、互相提出改进意见。

3. 演练过程围绕下列主题开展:

(1)半自动售票机外部结构说明。

(2)开启主机维修门,识别主机内部结构。

(3)开启发票机维修门,识别发票机模块内部结构。

任务实施与考核

实训任务	半自动售票机结构的认知			
任务说明	以小组为单位开展现场实训演练或者互问互答的桌面演练式训练			
班　　级		姓　　名		
学习小组		考核时间		
【考核目标】				

1. 对照实物,准确说出半自动售票机的外部结构、内部结构。

2. 对照实物,理解半自动售票机内部各模块的功能。

3. 能够开启维修门,认识半自动售票机内部模块和外部结构的联系。

4. 培养整理好工器具的能力,做到随拿随用,工作完毕后放回指定位置。

5. 能正确对半自动售票机进行养护

【考核内容】			
考核项目	考核标准	分值	得分
签到	按规定着装	10	
	按要求如实填写实训签到表	10	

考核项目	考核标准	分值	得分
半自动售票机外部结构说明	说明外部结构主要结构及其功能	20	
开启主机维修门，识别半自动售票机的发票机模块内部结构	识别半自动售票机主机维修门钥匙	15	
	准确口诵主机内部结构及主要功能	15	
开启发票机维修门，识别发票机内部结构	按要求开启发票机维修门，拉出票卡发售模块	10	
	口诵发票机内部各结构名称及其主要功能	10	
遵守实训室规定与要求	做到实训设备(模型)或工具随拿随用，工作完毕后放回指定位置，具备良好职业素质	10	
总评成绩			

总结与反思：

任务完成人签字：

日期：　年　月　日

教师评价：

指导教师签字：

日期：　年　月　日

任务说明

20××年5月1日(该时间为节假日),某城市轨道交通车站为距离某大型游乐场较近的车站,为保障游客进出站,本站提前开展员工培训并强化各岗位的工作职责。本站的早高峰主要以出站客流为主,且比工作日高峰时间晚1h左右,午后进出站客流都比平日突出,如实训图4所示。

实训图4　某城市轨道交通车站运营早高峰出站客流

根据你所在城市的具体情况,6～7人为一个演练小组,详细讲述早高峰及工作交接班时、车站各核心岗位的主要工作职责。

学生分别模拟车站站务员(售票/补票岗)2人,根据车站情况,如东厅/西厅各1人;车站站务员(监票岗)2人,根据车站情况,如东厅/西厅各1人;车站值班员(综控员)2人,分别模拟综控室1人,站厅层1人;车站值班站长1人。其中车站值班站长(学习小组组长)负责主持桌面演练过程,车站值班员负责记录演练过程。

实训工具要求:《城市轨道交通票务管理(第3版)》教材或其他本地化参考资料,桌面演练记录单。

建议每小组6～7人为宜(不宜超过10人/小组)。

任务要求

1.以小组为单位开展现场实训演练或者互问互答的桌面演练式训练。

2.桌面演练过程中,演练活动主要围绕考核表中的问题进行讨论,小组学生能够角色互换,完成不同岗位的桌面演练。

演练过程设置:教师为每个小组的监督员,并设置演练组长1名,记录员1名。

组长:负责演练实施过程的指挥控制,确保每个学生参与问答的各个环节,并对每个学生的演练过程进行评估;

记录员:负责演练过程的各项文案记录工作,记录每个学生的回答情况,记录演练过程中存在的不足及提出的改进意见;

实训学生:扮演不同的角色,完成桌面演练要求的各项问答任务,互相监督、互相提出改进意见。

3.完成桌面演练记录单。

演练日期:			演练时间:			
地点	车站	站台	区间	车辆段	停车场	其他
事故类别	突发大客流					

演练情境:

20××年5月1日(该时间为节假日),某城市轨道交通车站为距离某大型游乐场较近车站,为保障游客进出站,本站提前开展员工培训并强化各岗位的工作职责。本站的早高峰主要以出站客流为主,且比工作日高峰时间晚1h左右,午后进出站客流都比平日突出

简要演练步骤:

1.接到站长(站区长)通知,值班站长发布车站进入假日大客流状态,启动应急处置预案。

2.车站值班站长详述岗位工作职责。

3.车站值班员(综控员)详述岗位工作职责。

4.车站站务员详述岗位工作职责

顺利执行本次演练标准:

1.熟知早高峰大客流各岗位的票务处理程序。

2.熟知早高峰大客流过后车站各岗位应尽的职责

参与演练人员	岗位	姓名	职责
	车站值班站长		
	车站值班员1		
	车站值班员2		
	车站站务员1		
	车站站务员2		
	车站站务员3		
	车站站务员4		

任务实施与考核

实训任务	城市轨道交通车站运营早高峰前至早班交接班各岗位的工作职责		
任务说明	以小组为单位开展现场实训演练或者互问互答的桌面演练式训练		
班　级		姓　名	
学习小组		考核时间	

【考核目标】

1. 掌握车站值班站长岗位票务管理工作职责。
2. 掌握车站值班员岗位票务管理工作职责。
3. 掌握车站售/补票员岗位票务管理工作职责。
4. 掌握车站监票员岗位票务管理工作职责

【考核内容】

考核项目	考核标准	分值	得分
签到	按规定着装	5	
	按要求如实填写实训签到表	5	
车站值班站长工作职责	能准确说明当前情境车站值班站长的主要工作职责	30	

续上表

车站值班员工作职责	能准确说明当前情境车站值班员的主要工作职责	30	
车站站务员工作职责	能准确说明当前情境车站站务员的主要工作职责	30	
总评成绩			

总结与反思： 任务完成人签字： 日期：　年　月　日
教师评价： 指导教师签字： 日期：　年　月　日

使用自动售票机完成购票/
充值、更换票箱操作

任务说明

目前,城市轨道交通车站中大量布置自动售票机和自动充值机供乘客自助式购买单程票卡和为储值票充值。当乘客利用自动售票机购买单程车票后,因其内部票箱所存储的车票是有限的,经过一段运营时间后,自动售票机的票箱将空。此时,应由车站值班员(综控员)、站务员及时补充单程票卡。补充单程票卡应熟练使用自动售票机卸下和装载票箱以补充票卡供乘客自助式购票。自动售票机结构如实训图 2 所示。

在城市轨道交通车站票务管理作业中,相关岗位的要求如下:

(1)车站值班员(综控员):负责每日首班车前 10min,完成全站所有 TVM/AVM 的运营准备工作,确保 TVM/AVM 处于正常运营的良好状态;负责运营过程中本站全部自动售票机票箱的更换及票卡清点。

(2)站务员:指导乘客正确使用自动售票机购票和充值。

指导乘客正确使用自动售票机购票/充值和更换票箱等日常操作是地铁车站站务人员应掌握的基本技能之一。根据本项目内容,结合你所在城市轨道交通自动售票机使用现状,以小组为单位开展现场实训演练或互问互答的桌面演练式训练。

实训工具要求:《城市轨道交通票务管理(第 3 版)》教材,自动售票机或虚拟仿真模型,自动售票机维修门钥匙,单程票卡若干。

建议每小组 6~7 人为宜(不宜超过 10 人/小组)。

任务要求

1. 以小组为单位开展现场实训演练或者互问互答的桌面演练式训练。

2. 桌面演练过程中,演练活动主要是围绕考核表中的问题进行讨论。

演练过程设置:教师为每个小组的监督员,并设置演练组长 1 名,记录员 1 名。

组长:负责演练实施过程的指挥控制,确保每个学生参与问答的各个环节,并对每个学生的演练过程进行评估;

记录员:负责演练过程的各项文案记录工作,记录每个学生的回答情况,记录演练过程中存在的不足及提出的改进意见;

实训学生:扮演不同的角色,完成桌面演练要求的各项问答任务,互相监督、互相提出改进意见。

3. 演练过程围绕下列主题开展:

(1)自动售票机购买单程票卡的操作。

(2)开启自动售票机维修门的操作。

（3）操作自动售票机维护面板。

（4）卸下票箱操作。

（5）填充单程票卡的操作。

（6）安装票箱的操作。

（7）票箱安装完毕后的操作。

任务实施与考核

实训任务	使用自动售票机完成购票/充值、更换票箱操作			
任务说明	以小组为单位开展现场实训演练或者互问互答的桌面演练式训练			
班　级		姓　名		
学习小组		考核时间		
【考核目标】				
1. 正确操作自动售票机,完成单程票购票和"一卡通"充值作业。 2. 理解自动售票机票卡发售模块的工作原理。 3. 熟练自动售票机更换票箱操作。 4. 能够整理好自动售票机的操作钥匙并整齐摆放单程票卡。 5. 培养整理好工器具的能力,做到随拿随用,工作完毕后放回指定位置				
【考核内容】				
考核项目	考核标准		分值	得分
签到	按规定着装		5	
	按要求如实填写实训签到表		5	
自动售票机购买单程票卡	操作准确		5	
	操作步骤口诵完整		5	
开启自动售票机维修门	识别自动售票机维修门钥匙		5	
	开启维修门,切忌用力过猛		5	
操作自动售票机维护面板	准确快速输入员工 ID 号和密码		5	
卸下票箱操作	拉出票箱且力度适中		5	
	准确盖上票箱盖板,并上锁		10	
	能找到拨动开关并向下按动,使卡槽下降		5	
	待卡槽降至底部,再拨回杠杆,取下票箱		5	

考核项目	考核标准	分值	得分
填充单程票卡	打开票箱正面箱体,整齐码放单程票卡	5	
安装票箱	先操作维护面板,再操作安装	5	
	安装结束,在维护面板上输入安装票卡数量	5	
	先操作维护面板,再操作安装	5	
	安装结束,在维护面板上输入安装票卡数量	5	
安装完毕	退出维护面板,拿出打印凭条并关好维修门	5	
遵守实训室规定与要求	做到实训设备(模型)或工具随拿随用,任务完毕后放回指定位置,具备良好职业素质	10	
总评成绩			

总结与反思:

任务完成人签字:

日期:　年　月　日

教师评价:

指导教师签字:

日期:　年　月　日

任务说明

售检票终端设备中涉及现金交易的自助设备主要有自动充值机和自动售票机。在车站的日常票务工作中或运营结束后需要回收设备内的钱箱,以便清点和票款解行。设备钱箱主要有自动充值机纸币钱箱、自动售票机纸币钱箱和硬币钱箱。自动售票机内部结构如实训图 2 所示。

钱箱更换作业一般是由车站值班员(综控员)负责安排更换自动售票机钱箱。若在运营时间更换钱箱时,须设置"暂停服务"牌。更换后,须确认自动售票机已恢复正常服务状态,撤除"暂停服务"牌,并立即将钱箱送返点钞室。

根据本项目内容,结合你所在城市的轨道交通自动售票机使用的现状,以小组为单位开展现场实训演练或互问互答的桌面演练式训练。

实训工具要求:《城市轨道交通票务管理(第 3 版)》教材,自动售票机或虚拟仿真模型,自动售票机维修门钥匙,单程票卡若干。

建议每小组 6 ~ 7 人为宜(不宜超过 10 人/小组)。

任务要求

1. 以小组为单位开展现场实训演练或者互问互答的桌面演练式训练。

2. 桌面演练过程中,演练活动主要是围绕考核表中的问题进行讨论。

演练过程设置:教师为每个小组的监督员,并设置演练组长 1 名,记录员 1 名。

组长:负责演练实施过程的指挥控制,确保每个学生参与问答的各个环节,并对每个学生的演练过程进行评估;

记录员:负责演练过程的各项文案记录工作,记录每个学生的回答情况,记录演练过程中存在的不足及提出的改进意见;

实训学生:扮演不同的角色,完成桌面演练要求的各项问答任务,互相监督、互相提出改进意见。

3. 演练过程围绕下列主题开展:

(1)口诵自动售票机硬币钱箱更换流程。

(2)自动售票机硬币钱箱更换操作。

(3)口诵自动售票机纸币钱箱更换流程。

(4)自动售票机纸币钱箱更换操作。

任务实施与考核

实训任务	使用自动售票机完成更换硬/纸币钱箱作业
任务说明	以小组为单位开展现场实训演练或者互问互答的桌面演练式训练

班　级		姓　名	
学习小组		考核时间	

【考核目标】

1. 对照实物,能准确描述硬币钱箱的位置和主要功能。

2. 对照实物,能准确描述纸币钱箱的位置和主要功能。

3. 能按照操作流程准确更换硬币钱箱。

4. 能按照操作流程准确更换纸币钱箱。

5. 培养整理好工器具的能力,做到随拿随用,工作完毕后放回指定位置。

6. 能正确对自动售票机进行养护

【考核内容】

考核项目	考核标准	分值	得分
签到	按规定着装	5	
	按要求如实填写实训签到表	5	
准确口诵自动售票机硬币钱箱更换流程	更换硬币钱箱顺序正确,关键操作描述准确	10	
自动售票机硬币钱箱更换操作	维护面板登录快速,选择准确	10	
	硬币钱箱上锁步骤正确	10	
	硬币钱箱取下时,左手拉出,右手托举,且用力得当	10	
准确口诵自动售票机纸币钱箱更换流程	更换纸币钱箱顺序正确,关键操作描述准确	10	
自动售票机纸币钱箱更换操作	维护面板登录快速,选择准确	10	
	纸币钱箱上锁步骤正确	10	
	纸币钱箱取下时,左手拉出,右手托举,且用力得当	10	
遵守实训室规定与要求	做到实训设备(模型)或工具随拿随用,工作完毕后放回指定位置,具备良好职业素质	10	
总评成绩			

总结与反思:

任务完成人签字:

日期: 年 月 日

教师评价:

指导教师签字:

日期: 年 月 日

25

实训任务工单 6-3　使用自动检票机完成更换票箱作业

任务说明

在日常车站站务工作中,使用自动检票机回收出站乘客的单程票卡,当自动检票机单程票箱已满时,则必须及时更换满票箱。在车站运营时间更换自动检票机票箱时,会引起乘客围观,导致客流疏导不畅。因此,要求站务员熟练掌握自动检票机票箱更换的操作方法,以便迅速、准确地为乘客提供单程票回收、检票出站的服务。

因此,正确操作出站(双向)闸机更换满票箱是完成日常票务作业的基础。在此项实训任务中,要求学生正确操作设备,注意票箱的抬举姿势。自动检票机结构如实训图 5 所示。

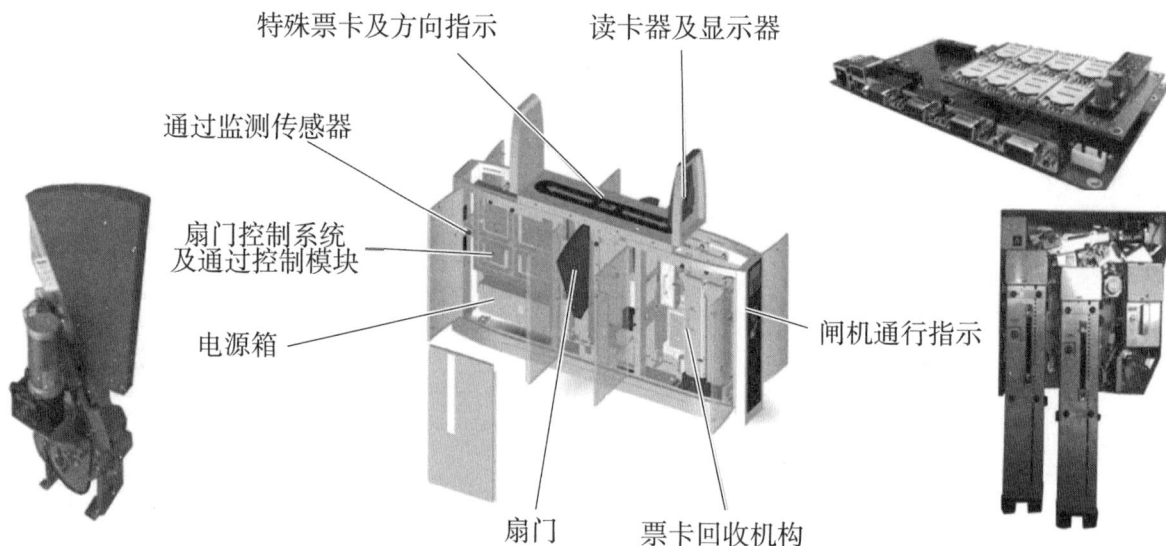

实训图 5　自动检票机结构

根据本项目内容,结合你所在城市的轨道交通自动检票机使用的现状,以小组为单位开展现场实训演练或互问互答的桌面演练式训练。

实训工具要求:《城市轨道交通票务管理(第 3 版)》教材,自动检票机或虚拟仿真模型,自动检票机维修门钥匙。

建议每小组 6 ~ 7 人为宜(不宜超过 10 人/小组)。

任务要求

1. 以小组为单位开展现场实训演练或者互问互答桌面演练式训练。

2. 桌面演练过程中,演练活动主要是围绕考核表中的问题进行讨论。

演练过程设置:教师为每个小组的监督员,并设置演练组长 1 名,记录员 1 名。

组长:负责演练实施过程的指挥控制,确保每个学生参与问答的各个环节,并对每个学生的演练过程进行评估;

记录员:负责演练过程的各项文案记录工作,记录每个学生的回答情况,记录演练过程中存在的不足及提出的改进意见;

实训学生:扮演不同的角色,完成桌面演练要求的各项问答任务,互相监督、互相提出改进意见。

3. 演练过程围绕下列主题开展:

(1) 开启要操作的自动检票机维修门。

(2) 登录自动检票机维护面板,并选择卸载 A/B 票箱。

(3) 卸下要卸载的 A/B 票箱。

(4) 取出票箱中所有车票。

(5) 将更新的票箱安装回自动检票机。

任务实施与考核

实训任务	使用自动检票机完成更换票箱作业		
任务说明	以小组为单位开展现场实训演练或者互问互答的桌面演练式训练		
班　　级		姓　　名	
学习小组		考核时间	

【考核目标】

1. 正确开启自动检票机维修门。

2. 能正确操作自动检票机维护面板进行登录,并选择卸载 A/B 票箱。

3. 能正确操作自动检票机的票箱模块,卸下要卸载的 A/B 票箱。

4. 能正确操作自动检票机的票箱模块,将更新的票箱安装回自动检票机。

5. 在打开闸机维修门过程中,应注意轻开轻关,严禁靠压闸机顶部,避免闸机金属外壳变形

【考核内容】

考核项目	考核标准	分值	得分
签到	按规定着装	5	
	按要求如实填写实训签到表	5	
开启要操作的自动检票机维修门	正确选择维修门钥匙,开启通道内左侧维修门	10	
登录自动检票机维护面板,并选择卸载 A/B 票箱	正确输入登录账号和密码,并选择对应的操作服务	10	
卸下要卸载的 A/B 票箱	使用正确的钥匙使票箱盖板上锁,能够正确操作拨动开关,使票箱托槽降至底部	20	

考核项目	考核标准	分值	得分
取出票箱中所有车票	注意应双手取下票箱,并将票箱内的单程票卡装入指定的专用容器	20	
将更新的票箱安装回自动检票机	将更新的空票箱,按照卸下的反过程,装回自动检票机的车票回收模块,并操作维护面板注销,关好维修门	20	
遵守实训室规定与要求	做到实训设备(模型)或工具随拿随用,工作完毕后放回指定位置,具备良好职业素质	10	
总评成绩			

总结与反思:

任务完成人签字:

日期: 年 月 日

教师评价:

指导教师签字:

日期: 年 月 日

任务说明

半自动售票机(见实训图 6)发售储值卡、充值和退卡作业是指在自动售检票模式下,由车站在人工售票处操作半自动售票机,根据乘客的需要向乘客出售储值卡("一卡通")、为储值卡充值和注销储值卡并完成退卡的业务。

实训图 6　半自动售票机

在日常车站站务工作中,使用半自动售票机发售储值卡,要求站务员熟练掌握对半自动售票机的操作,以便迅速、准确地为乘客提供储值票发售、充值等服务。

根据本项目内容,结合你所在城市的轨道交通半自动售票机使用的现状,以小组为单位开展现场实训演练或互问互答的桌面演练式训练。

实训工具要求:《城市轨道交通票务管理(第 3 版)》教材,半自动售票机或虚拟仿真模型,与半自动售票机匹配的单程票卡/储值卡若干。

建议每小组 6~7 人为宜(不宜超过 10 人/小组)。

任务要求

1. 以小组为单位开展现场实训演练或者互问互答的桌面演练式训练。

2. 桌面演练过程中,演练活动主要是围绕考核表中的问题进行讨论。

演练过程设置:教师为每个小组的观察员和监督员,并设置演练组长 1 名,记录员 1 名。

组长:负责演练实施过程的指挥控制,确保每个学生参与问答的各个环节,并对每个学生的演练过程进行评估;

记录员:负责演练过程的各项文案记录工作,记录每个学生的回答情况,记录演练过程中存在的不足及提出的改进意见;

实训学生:扮演不同的角色,完成桌面演练要求的各项问答任务,互相监督、互相提出改进意见。

3. 演练过程围绕下列主题开展：
(1) 半自动售票机外部结构说明。
(2) 开启主机维修门，识别主机内部结构。
(3) 开启发票机维修门，识别半自动售票机的发票机模块内部结构。

任务实施与考核

实训任务	使用半自动售票机完成储值卡发售、充值和退卡等作业		
任务说明	以小组为单位开展现场实训演练或者互问互答桌面演练式训练		
班　级		姓　名	
学习小组		考核时间	

【考核目标】

1. 正确操作半自动售票机，完成半自动售票机的登录操作。
2. 理解半自动售票机储值卡发售的工作原理。
3. 使用半自动售票机完成储值卡发售、充值和退卡等作业。
4. 培养整理好工器具的能力，做到随拿随用，工作完毕后放回指定位置

【考核内容】

考核项目	考核标准	分值	得分
签到	按规定着装	5	
	按要求如实填写实训签到表	5	
操作半自动售票机，登录进入主界面	按照规定程序快速登录	5	
操作半自动售票机进行储值卡发售作业	先检查储值卡为未发行卡，即"白卡"	10	
	询问充值金额	10	
	操作半自动售票机发售储值卡	10	
操作半自动售票机进行储值卡充值作业	先检查乘客的储值卡内剩余金额	15	
	按照开窗出售储值卡的作业程序操作	10	

考核项目	考核标准	分值	得分
操作半自动售票机进行储值卡退卡作业	检查储值卡面的破损程度,并向乘客说明	10	
	操作半自动售票机完成储值卡退卡操作	10	
遵守实训室规定与要求	做到实训设备(模型)或工具随拿随用,工作完毕后放回指定位置,具备良好职业素质	10	
总评成绩			

总结与反思:

任务完成人签字:

日期: 年 月 日

教师评价:

指导教师签字:

日期: 年 月 日

ISBN 978-7-114-18204-4

9 787114 182044 >

教材+实训任务工单
合定价：45.00元